OS DESAFIOS PROPOSTOS PELA GOVERNANÇA CORPORATIVA AO DIREITO EMPRESARIAL BRASILEIRO

ENSAIO DE UMA REFLEXÃO CRÍTICA E COMPARADA

Nilson Lautenschleger Júnior

OS DESAFIOS PROPOSTOS PELA GOVERNANÇA CORPORATIVA AO DIREITO EMPRESARIAL BRASILEIRO

ENSAIO DE UMA REFLEXÃO CRÍTICA E COMPARADA

*OS DESAFIOS PROPOSTOS PELA GOVERNANÇA CORPORATIVA
AO DIREITO EMPRESARIAL BRASILEIRO*

© Nilson Lautenschleger Júnior

ISBN 85-7420-680-6

*Direitos reservados desta edição por
MALHEIROS EDITORES LTDA.
Rua Paes de Araújo, 29, conjunto 171
CEP 04531-940 — São Paulo — SP
Tel.: (0xx11) 3078-7205 Fax: (0xx11) 3168-5495
URL: www.malheiroseditores.com.br
e-mail: malheiroseditores@terra.com.br*

Composição
PC Editorial Ltda.

*Capa:
Criação:* Vânia Lúcia Amato
Arte: PC Editorial Ltda.

Impresso no Brasil
Printed in Brazil
08-2005

*La démocratie parlamentaire vient habilement
au secours du capitalisme.
Elle entretient chez les actionnaires la grande illusion.
Elle flatte l'esprit d'égalité.*
(GEORGES RIPERT, *Aspects Juridiques du Capitalisme Moderne*).

*Para Mônica, minha esposa,
e Luise, minha filha,
pelo carinho e paciência.*

SUMÁRIO

Prefácio 15
Abreviaturas 17

PRIMEIRA PARTE –
FUNDAMENTOS DA GOVERNANÇA CORPORATIVA

§ 1. Mudanças do cenário econômico e a resposta (ou demanda?)
do direito empresarial 19

    1. Confrontação sistêmica e relativização da administração 20
    2. O ativismo acionário: realidade da democracia econômica? .. 23
    3. Organização empresarial como centro das preocupações 26
    4. Governança corporativa: uma questão terminológica 27
    5. Os impactos da governança corporativa 30

SEGUNDA PARTE –
O CENÁRIO HISTÓRICO DA GOVERNANÇA CORPORATIVA

§ 2. Origem da discussão e seu desenvolvimento 33

§ 3. Os códigos de governança corporativa 37

    1. Os serviços financeiros: nova dimensão da governança
       corporativa 40

TERCEIRA PARTE –
PROBLEMAS E QUESTÕES DA GOVERNANÇA CORPORATIVA 43

§ 4. Temas da governança corporativa: aspectos internos 44

    1. O modelo dual de governança 45
       1.1 Existe um modelo unitário? 48
       1.2 Os sistemas de governança: uma aproximação prática ... 49

1.3   Os códigos de governança e o sistema dual 57
1.4   O modelo brasileiro 58
   1.4.1   O modelo dual: há espaço para o conselho fiscal brasileiro? 60
1.5   O regime dual opcional como resposta 62
2. **Órgãos da administração: composição e competência** 63
   2.1   Remuneração: os planos de opção, uma simples questão financeira? 63
   2.2   Estrutura da administração 66
      2.2.1   Mandato 67
      2.2.2   Membros independentes: ainda a questão do conflito de interesses 68
      2.2.3   Tamanho 70
      2.2.4   Qualificação 71
      2.2.5   Limitação de assentos 72
      2.2.6   Limitação de idade 72
      2.2.7   Participação de minorias sociais 72
      2.2.8   Responsabilidade e garantia de reparação 73
3. **Organização do trabalho e funcionalidade** 74
4. **O doentio diletantismo da lei brasileira: o acordo de acionistas e o conselheiro acionista** 75

§ 5. TEMAS DA GOVERNANÇA CORPORATIVA: ASPECTOS EXTERNOS 78

1. **O modelo de co-participação: base de reflexão para o Brasil?**   79
2. **Responsabilidade social como questão da governança corporativa** 82
   2.1   Os aspectos internos e externos da responsabilidade social   84
   2.2   O debate sobre a responsabilidade social no Brasil   86
   2.3   O balanço social: a responsabilidade social como medida de comparação 89
      2.3.1   Propostas concretas de balanço social ou de sustentabilidade 90
   2.4   Mercado e responsabilidade social: a promoção da empresa responsável 93
3. **Proteção das minorias: uma topologia do poder** 95
   3.1   Transparência e participação 97
   3.2   O controle das demonstrações financeiras e contábeis: a auditoria 98
   3.3   Mudança de controle e a neutralidade da administração   100
   3.4   Mudança de controle e o direito dos minoritários   105
   3.5   A recente reforma brasileira: acomodação política ou falácia? 106

SUMÁRIO

§ 6. O debate recente da governança corporativa 108

1. *Os serviços financeiros* 108
2. *Resposta à recente crise do mercado de capitais americano: o Sarbanes-Oxley-Act de 2002* 110
   - 2.1 *Crise e resposta legislativa* 110
   - 2.2 *Regras de contabilização* 111
   - 2.3 *Regras de governança* 112
   - 2.4 *Os efeitos da nova regulamentação* 113

QUARTA PARTE –
GOVERNANÇA CORPORATIVA COMO REALIDADE: A EXPERIÊNCIA BRASILEIRA 115

§ 7. Formas inóspitas de governança corporativa: os novos segmentos de mercado da Bovespa e a Cartilha CVM 115

1. *Os segmentos de mercado segundo as regras de governança corporativa* 116
2. *Segmentos de mercado e a proteção do investidor* 118
3. *A Cartilha CVM de Governança Corporativa* 120

§ 8. Governança corporativa como política de Estado (?): o Plano Diretor do Mercado de Capitais 2002

1. *Mercado de capitais como política governamental* 120
2. *O Plano Diretor do Mercado de Capitais 2002* 121

QUINTA PARTE –
CONSIDERAÇÃO CRÍTICA E REFLEXOS DO DEBATE PARA O DIREITO EMPRESARIAL BRASILEIRO 125

§ 9. Função da empresa na sociedade 125

1. *Função social da empresa como capítulo da governança corporativa: o processo decisório* 126
   - 1.1 *O regime americano e a "shareholders' value doctrine"* .. 127
   - 1.2 *Empresa como palco de interesses diversos: o institucionalismo* 133
2. *Função social como regra de governança corporativa?* 137

§ 10. O processo da governança corporativa: entre convergência e competição legal 138

1. *Eficiência econômica como razão da governança corporativa* .. 139
   - 1.1 *Dispersão da propriedade e proteção das minorias: a rota da eficiência?* 141

1.2	*Exclusividade da eficiência?*	145
2.	**Competição como pressuposto de eficiência**	146
3.	**Governança corporativa como fator de competição: a experiência americana**	147
4.	**Reflexos da experiência americana na Europa**	150
5.	**Os regimes de governança como questão histórica**	153

    5.1 Dois exemplos de estruturas de governança diferenciados: os sistemas alemão e japonês ... 156

    5.2 O regime japonês de governança ... 156

        5.2.1 Os interesses dos trabalhadores no modelo japonês .. 157

        5.2.2 O relacionamento empresarial japonês ... 158

        5.2.3 Outras particularidades ... 159

    5.3 O regime alemão de governança ... 159

        5.3.1 Os interesses dos trabalhadores e o modelo da co-participação ... 160

        5.3.2 Concentração de capital e participações cruzadas na Alemanha: o sistema financeiro e o modelo da Alemanha S.A. ... 162

        5.3.3 Os temidos (ou desconhecidos?) bancos alemães e seu papel na governança corporativa alemã ... 163

6. **Convergência ou recepção? Entre "ius commune americanorum" e "ius proprium"** ... 164

§ 11. O CARÁTER DISPONÍVEL E GERAL DA GOVERNANÇA CORPORATIVA 171

1. *Governança corporativa através de reforma legislativa?* ... 171
2. *O mercado como auto-regulador?* ... 174
3. *Transparência e a regra do "cumprir ou explicar"* ... 176
4. *Regras de governança corporativa como costume comercial?* ... 178
5. *O modelo brasileiro de implementação das regras de governança corporativa* ... 179

§ 12. GOVERNANÇA CORPORATIVA COMO INSTRUMENTO DE HARMONIZAÇÃO DOS ORDENAMENTOS: O MERCOSUL ... 180

1. *Existe a necessidade de harmonização dos códigos de governança?* ... 180
2. *Governança Corporativa no Mercosul* ... 184

    2.1 O mercado de capitais do Cone Sul ... 186

    2.2 Empresa Binacional Brasileiro Argentina ("EBBA" ou "EBAB") ... 187

SEXTA PARTE –
PARA O DEBATE SOBRE A GOVERNANÇA CORPORATIVA NO BRASIL

§ 13. Prólogo de um debate aberto e crítico sobre a governança corporativa 189

1. *O caráter normativo da governança corporativa como preocupação imediata do jurista* 189
2. *Política legislativa e a empresa na sociedade* 191
3. *Eficiência como único instrumento de análise?* 192
4. *Rumos da governança: os serviços financeiros* 192
5. *Ponderações finais* 192

Bibliografia 195

PREFÁCIO

O recente e caloroso debate internacional a respeito da governança corporativa tem influenciado diretamente a forma de administrar ou, melhor dizendo, governar as empresas, bem como as propostas de regulação do mercado de capitais brasileiro. E tal debate já parte do termo designativo do complexo temático, a governança corporativa, sua extensão e adequação.

Exemplo concreto e simples desta influência é a recente introdução pela Comissão de Valores Mobiliários de sua Cartilha de Governança Corporativa, bem como a instituição pela Bovespa dos diferentes segmentos de negociação segundo as exigências de cumprimento de regras específicas de governança corporativa. Mediante tal constatação, não há como ignorar a necessidade de haver uma reflexão mais acurada sobre os aspectos jurídicos da governança corporativa, tanto *de lege ferenda* como *de lege lata*, tal como a existência de novos parâmetros de análise das práticas eqüitativas de mercado e o modelo de administração empresarial, bem como sobre a conduta dos administradores frente à existência de regras que, embora não cogentes, representam posturas consideradas desejáveis pelos próprios agentes de mercado.

O presente trabalho se propõe como início de tal reflexão. Não foi objetivo do mesmo, portanto, o tratamento comparado dos diversos códigos de governança corporativa, em que pese a importância de tal empreitada. Procurou-se, muito mais, com base nas discussões decorrentes dos diversos e mais significativos códigos existentes, a identificação de temas que pareceram de relevância inquestionável para o debate do direito empresarial no Brasil, em especial no âmbito do direito societário. Para tanto, considerou-se fundamental o tratamento não só de questões relativas à estruturação e administração das sociedades por ações, mas também à estrutura geral do direito societário brasileiro, hoje tristemente comprometida pela entrada em vigor de um Código Civil que, por falta de uma acurada revisão legislativa, está sendo penalizado em seu valor sistemático e histórico. Fica, assim, também registrado aqui um protesto e apelo ao Poder Legislativo brasileiro para que atente para sistemática da legislação nacional, que não é um fim em si, mas certamente uma condição elementar para a estruturação de um sistema jurídico sólido e eficaz, e, portanto, capaz, ao menos de forma potenciada, de garantir o real Estado de Direito.

Muitos são os que contribuíram para este trabalho, de forma direta ou indireta. Não poderia, porém, deixar de mencionar duas pessoas em especial. Como exemplo de homem público, profissional, docente e, sobretudo, mestre no sentido amplo da palavra, minha gratidão ao querido Prof. Dr. Kazuo Watanabe. Pela abertura ao mundo desconhecido e incerto e pelo ensinamento do raciocínio crítico com relação às mudanças legislativas, minha gratidão ao Prof. Dr. Alberto do Amaral Jr. Registro aqui também meu profundo agradecimento à Coordenação de Aperfeiçoamento de Pessoal de Nível Superior (CAPES) e ao Serviço Alemão de Intercâmbio (DAAD) pelo generoso apoio às pesquisas desenvolvidas e pela oportunidade de retorno à academia.

Resultaram tais reflexões dos estudos que suportam parte de minha tese de doutoramento perante a *Ludwig-Maximilians-Universität München*, Alemanha. O tom do trabalho não é, portanto, marcado pela resposta, mas pela provocação.

ABREVIATURAS

ABAMEC – Associação Brasileira dos Analistas do Mercado de Capitais
ABRAPP – Associação Brasileira das Entidades Fechadas de Previdência Complementar
AG – *Zeitschrift Aktiengesellschaft*
AktG – Lei das Sociedades por Ações alemã (*Aktiengesetz*)

BACEN – Banco Central do Brasil
BNDES – Banco Nacional de Desenvolvimento Econômico e Social
Bovespa – Bolsa de Valores de São Paulo

CMN – Conselho Monetário Nacional
CMVM – Comissão do Mercado de Valores Mobiliários (órgão português)
CVM – Comissão de Valores Mobiliários

EIC – Esquemas de Investimentos Coletivos
EUA – Estados Unidos da América

GATT – *General Agreement on Trade and Tariffs* (Acordo Geral sobre Comércio e Tarifas)

HGB – *Handelsgesetzbuch* (Código Comercial alemão)

IASB – *International Accounting Standards Board* (Comitê Internacional de Padrões Contábeis)
IBGC – Instituto Brasileiro de Governança Corporativa
IBGE – Instituto Brasileiro de Geografia e Estatística
IGCN – *International Corporate Governance Network* (Rede Internacional de Governança Corporativa)

KonTraG – *Gesetz zur Kontrolle und Transparenz im Unternehmensbereich* (Lei alemã sobre o controle e transparência na área empresarial)

LSA – Lei 6.404/76 e alterações posteriores
LMC – Lei 6.385/76 e alterações posteriores

NYSE – *New York Securities Exchange* (Bolsa de Nova Iorque)
NZG – *Neue Zeitschrift für Gesellschaftsrecht*

OECD – *Organization for Economic Co-operation and Development*
OMC – Organização Mundial do Comércio
OPA – Oferta Pública de Aquisição de Ações

PDMC – Plano Diretor do Mercado de Capitais, versão de 8 de maio de 2002 exposta no sítio da CVM (www.cvm.gov.br)
PCAB – *Public Company Accounting Oversight Board* (Comitê de Fiscalização Contábil das Companhias Abertas, órgão criado pelo SOA)

RBND – Regulamento Bovespa dos Mercados de Níveis Diferenciados de Governança Corporativa (Níveis 1 e 2), tal como disponível no sítio da Bovespa (www.bovespa.com.br)
RBNM – Regulamento Bovespa do Novo Mercado, tal como disponível sítio da Bovespa (www.bovespa.com.br)
RDM – Revista de Direito Mercantil

SPC – Secretaria de Previdência Complementar
SEC – *Securities and Exchange Commission* (órgão de controle do mercado de capitais americano)
sec. – *Section* (Seção)
SOA – Sarbanes-Oxley Act of 2002
SUSEP – Superintendência de Seguros Privados

ZGR – *Zeitschrift für Unternehmens- und Gesellschaftsrecht*
ZHR – *Zeitschrift für das gesamte Handels- und Wirtschaftsrecht*

PRIMEIRA PARTE
FUNDAMENTOS DA GOVERNANÇA CORPORATIVA

§ 1. MUDANÇAS DO CENÁRIO ECONÔMICO E A RESPOSTA (OU DEMANDA?) DO DIREITO EMPRESARIAL

Toda problemática de caráter inóspito para o universo jurídico requer, a título de intróito, a explicitação de seu posicionamento histórico ou mesmo político para ser compreendida em sua integral extensão, implicando ou obrigando, assim, a uma reflexão prévia dos potenciais motivos e pressupostos que a baseiam e norteiam. Não é diferente com a questão da govenança corporativa que, embora seja matéria conhecida dos administradores, representa terra praticamente inculta para o profissional do direito.

Para tanto não parece conveniente seguir um esquema específico de introdução, seja este lastreado em uma concepção analítica que partiria da expressão *governança corporativa* ou em uma concepção tipicamente jurídica que tenderia a perquirir a natureza da governança corporativa como um instituto outro. Procurou-se uma aproximação mais simples, que parte do contexto histórico e econômico do debate, passando por uma crítica da expressão representativa de seu objeto e que termina com a apreciação concreta das suas principais indagações. Não há aqui uma preocupação maior com o rigor sistemático e com as explicitações de caráter dogmático, mas, sim, com as indagações que possam nos levar a compreender um sistema empresarial mais equilibrado, onde as instituições legais representem um ponto arquimediano para a estrutura social, e, portanto, mais justo.[1] Procura-se, assim, o desenlace das tramas do

---

1. John Rawls, *A Theory of Justice*, pp. 228 ss.; Johann Braun, *Rechtsphilosophie im 20 Jahrhundert – Die Rückkehr der Gerechtigkeit*, pp. 128 s.

misoneísmo e a aproximação com a realidade social empresarial. Como dito preambularmente, trata-se de uma reflexão destinada à provocação e não à explicação.

1. Confrontação sistêmica e relativização da administração

Como conseqüência direta da crença em um mercado global como pressuposto de crescimento econômico para os diversos países no mundo, crença esta que se impôs especialmente a partir da Segunda Guerra Mundial, ocorreram mudanças do mercado financeiro e de capitais, bem como da estrutura do comércio internacional, que conformam de forma muito ampla e geral um novo cenário que o empresariado – também o brasileiro – confronta na história econômica recente.[2] Tais mudanças são marcadas pela ampla relativização das fronteiras entre os países, não só com relação à produção e comércio mas também com relação à mobilidade do capital, tanto especulativo como de investimento. Tal constatação pode ser ilustrada até mesmo pela crescente importância que o comércio internacional, o qual somente entre 1990 e 2000 aumentou em 10% a participação sobre o PIB mundial e atingiu 29%;[3] os mercados financeiros internacionais; os blocos comerciais regionais, seja na forma de uniões aduaneiras, como o Mercosul, ou na forma de mercados comuns consolidados, como a União Européia; ou os acordos multilaterais, como a criação da OMC sobre as bases do antigo GATT, assumiram no contexto econômico mundial.

Referidas mudanças implicaram uma maior exposição das empresas ao mercado internacional e exigiram, naturalmente, algo mais que a simples produção em escala: a confrontação direta entre diferentes sistemas jurídicos, em geral, e de administração de empresas, em particular, torna-se inevitável. O tom da nova era industrial não é mais dado somente pelo crescimento e pela aglutinação corporativa,[4] que desde o final do século XIX obrigou o surgimento do direito econômico – entendido tanto como

---

2. Cf. interessante elucidação do conceito de desenvolvimento em Fábio Nusdeo, *Desenvolvimento Econômico – Um retrospecto e algumas perspectivas*, in Calixto Salomão Filho, *Regulação e Desenvolvimento*, pp. 11 ss.

3. Cf. dados estatísticos da OMC, in *World trade in 2000 and the first half of 2001 – Overview*, Disponível em: <www.wto.org>. Acesso em: abril 2003, no qual é indicado que o crescimento na década de noventa superou o crescimento nas duas décadas anteriores em conjunto.

4. Fábio K. Comparato, *O Poder de Controle*, p. 3, o qual acentua o caráter quase ontológico da concentração para o poder em geral e para o poder econômico em especial a partir da revolução industrial.

proteção concorrencial como do consumidor,[5] para instrumentalizar o controle dos abusos que ocorriam e ocorrem –, mas, também, como resultado da referida confrontação de sistemas, pela reconsideração dos parâmetros de administração das empresas como pressuposto de sua sobrevivência e capacidade competitiva em escala mundial, causada, em grande medida, pela globalização dos mercados de capitais – como as listagens de empresas estrangeiras no mercado de capitais americano e o mercado de títulos europeu; pelas fusões internacionais de empresas (*e.g.*, nos setores automotivos e de telecomunicações, os casos Daimler/Chrysler e Vodafone/Mannesmann) que deixaram de ser objeto de puro estudo acadêmico para adentrarem a realidade econômica com assustadora pujança; e pelos processos de privatização.[6] Os processos de privatização, em especial, que ocorreram, em maior ou menor grau, na maioria dos países europeus, asiáticos e também sul-americanos, contribuíram com o aumento de tal confrontação em razão do fato de terem sido comumente acompanhados da participação de investidores estrangeiros. O considerável aumento da participação do capital estrangeiro nos setores de produção e serviços no Brasil ilustra tal realidade. Conforme dados do Banco Central, o volume de investimentos estrangeiros no Brasil saltou de 735,5 milhões de dólares em 1989 para 9,44 bilhões em 1996 (!).[7] Cabe ressaltar aqui, ainda, que em razão da experiência com amplas privatizações, os países do leste europeu têm oferecido um precioso material de análise para as pesquisas sobre governança corporativa.[8]

Podem-se ilustrar os sintomas imediatos da crescente preocupação das empresas com a sua administração, por exemplo, pela lembrança da

---

5. Fábio K. Comparato, "O indispensável direito econômico", in *Ensaios e Pareceres de Direito Empresarial*, pp. 453 ss., com excelente panorama histórico do surgimento da disciplina, incluindo-se a questão da economia de guerra; idem, *A proteção do consumidor: importante capítulo do direito econômico*, in ibidem, pp. 473 ss., especialmente pp. 481 s., onde acentua o caráter de diretiva normativa do consumidor no direito econômico.

6. Hopt, *Corporate Governance in Europa*, p. 810; Theodor Baums, *Aktienrecht für globalisierte Kapitalmärkte – Generalbericht*, in Hommelhoff *et al.*, *Gemeinschaftssymposion der Zeitschriften ZHR/ZGR*, pp. 13 ss.

7. Cf. em Nelson Siffert Filho, *Governança Corporativa: Padrões Internacionais e Evidências Empíricas no Brasil nos anos 90*, disponível em: <www.bndes.gov.br>. Acesso em: abril 2003, p. 20.

8. John Coffee Jr., "Inventing a Corporate Monitor for Transitional Economies: The Uncertain Lessons from the Czech and Polish Experiences", in Hopt *et al.*, *Comparative Corporate Governance – The State of the Art*, pp. 67 ss., com uma avaliação muito instigante sobre o caso da privatização da República Checa.

verdadeira "dança dos quatis" quando o Brasil passou a se integrar de forma mais enfática no comércio internacional, da introdução, a partir da década de noventa, de formas inóspitas, consideradas por muitos até revolucionárias, de controle de produção nas empresas brasileiras – muitas originárias dos EUA ou Japão – (*e.g.*, a famosa filosofia dos 5*S*). Tal preocupação não se limitou, porém, a isto. Toda a administração empresarial é colocada sob prova e o seu processo de racionalização e profissionalização como um todo se torna quase que imperativo, postulando-se, assim, com certa obviedade, a reconsideração crítica de questões essenciais da organização empresarial moderna, em especial da sociedade por ações, como da relação entre propriedade e controle das empresas, entre administração e competência econômica, entre regulação e competência administrativa. Não cabe aqui a discussão sobre se tal racionalização e profissionalização é a condição determinante ou não daquela tecnocratização da empresa, postulada por alguns economistas no passado; mas fato é que resulta em grande medida de tal ambiente de reconsideração das estruturas básicas da organização empresarial causada pela confrontação.[9]

Claro que o debate, ou pelo menos parte do mesmo, não é novo, pois desde o início do século XX houve a clara percepção da separação do poder de controle e da propriedade das empresas, e das conseqüências e problemas que tal divisão trazia em si.[10] Não é novidade também a discussão sobre a influência das normas sobre a administração das empresas.[11] O que parece inóspito é o confronto direto de diferentes sistemas de regulação empresarial, em especial da grande empresa, da sociedade por ações, causado pela referida internacionalização dos mercados, que termina por impor a indagação sobre a competitividade das empresas em relação a ordenamentos jurídicos diferenciados.[12] Não se trata somente da competência e organização em absoluto da empresa, mas, sim, da análise

---

9. John K. Galbraith, *O Novo Estado Industrial*, pp. 57 ss.

10. Adolf A. Bearle e Gardiner Means, *The Modern Corporation & Private Property*, pp. 66 ss.; Comparato, *O Poder de Controle*, pp. 45 s.; Richard Passow, *Die Aktiengesellschaft – Eine wirtschaftswissenschaftliche Studie*, p. 328; Hausmann, *Vom Aktienwesen*, p. 15.

11. Walther Rathenau, *Vom Aktienwesen – Eine geschäftliche Betrachtung*, p. 7, o qual relata um quadro realista sobre a questão da mudança econômica frente ao conservadorismo das regras que regulavam as sociedades por ações alemãs no início do século XIX (versão em português da obra com nota biográfica no prelo pela *RDM*).

12. Brian R. Cheffins, *Comparative Corporate Governance and the Australian Experience*: a Research Agenda. Disponível em: <http://ssrn.com>. Acesso em: abril 2003, o qual fala em *cross-border analyses*.

comparada de tal competência e organização. O fato de os administradores americanos receberem remuneração muito superior àquela de administradores europeus, como os alemães, deixa de ser uma questão curiosa para se tornar, como no caso da fusão Daimler/Chrysler, um problema prático e normativo.

2. O ativismo acionário: realidade da democracia econômica?

Tal ambiente de confrontação sistêmica é, ainda, acompanhado por uma crescente profissionalização também do lado dos proprietários, que passaram mais e mais a estar representados basicamente por fundos de investimentos, que têm por objeto e fim social o investimento (ou participação?) em empresas.[13] Os ativos dos fundos de previdência fechada, por exemplo, representavam em 1990 somente 3,3% do PIB brasileiro e em dezembro de 2001, 15,3%, com ativos na ordem de 171.152 milhões de reais. Mesmo com a redução do volume de investimentos em ações, que em 1994 correspondia a 39,1% da carteira dos fundos e em dezembro de 2001 somente 18,4%,[14] a crescente importância dos fundos fechados de previdência complementar permanece como tendência inarredável. Os fundos abertos de previdência privada apresentam evolução semelhante, embora com uma história mais recente. Conforme dados oficiais o mercado de previdência aberta cresceu cinco vezes entre 1995 e 2000.[15] Podemos ainda encontrar dados similares indicando um forte crescimento também nos setores de seguros e capitalização.

Os dados do Brasil não representam nenhuma exceção ao mercado internacional. Muito pelo contrário. Conforme dados da OECD os ativos dos esquemas de investimentos coletivos (conhecidos no mercado internacional como *collective investment schemes* ou simplesmente CIS) quadruplicaram para mais de 8 trilhões de dólares entre 1990 e 1998, sendo que os números indicam a continuidade deste crescimento até 2000 (!).[16]

---

13. Eddy Wymeersch, "Factors and Trends of Change in Company Law", *International and Comparative Corporate Law Journal* 2/4 2001, p. 484.
14. Fonte SPC/IBGE/ABRAPP. Disponível em: <www.abrapp.org.br>. Acesso em: abril 2003.
15. Fonte FENASEG. Disponível em: <www.fenaseg.org.br/estatisticas/prevpriv>. Acesso em: abril 2003.
16. Cf. *Corporate Governance of CIS (prepared for discussion with industry representatives 9 October 2000), draft OECD paper*, disponível em: <www.svs.cl> como Relaciones Internacionales, Corporate Governance of CIS. Acesso em: abril 2003.

Os fatores que concorreram para tais dados em uma conjuntura mundial não parecem deixar dúvidas: (i) o movimento das instituições financeiras, desde os anos 1980, do mercado de ativos financeiros para o mercado de capitais, sendo que os esquemas de investimentos coletivos representam o instrumento de participação dos pequenos investidores em tal mercado; (ii) o esforço de muitos países em regulamentar e disciplinar a as atividades dos EICs; (iii) a estruturação em muitos países dos EICs como instrumento básico do setor de previdência privada.

O acionista deixa mais e mais de estar representado por aquela figura tradicional do investidor individual que acompanha diariamente o seu investimento, para estar representado por entidades que têm o investimento por objeto social. Com isto, muitas soluções e esquemas de análise da propriedade da empresa, ainda recorrentes na doutrina, tornam-se inadequados à criação de soluções regulatórias que satisfaçam; antigas dicotomias, como *acionista especulador/acionista empresário*, não refletem mais (se refletiram algum dia) a realidade empresarial.[17] Não se trata mais, pois, de ser um investidor empresário, conhecedor do negócio da empresa e interessado na atividade da mesma, concretizando o sonho da democracia acionária,[18] contraposto a um investidor de oportunidade ou especulador, o pulha do capitalismo, que somente quer obter resultados imediatos com a sua participação, como a doutrina alemã do começo do século XX distinguia.[19] Trata-se, isto sim, de um investidor que, por ofício, deve controlar o destino dos investimentos que lhe foram confiados por seus clientes, um *investidor profissional*. Com tal mudança de papel do investidor, revitaliza-se, assim, a discussão sobre a administração das empresas e seu controle, discussão esta que passa a ter lugar de destaque, quando não de condição, para decisões de investimento.[20] Fala-se, assim, de um novo ativismo dos acionistas, um ativismo dos fundos.

17. Cf., por exemplo, na doutrina brasileira, Calixto Salomão Filho, *O novo Direito Societário*, ob. cit., p. 127.

18. Figura esta que reduziu mais e mais sua participação no mercado, testemunho do qual são os grandes problemas enfrentados pelos órgãos americanos com a chamada guerra das procurações (*proxies war*); cf. sobre o debate por ocasião da LSA, Alfredo Lamy Filho e José Luiz Bulhões Pedreira, *A Lei das S.A.*, vol. 1, p. 149, os quais falavam na reforma cultural para a criação do mercado de primário de ações no Brasil.

19. Cf. Hausmann, *Vom Aktienwesen*, pp 15 s. e pp. 19 ss.

20. Roberta Romano, "Less is More: Making Institutional Investor Activism a Valuable Mechanism of Corporate Governance", in McCahery *et al.*, *Corporate Governance Regimes*, pp. 507 ss.; cabe mencionar, aqui, o ativismo embrionário, mas crescente, dos maiores fundos de pensão do Brasil, como Previ e Petros.

Como não poderia deixar de ser no direito acionário, a história se repete e a questão do ativismo que resulta diretamente da profissionalização[21] do investidor ressurge como prova da possibilidade de combater a apatia do investidor que, desde o grande desenvolvimento das sociedades por ações no final do século XIX, domina as discussões, com tal profissionalização. O sonho traído da democracia acionária,[22] porém, não tem sua salvação certa, ainda, pois é fato inconteste que até agora não reina consenso a respeito da existência de um real novo ativismo – e se tal ativismo efetivamente traz benefícios diretos para as empresas.[23] A recente crise do mercado de capitais americano, marcada pelos escândalos financeiros, deixou tal questão ainda mais difícil de ser respondida, pois que nada demonstra que os fundos exerceram sua esperada função de controle.

Pode-se indagar, então, por que incentivar a ampla participação nas assembléias? Quer-se acreditar que, ainda que haja dúvida sobre os benefícios de uma participação acionária mais presente pelos fundos, o que realmente determina tal certeza da necessidade de participação não é a democracia acionária, mas, sim, a responsabilidade decorrente da intermediação, da profissionalização do investidor, que passa a ter a obrigação, por ofício, de participar da companhia, sob pena de responder por negligência perante aqueles que lhe confiaram recursos. E, aqui, parece que os movimentos de governança corporativa podem atribuir *de lege lata* obrigações aos agentes de mercado que antes não eram reconhecidas.[24]

---

21. Guyon, *Droit des Affaires*, p. 286, especialmente nota 3 onde menciona estudo sobre a influência de tal profissionalização no direito francês (P. Bissara, *L'influence de la professionnalisation de l'actionnariat dês sociétés cotées sur le fonctionnement des ces dernières*).

22. Sombart, *Zeitalter des Hochkapitalismus*, pp. 735 s.; Pontes de Miranda, *Tratado de Direito Privado*, L 5.315, p. 252, o qual diz que a "ação democratiza o capital, posto que ainda não estejam as pessoas educadas para compreender essa função e poder afastar as táticas oligarquizantes dos diretores e controladores das sociedades por ações".

23. Klaus J. Hopt, "Modern Company and Capital Market Problems – Improving European Corporate Governance after Enron", *ECGI Working Paper Series in Law* 5/2002, 2002. Disponível em: <www.ecgi.org/wp>. Acesso em: abril 2003, p. 5, com maiores referências bibliográficas nas notas 11 e 12.

24. Klaus J. Hopt, *Modern Company and Capital Market Problems – Improving European Corporate Governance after Enron*, ob. cit., p. 5, o qual conclui, sem fundamentar, que não obstante a falta de ativismo "still, the participation of the shareholders in the general assembly and their voting should be facilitated as far as possible".

3. Organização empresarial como centro das preocupações

Com a crescente exposição internacional, confrontação de sistemas e a profissionalização da propriedade, não foi necessário muito tempo para que a organização das empresas passasse, então, a ocupar o centro das preocupações dos agentes econômicos, como local adequado para introduzir mecanismos que fornecessem as soluções e/ou os controles necessários para a implementação de tal racionalização e profissionalização, com o intuito de reduzir os riscos de decisões equivocadas ou contra os interesses da empresa (ou dos acionistas?), incluindo-se conflitos de interesse ou mesmo corrupção, e, assim, de otimizar resultados. Os debates voltam-se, dessa forma, para a administração da empresa, para a sua constituição (órgãos, competências, qualificações) e responsabilidade perante os proprietários e demais agentes de mercados com interesse na atividade da empresa, como os empregados e os credores (*stakeholders* ou *Unternehmensbeteiligten*) – enfim para sua governança, para a assim chamada *governança corporativa*.[25]

Tanto no exterior como no Brasil, o debate em torno da governança corporativa nasceu, em regra, no campo da economia e da administração para, então, adentrar os debates jurídicos. Não é simples, assim – nem é o caso, aqui –, delimitar o âmbito de discussões que encerram as preocupações da governança corporativa na atualidade. É possível, entretanto, notar os temas mais recorrentes. Com especial relevo desenvolveu-se, deste modo, a discussão da governança corporativa sobre os sistemas de organização da administração da sociedade por ações, como base da macroempresa, sobre a dicotomia implantada pelo chamado modelo germânico (*double tie system*), com a divisão entre conselho de fiscalização (*Aufsichtsrat*) e diretoria (*Vorstand*) e o modelo americano, o qual não tem uma divisão plena da função executiva e de controle em dois órgãos (*board of directors* e *officers*). Também, a proteção dos direitos dos acionistas minoritários e sua função de controle tem sido uma importante preocupação da governança corporativa, como não poderia deixar de ser em face de seu desenvolvimento histórico como instrumento de proteção dos investidores que, na grande maioria das vezes, eram ou são minoritários, seja por princípio gerencial ou mesmo por norma regulatória (os fundos até mesmo por determinação legal).[26] Especial destaque, ainda,

---

25. Cf., para a mesma evolução sob a perspectiva a alemã, Marcus Lutter, "Vergleichende Corporate Governance – Die deutsche Sicht", *ZGR* 2001, p. 225.

26. Resolução CMN 2.829/2001, alterada pelas Resoluções 2.850/2001 e 2.910/2001, pela qual os fundos de previdência aberta no Brasil podem investir

nos debates de governança corporativa, recebe a questão da consideração de outros interesses na empresa, como os dos credores, dos empregados e da sociedade civil, no âmbito da administração empresarial, debate este marcado em grande parte pelo interesse gerado pelos modelos alemão – que prevê a participação de empregados na administração da empresa –, bem como do modelo japonês – com a administração formada especialmente por antigos empregados e com um sistema de participações cruzadas entre empresas fornecedoras e clientes.

O que deixa, porém, um tanto frustrado o profissional do direito que acompanha tais discussões é a desconsideração quase sistemática das questões legais concretas dos países envolvidos. As reflexões sobre governança corporativa postulam, assim, em verdade, uma validade quase que transcendental, no seu sentido kantiano, e uma eficácia que independe das condições sociopolíticas de cada país. Tal situação não deve, entretanto, ser tomada como um limitador do debate. Muito pelo contrário. O caráter transcendental da discussão sobre regras de governança corporativa está intimamente relacionado com o seu caráter de confrontação sistêmica e propõe um material de crítica legislativa incalculável. Indaga-se, portanto, a razão pela qual o sistema dual de governança, por exemplo, existe e é aceito em solo alemão e alguns outros países, mas é vítima de grande resistência para ser assim aplicado na França desde a reforma de 1966, que permitiu a criação de uma administração segregada. Tal indagação, lastreada na confrontação, pode ter conteúdo exclusivamente econômico (indicadores de eficiência econômica de um país), mas obriga, de qualquer forma, à relativização temporal e local das instituições e, portanto, a sua consideração crítica.

4. Governança corporativa: uma questão terminológica

Não poderíamos avançar em nossas reflexões antes de analisarmos, de forma mais crítica, o uso da expressão *governança corporativa*, que já encontra uso até mesmo na doutrina brasileira, sendo alvo de críticas e apontado como potencial equívoco lingüístico ou tradução simplória.[27]

---

somente até 20% do capital em ações de uma companhia (art. 26 do Regulamento anexo); cf. restrição imposta também na UE Eddy Wymeersch, "A Status Report on Corporate Governance in Some Continental European States", in Hopt *et al.*, *Comparative Corporate Governance – The State of the Art*, p. 1.053.

27. Paulo F. C. Salles de Toledo, "Modificações introduzidas na Lei das Sociedades por Ações, quanto à disciplina da administração das companhias", in Lobo, *Reforma da LSA*, pp. 423 e 427 s.; Arnoldo Wald, "A Evolução do Direito Societário",

Claro que muito maior deveria ser o incômodo com outros equívocos lingüísticos no direito brasileiro (e não só do direito brasileiro!), como, por exemplo, a imprecisão causada com a expressão *sociedade anônima*, a qual, embora de origem gaulesa, não encontra apoio nem mesmo em seu berço legal. Muito pelo contrário. Os modernos autores franceses a criticam como se fosse a perpetuação de um erro histórico, pois que o anonimato não se refere jamais à sociedade, mas sim aos acionistas. Tendo personalidade jurídica própria a sociedade era conhecida e certa, não anônima.[28]

Parece que a expressão *governança corporativa* não conduz a tamanho equívoco; porém, não por amor ao preciosismo lingüístico, mas com o intuito de buscar o real alcance da expressão e evitarmos a perpetuação de equívocos desnecessários, cumpre analisarmos sua adequação.

Critica-se, por vezes, o uso da expressão *governança corporativa* como sendo um produto de tradução equivocada da expressão de origem americana *corporate governance*. Não resta dúvida que a tradução causa estranheza, em especial para o jurista, pois que não temos um direito corporativo, mas sim um direito societário (assim a expressão italiana de *governo societário*), e não falamos em *governar* empresas, mas sim em *administrar* empresas.

O termo *administração*, porém, com o que os portugueses (governo das sociedades cotadas),[29] os espanhóis (*gobierno de las sociedades cotizadas*)[30] e os franceses (*gouvernement d'entreprise* ou *gouvernement des sociétés*)[31] parecem concordar, não reflete o real campo de debate da governança corporativa, pois que esta envolve questões externas à administração propriamente dita, como por exemplo, o interesse dos credores, dos trabalhadores e até mesmo da sociedade civil no âmbito da empresa. O uso do termo *governança*, por outro lado, não afronta o sentido etimológico da expressão, que diz ser a governança "ato de governar" e, portanto, inclui não só a administração propriamente ("ter mando, direção, dirigir, administrar"), como também a questão do controle ("controlar,

---

RDM 120/61; cf., para uma crítica contundente, Calixto Salomão Filho, *O novo Direito Societário*, p. 64, o qual critica a questão da governança como mero modismo.

28. Guyon, *La Société Anonyme*, p. 1.

29. Cf. Regulamento CMVM 07/2001, da Comissão do Mercado de Valores Mobiliários, agência de controle portuguesa. Disponível em: <www.cmvm.pt>. Acesso em: abril 2003.

30. Cf. *Buon Gobierno Corporativo*. Disponível em: <www.cnmv.es/index.htm>. Acesso em: abril 2003.

31. Guyon, *Droit des Affaires*, p. 344, especialmente nota 3.

dirigir") e da influência ("fortemente influenciar as ações e o comportamento").[32] Não podemos esquecer, além disso, que a forte correlação, ainda que criticável, entre as sociedades por ações e o conceito político de sociedade civil e democracia, autorizaria, por si só, o uso da expressão. Resta, assim, indagarmos se o termo *corporativa* estaria autorizado.

O sentido etimológico da palavra *corporativa* indica, entre outras coisas, aquilo que é relativo a uma corporação. Como sabemos as corporações, especialmente nos países latinos, apontam para uma relação direta com um grupo de pessoas com determinadas afinidades, especialmente econômicas, como marcado pelas corporações de ofício da idade média. O termo corporativo pode assumir, em tal caso, contornos até mesmo pejorativos, quando se aponta para estruturas retrógradas e ineficientes. Por outro lado, embora tendo a mesma raiz, o termo *corporation* indica de forma mais direta para a sociedade por ações, tanto a aberta quanto a fechada.[33] Com isto, tem-se a impressão que a tradução mais correta haveria de ser "governança das sociedades por ações" ou, por derivação, "governança acionária", tal como os portugueses e espanhóis o fazem, embora com referência específica à companhia cotada, leia-se aberta, o que parece reprovável. Ocorre, entretanto, que o sentido mais geral de *corporação* autoriza o seu uso no sentido de conjunto de pessoas com os mesmos interesses ou mesmo de empresa.[34] Tal uso derivado da palavra *corporação* como sinônimo de empresa ou sociedade por ações pode ser notado até mesmo na tradicional doutrina brasileira.[35]

Contrariando, entretanto, tal percepção os italianos utilizam a expressão *governança societária*, os franceses tanto *governança societária* como *empresarial*[36] e os alemães, quando traduzem, utilizam a expressão *gestão empresarial* (*Unternehmensführung*), mas quase nunca sem fazer

---

32. Cf. verbetes "governança" e "governar" em *Dicionário Eletrônico Houaiss*.

33. Cf. verbete *corporation* em *Black's Law Dictionary*, o qual define como "an artificial person or legal entity created by or under the authority of the laws of a state"; ainda *The Oxford English Dictionary*, o qual define "a body corporate legally authorized to act as a single individual".

34. Cf. verbete "corporação" em *Dicionário Eletrônico Houaiss*.

35. P. Miranda, *Tratado*, L, § 5.316, p. 254, o qual fala da assembléia geral como órgão corporativo; Comparato, *O Poder de Controle*, p. 33, o qual trata a assembléia como órgão da corporação; não há, ao certo, uma homogeneidade na doutrina, cf. Arnoldo Wald, *A Evolução do Direito Societário*, ob. cit., p. 61, o qual fala em governo da empresa ou menciona a expressão inglesa *corporate governance* sem arriscar uma tradução.

36. Guyon, *Droit des Affaires*, p. 344.

ressalvas à imprecisão do termo.[37] Tais expressões buscam o sentido, aqui, no termo *corporation* – muito mais sua raiz legal em *incorporation*, isto é, criação de uma pessoa jurídica e, por derivação, empresa ou sociedade no sentido institucional da expressão –, do que em *corporation* como sociedade por ações.

Parece que o compromisso ideal para o termo no Brasil, inclusive considerando o novo Código Civil, seria "governança empresarial", pois que não excluiria a empresa de grande porte organizada na forma de companhia fechada ou mesmo limitada, qual a tradição brasileira.[38] Pode-se, porém, por derivação, aceitar *governança corporativa* sem a ressalva da perpetuação de um erro histórico. Prefere-se enxergar a expressão como enriquecimento do idioma e não como tradução abstrusa.

5. Os impactos da governança corporativa

O debate sobre a governança corporativa, sob um aspecto mais amplo, existe há muito tempo nos diversos países, especialmente sob a forma de reforma das legislações internas de regulação das sociedades por ações. O interesse pelas regras relativas à organização empresarial de forma comparada, porém, com a intensidade que presenciamos atualmente, tem uma história mais recente e que, curiosamente, desprendeu-se das discussões legislativas para se impor na forma de regras pertencentes a uma ética empresarial corporificada por entidades de classe, órgãos regulatórios ou organizações não-governamentais em códigos e codicilos que, na maioria dos casos, não desfrutam do caráter cogente de lei.

É curioso notar que embora não cogentes, tais regras produzem efeito similar, quando impostas por determinados fundos, por exemplo, como condição de investimento. Com isto apontamos para o primeiro grupo de problemas que as discussões sobre as regras de governança corporativa geram: a sua validade. Mesmo não sendo lei, algumas de suas regras podem gerar expectativas de comportamento na comunidade empresarial que podem obrigar os juízes a considerar tal regra em situações onde a lei permite o controle de conteúdo, dada a generalidade da norma. Exemplo desta situação podemos encontrar na questão do conflito de interesses.

Os códigos de governança corporativos contêm uma grande quantidade de regras que se apóiam nos sistemas jurídicos anglo-americanos.

37. Hüffer, *Aktiengesetz*, § 76, item 5.

38. Cf. para entendimento outro Calixto Salomão Filho, *O novo Direito Societário*, p. 24, o qual fala em *estrutura societária*, mas não deixa de opor o tema inglês como referência.

Tal situação não deve ofuscar, porém, o fato de que em passado recente o interesse pelos sistemas alemão e japonês, depois da pujança econômica desses países nas décadas de 1970 e 1980, perdeu sua força com a crise dos anos 1990. Com isto, os sistemas americano e inglês retomaram sua preeminência nos debates sobre governança corporativa, especialmente nos países europeus – por conta dos esforços da União Européia de harmonizar as regras sobre o direito empresarial europeu para, assim, permitir a formação de um mercado de capitais europeu. Com isto o debate aponta para uma outra discussão: a questão da convergência de sistemas ou da competição e o do elemento econômico do debate que por vezes ofusca outras variantes.

Tais mudanças da conjuntura econômica mundial e o debate sobre a governança corporativa terminam por causar, porém, impactos diferenciados nos diversos países, de acordo com a sua estrutura econômica e, principalmente, com a estrutura histórica de seu mercado de capitais.

O mercado de capitais brasileiro, por exemplo, nunca exerceu na economia brasileira a desejada e almejada posição de liderança como efetiva alternativa para capitalização de empresas. O esforço de reestruturação do modelo legal do mercado financeiro e de capitais brasileiro, a partir da década de 1960, e mais intensamente na década de 1970, especialmente com as leis basilares de regulação dos mercados financeiros e de capitais no Brasil (Leis 4.595/1964, Lei 6.404/1976 e 6.385/1976), não resultou, por motivos de política econômica, na consolidação do mercado de capitais no Brasil como meio de financiamento das atividades industriais. Cabe lembrar que o mercado de capitais brasileiro ainda apresenta forte concentração de propriedade e negociação. Se considerarmos a concentração por valores transacionados entre os anos de 1996 e 1998 o Brasil ocupa o destaque de sexto país com maior volume de concentração (76%).[39]

Tais especificidades históricas e políticas de cada país apontam para a indagação sobre a possibilidade da convergência sistêmica tendo como único parâmetro a eficiência econômica.

Trataremos, assim, a seguir da história recente da formação dos principais códigos de governança corporativa, principais temas tratados e os seus reflexos para a legislação e regulamentação brasileiras. Como seqüência, trataremos da questão da convergência dos sistemas e do debate recente da governança corporativa e dos problemas jurídicos imediatos que tais regras podem causar.

---

39. *Desafios e Oportunidades para o Mercado de Capitais Brasileiro*, 2000. Disponível em: <www.bovespa.com.br>. Acesso em: abril 2003, pp. 13 s.

SEGUNDA PARTE
O CENÁRIO HISTÓRICO DA GOVERNANÇA CORPORATIVA

§ 2. *ORIGEM DA DISCUSSÃO E SEU DESENVOLVIMENTO*

Todas as questões apontadas nas discussões a respeito da governança corporativa surgiram preliminarmente, como indicado, na realidade prática de administradores de investimentos[1] que perquiriam a introdução de eficientes mecanismos de proteção e controle das empresas onde investiam. Não é possível apontar para um marco específico das discussões sobre a governança corporativa. O debate tem sofrido grande influência do debate americano, em que tal confrontação sistêmica e, por conseguinte, o debate de governança corporativa ocorreu com maior intensidade e mais cedo, dada a sua posição de liderança no mercado internacional e conseqüente exposição a outros regimes e sistemas. O próprio designativo de seu objeto, a "governança corporativa", como anotamos, tem sua origem no debate americano, no qual sofreu considerável influência da chamada economia institucionalista (*new institutional economics*), que ressalta de forma única, sem porém pleitear sua unipresença científica, a influência das estruturas sobre a economia em geral e sobre o desempenho das empresas em especial.[2]

1. Marcus Lutter, *Vergleichende Corporate Governance – Die deutsche Sicht*, cit., p. 225, o qual aponta para o surgimento da discussão na Alemanha em 1964 por ocasião da fundação do Instituto para a Administração e Pesquisa de Empresas (*Institut für Unternehmensführung und Unternehmensforschung*) em Bochum, sob a análise dos aspectos da administração e não-jurídicos da governança corporativa.

2. Oliver E. Williamson, *The Economic Institutions of Capitalism – Firms, Markets, Relational Contracting*, prefácio e pp. 15 ss.

Pode ser fato que a origem do debate, portanto, tenha como ponto de partida um sistema jurídico específico, o americano, e que o seu enfoque estivesse marcado pela questão da relação entre investidores de capitais ou proprietários e administradores, a chamada relação de representação (*agency perspective*).[3] Tal constatação, todavia, não elimina o fato de que o atual debate sobre a governança corporativa, como temos insistido e poderemos observar em concreto quando da análise das suas principais indagações, é marcado pela comparação entre estruturas e sistemas. Com isto a definição de um marco para o debate torna-se sem importância, pois que tal comparação, assim como o próprio direito comparado, existe há mais de século.[4]

Ocorre que o atual debate sobre governança corporativa tem um diferencial. É marcado, sem sombra de dúvida, pela comparação institucional e sistêmica, mas também pela confrontação econômica e não só acadêmica, pela sua interdisciplinariedade. Os seus questionamentos não estão somente nas universidades ou, ainda, em uma faculdade. Os empresários e as empresas passaram a sofrer confrontações diárias sobre a estruturação e organização de seus negócios, bastando lembrar dos problemas relacionados às empresas multinacionais para ilustrar esta realidade.[5] Os investidores passaram a elaborar seus próprios parâmetros de governança como pressuposto de investimento. Não se trata mais de consultar o jurista para entender o que a lei diz, mas, sim, de consultar o administrador sobre qual a melhor forma e, então, o advogado, quando muito, para saber se uma determinada ação ou estruturação seria ilegal ou não. Tal contexto impõe o debate da governança corporativa como uma necessidade da realidade empresarial e não como objeto de estudo acadêmico único, mas interdisciplinar. Economistas, juristas e administradores passam a indagar estruturas e instituições, inclusive sobre sua função. Esta origem realista e prática explica, assim, a razão pela qual nos países de tradição jurídica romanista, onde a postura do profissional do direito é

---

3. Peter Hertner, *Corporate Governance and Multinational Enterprise in Historical Perspective*, in Hopt et al., *Comparative Corporate Governance – The State of the Art*, pp. 42 s.

4. Hein Kötz e Konrad Zweigert, *Einführung in die Rechtsvergleichung*, pp. 47 ss., especialmente 49 (tradução em português no prelo pela Malheiros Editores); Felipe de Sola Cañizares, *Tratado de Derecho Comercial Comparado*, vol. 3, pp. 1 ss, um fascinante trabalho de direito comparado na área do direito societário e empresarial ou, como seu designativo aponta, comercial.

5. Peter Hertner, *Corporate Governance and Multinational Enterprise in Historical Perspective*, cit., pp. 47 ss.

muito mais passiva, os maiores interessados e letrados nas indagações da governança corporativa são os administradores e não os juristas.[6]

Tal descompasso, porém, entre a importância da discussão e o interesse dos juristas, em especial, e mesmo de um público maior, em geral, começou a ser eliminado quando os primeiros resultados de tais debates passaram a influenciar o mercado de capitais e, assim, suas normas. A edição, em 1992, pela comissão liderada por *Sir* Adrian Cadbury,[7] do relatório sobre a investigação a respeito do sistema de governança das empresas inglesas – realizado a pedido dos principais atores do mercado de capitais londrino (*London Stock Exchange, Financial Reporting Council, Institutional Shareholders Committee*) como reação a uma série de escândalos ocorridos à época (Polly Peck, BCCI, Maxwell)– é tida como o marco oficial da história recente da governança corporativa, por conta da sua ampla ressonância no mercado de capitais internacional. Este relatório não só apontava para os principais problemas relativos à governança das empresas inglesas listadas em bolsa, como também trouxe a público um código de boas práticas (*Code of Best Practice*) que causou ressonância internacional. O relatório passou a ser conhecido como Relatório ou Código Cadbury (*Cadbury Report* ou *Cadbury Code of Best Practice*).

O Relatório Cadbury contém, em realidade, uma série de considerações sobre a função de controle e informação dos órgãos das companhias. O Código de Boas Práticas, em realidade um anexo, constitui, porém, como o próprio relatório aponta (item 1.3, *The Setting for the Report*), o principal elemento do relatório, contendo recomendações a respeito das funções do *board of directors* (aumento do poder deste órgão), sobre a necessidade de haver administradores independentes (*non-executive directors*), sobre a organização e funcionamento do *board* (*e.g.*, mandato de até dois anos) e a criação de comitês de controle, em especial, um comitê de auditoria na estrutura do *board*.

Como o Relatório Cadbury não respondia, porém, todas as questões indicadas pelos agentes de mercado, foi submetido a revisões e complementações em 1995 (*Greenbury Report*) e em 1997 (*Hampel Report*) que resultaram, em 1998, no conhecido e comentado Código

---

6. Cf. idêntica observação para o contexto alemão em Marcus Lutter, *Vergleichende Corporate Governance – Die deutsche Sicht*, cit., p. 225.

7. Tal relatório, embora emblemático, não é exatamente o primeiro, pois outras iniciativas já haviam ocorrido no mundo, como na própria Inglaterra, pela Associação Britânica de Seguradoras (*Association of British Insurers*), que detém grande parte do mercado de capitais londrino, cujas regras constituem, ainda hoje, referência no mercado segurador londrino.

Combinado (*Combined Code*), o qual é hoje aplicado pela bolsa londrina como referência para as empresas listadas, as quais não estão obrigadas a cumprir com as regras deste código, mas devem tornar público o seu não-cumprimento.

Tal relatório foi genericamente o primeiro de muitos outros códigos que, então, surgiram não somente em outros países, como Alemanha (Relatório Baum de 2000; Código de Berlin em 2001), França (Relatório Viénot de 1995, reelaborado em 1999; Recomendações da *Association Française de la Gestion Financière* de 1998), na Itália (Código da Bolsa de Valores Italiana de 1999, conhecido como Relatório Preda), nos Países Baixos (o Relatório Peters de 1997), na Espanha (o Relatório Olivencia de 1998), nos USA (Relatório Blue Ribbon de 1996; os trabalhos e conclusões da *Business Roundtable* desde 1978; a política do *Council of Institutional Investors*[8] de 2000), para citar alguns exemplos, como também no âmbito supranacional (como OCDE, ICGN – *International Corporate Governance Network*, CACG – *Commonwealth Association of Corporate Governance*, *Euroshareholders* e EASD – *European Association of Securities Dealers*) e institucional (*Domini Social Investment*, TIAA-CREF, Calpers, *Hermes Investment Management*, *Amnesty International UK Business Group*, entre outros).[9]

O Brasil não ficou sem ser atingido pelo debate. Por meio do Instituto Brasileiro de Governança Corporativa (IBGC),[10] fundado em 1995 inicialmente como órgão de classe dos administradores de empresas, o que reforça a origem do debate como mencionado, houve a discussão e implementação de um primeiro código de boas práticas no país, o Código de Boas Práticas de Governança Corporativa, o qual inclusive serviu de base para as discussões realizadas tanto no âmbito da Bolsa de Valores de São Paulo, quando da criação de mercados com níveis diferenciados de governança corporativa (Nível 1, Nível 2 e Novo Mercado), como no

---

8. Criado em 1995, este organismo possui aproximadamente 110 fundos de pensão associados, os quais administram em torno de um trilhão de dólares.

9. Cf. com um bom panorama destas instituições e códigos em www.ecgi.org/codes/all_codes.htma, acesso em abril 2003; também a publicação da *Schweizerische Anlagestiftung für nachhaltige Entwicklung*, denominada *Codes of Best Practice im Bereich Corporate Governance – Die wichtigsten supranationalen, nationalen und institutionellen Codes*, de 2002. Disponível em www.ethosfund.ch, acesso em abril 2003; cf. para uma descrição dos códigos europeus Eddy Wymeersch, *A Status Report on Corporate Governance in some Continental European States*, cit., pp. 1.072 ss.

10. Cf. maiores informações sobre o IBGC e suas atividades podem ser obtidas no sítio em www.ibgc.org.br.

âmbito da Comissão de Valores Mobiliários, quando da discussão sobre a introdução de sua "Cartilha de Governança Corporativa" em 2002.[11]

Medidas governamentais também foram tomadas no Brasil, como a permissão em 2001 dos fundos de pensão investirem maior volume de recursos em ações de empresas que cumprem com regras de governança corporativa.[12] Os maiores fundos de pensão no país também passaram a estruturar exigências concretas de governança corporativa nas empresas nas quais investem.[13]

Como indicado preambularmente, não há intenção aqui de adentrarmos um estudo comparado e sistemático dos códigos de governança corporativa, em que pese a importância de tal obra, mas sim destacar do debate temas que possam ter relação com o sistema brasileiro e, assim, servir de elemento de crítica ao mesmo. É possível encontrar diversos trabalhos de comparação de códigos. Pela sua extenção e atualidade, entretanto, fica aqui indicado o relatório preparado para a Comissão Européia e apresentado em janeiro de 2002.[14]

§ 3. *OS CÓDIGOS DE GOVERNANÇA CORPORATIVA*

O desenvolvimento dos debates e a formulação em grande número de códigos em todos os países e por organizações supranacionais que ocorreu desde a publicação do Relatório Cadbury, em dezembro de 1992,[15] como vimos, obriga o observador a tentar buscar critérios e delineamentos gerais de análise e classificação de tais códigos, para, assim,

11. Cf. Disponível em www.cvm.gov.br, acesso em abril 2003.

12. Resolução CMN 2.829/2001, alterada pelas Resoluções 2.850/2001 e 2.910/2001.

13. Cf. no caso do fundo de pensão da Petrobrás (Petros), que elaborou um *Manual de Governança dos Investimentos*, lançado em 2002. Disponível em www. petros.com.br, acesso em abril 2003.

14. *Comparative Study of Corporate Governance Codes Relevant to the European Union and its Members States – On behalf of the European Commission*, Internal Market Directorate General, preparado por Weil, Gotshal & Manges. Disponível em http://europa.eu.int/comm/internal_market/en/company/company/news/corp-gov-codes-rpt-part1_en.pdf, acesso em abril 2003.

15. Podem ser encontradas referências a alguns códigos nos sítios de algumas organizações voltadas para o desenvolvimento e estudo da governança corporativa, tais como, entre muitos outros, da *International Corporate Governance Network* (www.icgn.org), *OECD* (www.oecd.org), do *Ethosfund* (www.ethosfund.ch), do *Instituto Brasileiro de Governança Corporativa* (www.ibgc.org.br), e no sítio do *California Public Employees'Retirement System* ("CalPERS") (www.calpers-governance.org).

encontrar elementos que possam estimular o debate em seu país. Não tem este trabalho por objeto a análise detalhada e comparada de tais códigos (o que poderia, como sugestão, ser implementado pela Comissão de Valores Mobiliários com apoio, por exemplo, de agentes ou participantes do mercado de capitais), mas sim a identificação das linhas gerais que nortearam tais códigos, bem como a forma pela qual os mesmos podem colaborar com os debates no Brasil.

Primeiramente podemos, de forma geral, detectar na topologia dos códigos a existência de três tipos básicos: os nacionais (institucionais ou não), os supranacionais e os institucionais, colocados estes, em regra, como parâmetro para um investidor institucional, como o *California Public Employees' Retirement System* (CalPERS), de sua política de investimento. Os códigos nacionais, em regra, foram introduzidos no âmbito do mercado de capitais[16] como na França, na Itália, na Inglaterra e na Espanha. Tal percepção deve ser levada em consideração quando da aplicação das regras de governança corporativa, pois as mesmas foram pensadas, em realidade, para empresas de capital aberto, embora sua aplicação às empresas fechadas tenha sido considerada sempre desejável. Portanto, qualquer modificação da legislação interna das sociedades por ações deve fazer justiça a esta diferenciação. Tal diferenciação tem sido, até mesmo, ainda que de forma indireta, estimulada na forma de orientação pela União Européia aos países membros, ao incentivar a criação de um tipo simplificado de sociedade por ações.[17]

Os códigos supranacionais contêm, normalmente, dispositivos muitos amplos que terminam por apresentar, por isso, o caráter de uma diretriz e não propriamente de regramento da governança corporativa, o que é até mesmo admitido de forma expressa por alguns organismos, como a OECD,[18] como forma de dar a amplitude necessária para tal código poder se adaptar aos mais diversos sistemas legislativos dos países. Os códigos

16. Como exceção pode ser apontada a Alemanha, a qual utilizou a investigação sobre governança corporativa para reformar sua legislação das sociedades por ações como um todo, como por exemplo, através da conhecida *Gesetz zur Kontrolle und Transparenz im Unternehmensbereich* (KonTraG) de 1998.

17. Comunicação da Comissão relativa à transmissão de pequenas e médias empresas (98/C, 93/02). Disponível em http://europa.eu.int/eur-lex/pri/pt/oj/dat/1998/c_093/c_09319980328pt00020021.pdf, acesso em abril 2003.

18. Cf. introdução do presidente da comissão de elaboração do Código OECD. Disponível em www.oecd.org/doc/M00008000/M00008305.doc, acesso em abril 2003; Peter Hommelhoff, "OECD – Principles on Corporate Governance – ihre Chancen und Risiken aus dem Blickwinckel der deutschen Corporate Governance-Bewegung", *ZGR* 2001, p. 239.

institucionais apresentam como característica básica o caráter ético de suas preposições e, também, constituem, em regra, muito mais diretrizes e políticas de investimento do que propriamente um regramento. Por tal topologia fica denunciado também o caráter absolutamente pragmático de tais regras, qual seja, a proteção do investidor.

Outra característica geral dos códigos de governança corporativa é a preocupação, em maior ou menor grau, dependendo dos interesses de regulação, tanto com a chamada governança corporativa interna, que se refere à administração da companhia propriamente dita (como a distribuição de atribuições e controle das atividades, o relacionamento dos órgãos e membros entre si), quanto à governança externa,[19] que pode incluir não só o relacionamento com os proprietários, os acionistas, mas também com outros participantes da empresa, em conceito mais amplo, como os empregados, fornecedores, clientes e a comunidade. Tal caráter externo da governança corporativa cresceu tanto em termos de importância sob a designação geral, porém equivocada, de responsabilidade social, que constitui, hoje, praticamente uma área independente de análise e pesquisa, pois se baseia não só em regras jurídicas, mas também em regras de comportamento ético e psicologia social entre outras.[20] Para facilitar a discussão utilizaremos tal tipologia, ainda que possa ser criticada.

Outra característica marcante das discussões sobre governança corporativa e códigos de governança corporativa reside na sua generalidade de preceitos. Em grande parte dos códigos, os preceitos são bastante gerais e, não raras vezes, poderão ser encontrados em diversas legislações pátrias sobre as sociedades por ações. Tal generalidade pode ser atribuída à pretensão universalista dos códigos, especialmente aqueles desenvolvidos por investidores institucionais.[21]

Interessante ainda notar que os códigos muitas vezes se limitam a regrar as companhias abertas, com a esperança de que tais regras possam influenciar o regramento das companhias fechadas (*Austrahlungswirkung*).[22] Tal parece ser realmente a melhor solução.

---

19. Hopt, *Corporate Governance in Europa*, p. 782; Peter Hommelhoff, "*OECD – Principles on Corporate Governance...*", cit., p. 242.

20. Steen Thomsen, "Business Ethics as Corporate Governance", *European Journal of Law and Economics* 11/2, pp. 153-164, 2001.

21. Cf., por exemplo, os preceitos de governança ditados pelo conhecido fundo de pensão americano CalPERS.

22. Klaus Hopt, "Unternehmensführung, Unternehmenskontrolle, Modernisierung des Aktienrechts – Zum Bericht der Regierungskommission Corporate Governance", in Hommelfoff *et al.*, *Gemeinschaftssymposion der Zeitschriften ZHR/ZGR*, pp. 50 s.

1. Os serviços financeiros: *nova dimensão da governança corporativa*

Toda a discussão sobre governança corporativa iniciou-se com forte entonação sobre a questão da administração interna da companhia e sobre as formas e pressupostos de melhoria de desempenho de tal administração. O debate não se limitou, porém, a isso. Foi mais adiante. Com a crescente importância dos fundos de investimentos com voz ativa no mercado (alguns até determinam as regras de governança corporativa que a empresa candidata a receber investimentos deve cumprir, como o fundo americano CalPERS e, mais recentemente no Brasil, a própria Petros)[23] e a profissionalização do investimento, tornou-se necessário estender a questão da governança corporativa também para a organização de tais investidores. Está claro, hoje, que a regulamentação dos serviços financeiros, não só em razão dos escândalos financeiros de 2001 e 2002 (*e.g.*, casos Enron e WorldCom, entre tantos outros), deve ser aprofundada e materializada.

Tal evolução do mercado parece lógica do ponto de vista da vida moderna. Os investimentos do mercado de capitais não querem estar limitados a um pequeno número de investidores com patrimônio de grande proporção, mas sim à chamada democratização do capital, que, desde o final do século XIX e inobstante as diversas crises por que passou, não deixou de ser a principal diretriz dos países com um mercado de capitais desenvolvido. Se a democratização pressupõe, ainda que em teoria, que ao menos a classe média ou grande parte da classe média possa investir em ações, não poderia deixar-se de atentar para o fato de que os componentes de tal classe, em sua maioria, não têm tempo ou mesmo conhecimento técnico suficiente para realizar investimentos satisfatórios nos mercados de capitais, marcados pela crescente complexidade.

O volume de informações que há de ser tratado diariamente excede em muito o tempo disponível dos cidadãos comuns. Mesmo com tempo disponível, o desenvolvimento da técnica de investimento e a sofisticação das análises podem representar outra limitação para o cidadão comum investir no mercado de capitais, especialmente em mercados instáveis como o mercado brasileiro. Com isto, a profissionalização se torna não uma forma ou variação do mercado de investimentos, mas sim uma necessidade do mesmo.

Os dados relativos à evolução dos volumes de investimentos de pessoas físicas em vários países europeus e nos EUA mostram com

---

23. *Manual de Governança*. Disponível em: www.petros.com.br/petros/ftp/download/manual_de_governanca.pdf, acesso em abril 2003.

excelência esta nova situação. Pode-se, assim, referir que a participação de pessoas físicas caiu na Suécia, entre 1983 e 1995, de 30% para 15% do mercado; na Inglaterra, entre 1963 e 1994, de 54% para 20,3%; na Alemanha, de 27% para 14%. Tais dados são ainda acompanhados de um crescimento praticamente sistemático da indústria dos fundos de investimentos, de seguros e financeiro em geral, que justifica a preocupação com o chamado investidor institucional ou profissional. Não se trata de mero acaso, assim, a harmonização que a União Européia procurou fazer com a diretiva sobre os serviços financeiros que se tornaram profissionalizados.[24]

Referida profissionalização é também estimulada pelas regras de mercado para a administração dos sistemas de previdência social, o que obriga à constituição de um mercado profissionalizado de fundos de pensão e de investimentos com um volume imenso de recursos para investir. Com isso, a real preocupação em futuro próximo será com a regulamentação dos serviços financeiros,[25] pois que o investidor não estará mais representado diretamente nas empresas beneficiárias dos recursos.

Considerados estas características gerais, conveniente adentrarmos as principais preocupações dos códigos de boas práticas, inclusive do Código de Boas Práticas do IBGC, frente à legislação brasileira.

---

24. Cf. dados em Eddy Wymeersch, *A Status Report on Corporate Governance in Some Continental European States*, cit., pp. 1.175 ss.

25. Capaul e Fremond, *The State of Corporate Governance*, p. 2, sobre a necessidade de debate sobre a regulamentação das instituições financeiras internacionais (*off-shore financial centers and vehicles*).

TERCEIRA PARTE
PROBLEMAS E QUESTÕES DA GOVERNANÇA CORPORATIVA

Como mencionado, procurou-se identificar no debate sobre a governança corporativa temas que possam, de forma direta ou indireta, serem aplicados ao contexto brasileiro. Não é fácil realizar tal seleção, pois que os temas e problemas tocados pela governança corporativa não são homogêneos, partindo, portanto, de questões de caráter bastante organizacional – como a capacitação técnica dos administradores –, e adentrando questões estruturais do modelo empresarial – como a participação de trabalhadores na administração. Foi priorizada, portanto, a identificação de questões que propiciassem uma perspectiva panorâmica do debate, o que, em alguns casos, penaliza a profundidade da discussão de tópicos específicos. Tal penalização não é, porém, uma perda, pois que a pretensão básica destas reflexões, como já acentuado desde o início, é criar uma postura mais crítica com relação ao debate sobre a governança corporativa e suas conseqüências.

Para facilitar e sistematizar tal análise partiremos de uma tipologia que divide as regras de governança corporativa em regras internas e externas.[1] Eventuais imprecisões de classificação decorrentes de tal tipologia não afetarão, por certo, o conteúdo das reflexões, dado o seu caráter eminentemente propedêutico. Preferiu-se uma explicitação dos principais problemas, despreocupada com a definição de governança corporativa – tal como tradicionalmente inscrita nos códigos, onde já foi definida –, de forma simples, porém com propriedade, em uma das com-

---

1. Comparato, *O Poder de Controle*, pp. 30 s., o qual propõe o tratamento semelhante para a questão do poder na sociedade por ações, porém sob outra premissa.

pilações mais difundidas, como "o sistema pelo qual as companhias são dirigidas e controladas".[2] Não parece ser importante uma definição mais rigorosa, pois o objeto da governança corporativa está relacionado diretamente com o substrato econômico e sujeito, assim, a mudanças constantes, porém recebidas com naturalidade e como simples conseqüência e exigência de mercado. Fica aberta ao leitor, de tal modo, a possibilidade de construir e formar o seu próprio conceito de governança corporativa em uma aproximação quase que maiêutica.

O estudo das principais questões da governança corporativa *vis-à-vis* do sistema brasileiro irá propiciar a formação de um panorama mais completo do debate e, com isto, pavimentar o caminho para uma apreciação mais crítica das regras de governança corporativa, tanto com relação às suas regras em espécie, como também com relação ao sistema como um todo. Com tais observações preambulares pode-se avançar para as questões de governança corporativa propriamente dita.

§ 4. *TEMAS DA GOVERNANÇA CORPORATIVA: ASPECTOS INTERNOS*

Com relação à questão da governança interna é evidente a preocupação com a estruturação dos órgãos de administração, partindo-se da forma de atribuição de competências, preenchimento dos cargos, qualificação dos administradores, permanência nos cargos, remuneração, até a forma de controle das mesmas atividades. O equilíbrio de forças entre a administração e os acionistas representa, aqui, questão central da governança corporativa, especialmente nos países com menor concentração de controle das companhias ou com a existência de minoritários especiais, como os bancos na Alemanha e no Japão. Não se pode deixar de mencionar, aliás, que a concentração de controle tem sido o objeto preferido de muitas análises comparadas de governança corporativa, ora como elemento explicativo das diferenças, ora como elemento determinante das diferenças.[3]

---

2. Cf. *Relatório Cadbury*, item 2.5 que propõe ser a governança corporativa "*the system by wich companies are directed and controlled*": cf. definição do IBGC em Paulo F. C. Salles de Tolledo, *Modificações introduzidas na lei das sociedades por ações, quanto à disciplina da administração das companhias*, ob. cit., p. 423, especialmente nota 2.

3. Henry Hansmann e Reinier Kraakman, "Toward a Single Model of Corporate Law?", in McCahery *et al.*, *Corporate Governance Regimes*, p. 59; John Coffee Jr., *Convergence and its Critics: What are the Preconditions to the Separation of Ownership and Control?*, setembro 2000. Disponível em: <http://papers.ssrn.com/sol3/de-

Observa-se, de fato, que no mundo, incluindo-se nos países desenvolvidos, há uma clara separação entre os países marcados por um mercado de capitais extremamente desenvolvido, e que funciona efetivamente como fornecedor de capital de investimento para as empresas, nos quais o controle das empresas, em sua grande maioria, está disperso no mercado, e aqueles onde o mercado de capitais não só não é tão desenvolvido, como não exerce de forma plena tal função de fornecedor de capital de investimento, tendo uma estrutura empresarial marcada pela concentração de controle. Exemplos do primeiro grupo são EUA e Inglaterra e do segundo grupo os países europeus continentais em geral e, evidentemente, o Brasil.

Tal cartografia da estrutura empresarial indica uma semelhança espantosa com a estrutura jurídica dos países referidos. Parece que os países de tradição jurídica anglo-saxônica diferenciam-se dos países de tradição romanística também na questão das estruturas empresariais. Com tal constatação, não demorou muito para que o debate sobre a governança corporativa procurasse explicações para tal sintonia sistêmica e indagasse até mesmo se a estrutura de mercado seria algo diretamente relacionado ao sistema jurídico anglo-saxônico.[4] Não é simples a resposta a tal indagação, mas deixaremos para discuti-la depois de tratarmos das principais regras e indagações em específico de governança corporativa – pois as mesmas constituem importante elemento da crítica mais sistêmica do direito societário e empresarial dos diversos países. Por ora, basta se ter em mente tal diferenciação quase que cartográfica.

1. O modelo dual de governança

Como apontado no inicio destas reflexões, o debate sobre a governança corporativa é marcado pela confrontação entre sistemas diferenciados. Tal ponderação pode ser evidenciada por um dos principais temas da governança corporativa: a separação do poder de administrar e controlar a administração, a separação entre conselho e diretoria, por assim dizer a eficiência do chamado sistema dual de governança ou sistema germânico

---

livery.cfm/SSRN_ID241782_code000914520.pdf?abstractid=241782>. Acesso em: abril 2003, p. 87, o qual aponta para uma redução da tendência de concentração de controle nos países europeus.

4. John Coffee Jr., *The Future as History: The Prospects for Global Convergence in Corporate Governance and its implications*, outubro 1999. Disponível em: <http://papers.ssrn.com/paper.taf?abstract_id=142833>. Acesso em: abril 2003, pp. 6 ss.

ou alemão[5] de governança, em alusão ao país onde tal sistema adquiriu maior expressividade.

O sistema dual de governança tem sua origem atribuída ao regime alemão e é marcado pela rígida separação de atribuições entre o órgão de administração ou executivo e o órgão de controle, pela estrita divisão de atribuições entre o conselho de fiscalização (*Aufsichtsrat*) e diretoria (*Vorstand*). Cabe ao *Aufsichtsrat* a supervisão e o controle das atividades do *Vorstand*. Somente ao *Vorstand* cabe a representação e administração da sociedade.[6]

Tal modelo existe legalmente na Alemanha como estrutura obrigatória desde a reforma da lei das sociedades por ações, de 1870, e serviu, em certa medida, como arcabouço histórico para permitir a participação de empregados na administração das empresas dentro da chamada estrutura de participação paritária que iremos analisar, com maior atenção, mais à frente. Tal data, porém, não deve ocultar o fato de que mesmo antes de 1870 era comum a separação de atribuições, ainda que sob formas muito variadas, nos estatutos das companhias alemãs e já houvesse previsão na legislação anterior de tal possibilidade.[7] Sua introdução como órgão obrigatório era justificada pela extinção do sistema alemão de concessão e, portanto, do controle estatal sobre as sociedades por ações. É interessante notar essa substituição funcional que o *Aufsichtsrat* assume na história econômica alemã: a de órgão de controle privado. Isto também explica em parte a importância dos direitos dos acionistas, especialmente na assembléia geral, na economia alemã no início do século XX. Pode-se mesmo falar de uma publicização da esfera privada no sentido de se transplantar uma estrutura típica do direito público para a organização empresarial. Esta raiz história certamente constitui uma das razões pelas quais o *Aufsichtsrat* desfruta de uma posição de destaque em solo ale-

---

5. Outros países como Holanda e Áustria também adotam o modelo dual, sendo possível, assim, falar-se em um modelo germânico.

6. Cf. § 76 I AktG prescreve que o *Vorstand* tem por responsabilidade própria a gestão da sociedade (*Der Vorstand hat unter eigener Verantwortung die Gesellschaft zu leiten*).

7. Richard Passow, *Die Aktiengesellschaft – Eine wirtschaftswissenchaftliche Studie*, ob. cit., pp. 345 e 354, com alguns exemplos, inclusive de estatutos; Thomas Raiser, *Recht der Kapitalgesellschaften*, § 13 II 1, margem 8; Jan Wilhelm, *Kapitalgesellschaftsrecht*, 1998, p. 7, margem 17 s.; equivocada a informação de que o sistema dualista teria sido introduzido em 1937, na Alemanha, em Paulo C. F. Salles de Toledo, *O Conselho de Administração na Sociedade Anônima*, p. 22, ao explicitar o modelo germânico.

mão, um verdadeiro e típico instituto alemão (*eine Eigenart de deutschen Aktienrechts*), como alguns autores chegam a propugnar.[8]

Conforme dispõe o § 76 I da AktG o *Vorstand* deve dirigir a empresa sob sua própria responsabilidade. O § 111 I da AktG determina, por outro lado, que o *Aufsichtsrat* deve fiscalizar a administração da companhia.[9] Os membros do *Aufsichtsrat* não podem pertencer ao *Vorstand* (§ 105 I AktG). Tais regras da lei alemã das sociedades por ações descrevem de forma muito direta e objetiva o modelo de sistema dual, o qual exerceu influência sobre a legislação de outros países europeus como, por exemplo, na França, onde, por ocasião da reforma da sua lei de sociedades por ações, em 1966, optou-se por adotar o sistema dual de forma mais flexível e, portanto, como opção de estrutura para as sociedades por ações.

É comum, assim, falar-se na França em uma administração com conselho (*à conseil d'administration*) contraposta a uma administração com diretoria (*à directoire*). Pelo sistema da administração com conselho não há uma separação clara das atribuições executivas e de supervisão, pois o presidente do conselho de administração deve ser, obrigatoriamente, o diretor geral, originando com isto o conhecido título de *président-directeur général* (PDG). O modelo da administração com diretoria, todavia, impõe a constituição de órgão executivo independente, a diretoria (*directoire*), cujo mandato somente pode ser interrompido por justa causa, e a sua supervisão por um outro órgão, o conselho de supervisão (*conseil de surveillance*). O sistema dual, entretanto, parece não ter obtido o sucesso esperado na França e até hoje somente 2% das sociedades por ações o adotam. Tal dado não é, porém, o epitáfio do sistema dual francês, pois que 20% das sociedades listadas em bolsa e em maior proporção as empresas do setor financeiro o adotam.[10] Com isto torna-se claro que o modelo dual na França, inobstante seus críticos, tem sido aplicado pelas empresas, especialmente pelas empresas de porte. Tal constatação é fundamental, pois que as empresas que o adotaram, fizeram-no de forma espontânea. Em 2001 o sistema dual foi ainda estendido na França para possibilitar a estruturação mista, isto é, com a eleição de um diretor pre-

---

8. Jan Wilhelm, *Kapitalgesellschaftsrecht*, cit., pp. 265 ss., margem 829 ss.; Thomas Raiser, *Recht der Kapitalgesellschaften*, cit., § 13 II 3, margem 15.

9. Cf. § 111 I AktG prescreve que o *Aufsichtsrat* tem o dever de supervisionar a gestão da empresa (*Der Aufsichtsrat hat die Geschäftsführung zu überwachen*).

10. Guyon, *Droit des Affaires*, pp. 367 ss., cf. para dados estatísticos p. 368, onde critica uma avaliação pessimista do modelo; Maurice Cozian, Alain Viandier e Florence Deboissy, *Droit des Sociétés*, pp. 348 s.

sidente independente do presidente do conselho de administração, dentro da estrutura da administração com conselho, o que demonstra a receptividade da segregação de atribuições.[11]

O modelo dual opcional de governança também foi introduzido na Itália e Bélgica (o modelo argentino, com seu *consejo de vigilancia* contraposto a *sindicatura*, também poderia ser aqui indicado),[12] o que torna factível, em uma análise mais ampla, a possibilidade de sua imposição como modelo básico na Europa.

1.1 Existe um modelo unitário?

Contrapõe-se a tal sistema dual de governança o sistema unitário, onde, a rigor, não existe ou não deveria existir qualquer separação da administração entre um órgão executivo e um órgão de controle, tal como no modelo alemão.[13] Não há, porém, tal modelo ideal concretizado na realidade prática, onde os sistemas permitem, em maior ou menor grau, uma separação funcional de atribuições. Tal dificuldade da classificação explica, assim, os problemas a que uma análise crítica é submetida quando se quer classificar o regime americano de unitário.[14]

Com uma análise mais acurada sobre o modelo unitário tornam-se as estatísticas, como a de que a grande maioria dos países europeus adota o sistema unitário, com exceção da Alemanha, Países Baixos, Áustria e Portugal, muito relativas.[15] Tal relativização já foi aduzida, por exemplo,

---

11. Guyon, *Droit des Affaires*, p. 323.

12. Klaus Hopt, *Unternehmensführung, Unternehmenskontrolle, Modernisierung des Aktienrechts – Zum Bericht der Regierungskommission Corporate Governance*, cit., pp. 45 s., especialmente nota 76 sobre os sistemas italiano e belga; cf. sobre modelo argentino sobretudo Efraín H. Richard e Orlando Manuel Muiño, *Derecho Societário – Sociedades comerciales, civil y cooperativa*, § 349 ss., pp. 567 ss., onde explicita o *consejo de vigilância*; ainda Carlos Gilberto Villegas, *Derecho de las Sociedades Comerciales*, pp. 469 ss.

13. Mesma regra vale para o sistema holandês cf. Eddy Wymeersch, *A Status Report on Corporate Governance in Some Continental European States*, cit., pp. 1.104 s.

14. Cf. crítica à consideração do modelo italiano como unitário Paulo C. F. Salles de Toledo, *O Conselho de Administração na Sociedade Anônima*, cit., p. 17; ainda sobre a distinção na Argentina e inclusão do sistema italiano como parte do modelo dualista Efraín H. Richard e Orlando Manuel Muiño, *Derecho Societário – Sociedades comerciales, civil y cooperativa*, cit., § 349, p. 568.

15. Eddy Wymeersch, *A Status Report on Corporate Governance in some Continental European States*, cit., pp. 1.078 ss.

ao se analisar a questão dos administradores não-executivos e independentes do regime inglês, pois que conformam efetivamente um sistema de supervisão que não se distancia dos princípios do sistema dual.[16] O debate sobre a natureza jurídica do *collegio sindacale* italiano também comprova tal situação, pois que entendido pela própria doutrina italiana, contra a percepção de outros países, como não implicando um sistema dual para o regime italiano de governança.[17] Tais classificações em modelos causam uma simplificação necessária, mas que deixa à revelia muitas características importantes de cada modelo e que devem ser ao menos ilustradas aqui. É o que se propõe a seguir.

1.2 Os sistemas de governança: uma aproximação prática

Não poderíamos avançar nossas considerações sem antes fazer uma ressalva direcionada à prática, tão cara à governança corporativa, e expor de forma mais clara os referidos equívocos classificatórios, os quais, na prática brasileira (e possivelmente não só na brasileira) resultam também em comparações ou equiparações equivocadas de tais órgãos, pois que a conformação real das atribuições da administração da companhia é, em regra, diferente dos modelos idealizados. Somente para citar um exemplo pode-se apontar para a confusão de estruturas somente aparentemente similares, como *conselho de administração* e *board of directors*, equiparação esta, aliás, muito comum nos trabalhos de consultoria em transações internacionais. Evidente que tais expedientes da prática atual, muito mais exposta às confrontações com o direito alienígena, são compreensíveis, mas não podem ofuscar o entendimento das reais características dos órgãos e suas funções no direito estrangeiro.

Para ilustrar tal situação, encontra-se a seguir um quadro com alguns órgãos semelhantes ao *conselho de administração* brasileiro, para os quais podemos apontar diversas diferenças.

---

16. Idem, p. 1.101, o qual diz que não obstante a oposição do público inglês com relação ao sistema dual "[I]n a system in which the majority of the board is composed of non-executive directors, one could argue that the system comes close to a two-tier system".

17. Idem, p. 1.138, nota 408 sobre as opiniões divergentes na literatura.

Órgão/País	País	Principais Poderes	Representação	Composição	Mandato	Observação
Conselho de Administração	**Brasil**	Supervisão do órgão executivo e planejamento	Não. Diretoria como órgão executivo e de representação	Somente acionistas. Mínimo de 3 membros	Máximo de 3 anos, reeleição permitida. Destituíveis *ad nutum*	Especificidade do órgão com participação na administração, porém na parte do planejamento. Conselho fiscal como órgão potenciado de fiscalização. Participação de empregados facultativa
Board of Directors[18]	**EUA**	Órgão executivo por lei, mas com função de supervisão na prática	*Sim*. Porém há autoridade dos *officers* inerente ao cargo	*Não necessariamente* acionistas. No passado 3 membros no mínimo, mas não há mais restrição	Previsão da substituição *ad nutum* prevista nos estatutos, embora no passado era restrita a casos de justa causa conforme a tradição do *Common Law*. *Model Business Corporation Act* admite sem *justa causa* (§ 8.08 a)	Não há previsão de participação dos empregados. Modelo para a legislação brasileira, porém com diferenças substanciais, como podemos ver
Aufsichtsrat[19]	**Alemanha**	*Supervisão do órgão executivo e participação paritária*	Não. *Vorstand* como órgão executivo e de representação	*Não necessariamente* acionistas. Mínimo de 3 membros e máximo de 21, conforme o capital (€ 10 milhões). Depende do modelo paritário ou misto de participação dos trabalhadores na tomada de decisão	Máximo de 5 anos (contados de forma muito geral). *Não pode ter assento em mais de 10 órgãos obrigatórios* (ressalva para empresas de um mesmo grupo, onde 5 assentos valem por um). Destituíveis *ad nutum*	Para empresas com até 500 empregados constituídas após agosto de 1994, o modelo paritário não se aplica. De 500 a 2000 empregados 1/3 do *Aufsichtsrat* é composto por trabalhadores e em empresas com mais de 2000 empregados a composição é ½ por empregados ou representantes. Há limite de participação em mais de 10 empresas ou representar empresa controlada entre outras restrições

18. Melvin A. Eisenberg, *Corporations and other Business Organizations – Cases and materials*; Hartwin Bungert, *Gesellschaftsrecht in den USA – Eine Einführung mit vergleichenden Tabellen*.

19. Karsten Schmidt, *Gesellschaftsrecht*; Hüffer, *Aktiengesetz*.

Órgão/País	País	Principais Poderes	Representação	Composição	Mandato	Observação
Conseil de Surveillance[20]	França	Supervisão do órgão executivo	Não. *Directoire* como órgão executivo e de representação	Somente acionistas (como o *conseil d'administration*, salvo se empregados). Mínimo de 3 e máximo de 18 membros	Não pode exceder 6 anos. Não pode ter assento em mais de cinco órgãos e tem limite de idade conforme estatuto (se ausente 65 anos). Destituíveis *ad nutum*	Não havia clara separação até 1966 entre o *conseil d'administration* e *direction générale* (conhecido como sistema à francesa e o qual ainda impera na França) das funções executiva e de supervisão, pois os diretores gerais (PDG) são nomeados pelo *conseil*. O *conseil de surveillance* foi construído à semelhança do sistema alemão. Participação dos empregados com 3% do capital obrigatória (*Loi du 17 janv. 2002*, modificando L. 225-23 e 225-71 do *Code de commerce*)
Amministratore unico / Consiglio di amministrazione[21]	Itália	Órgão executivo por lei que pode nomear um *comitato direttivo* (ou *executivo*) ou um *amministratore delegato* para transferir poderes executivos (o que ocorre com frequência na prática), mas não todos	Sim	Não necessariamente acionistas	Prazo máximo de 3 anos. Destituíveis *ad nutum*, ressalvada, porém, indenização se sem justa causa	Não há separação de funções e se aproxima muito do modelo americano, pois trata a função executiva como uma delegação de poderes e não como um órgão independente
Consejo de vigilancia[22]	Argentina	Supervisão da administração do *directorio*	Não. *Directorio* como órgão executivo e de representação	Somente acionistas. De 3 a 15 membros	Prazo máximo de 3 anos. Destituíveis *ad nutum*	Modelo implementado conforme os modelos alemão e francês, cuja estrutura é opcional para as companhias, que podem ter somente *directorio*

20. Maurice Cozian, Alain Viandier e Florence Deboissy, *Droit des Sociétés*, cit.
21. Francesco Ferrara Jr. e Francesco Corsi, *Gli Imprenditori e le Società*; Michael A. Hofmann, *Gesellschaftsrecht in Italien – Eine Einführung mit vergleichenden Tabellen*.
22. Efraín H. Richard e Orlando Manuel Muiño, *Derecho Societário – Sociedades comerciales, civil y cooperativa*, cit., § 349 ss., pp. 567 ss.

Com base em tal quadro podemos perceber que as classificações (sem falar das traduções) podem causar muitos equívocos de entendimento, pois que os órgãos possuem muitas vezes competências, composições e mesmo importância diferenciadas, afetando o equilíbrio interno de poder na companhia. Podem-se destacar aqui algumas, como o poder de representação, a qualidade de acionista para compor o órgão, forma de destituição e mandato, entre outros. O *board* americano, assim, tem poderes de administração que somente por delegação cabem aos *officers*. O poder de representação de tal órgão confirma ainda mais tal diferença de atribuição em comparação com o conselho de administração brasileiro.

Tal ressalva se aplica igualmente aos órgãos executivos. Para ilustrar pode-se pensar no sistema francês, por exemplo, onde a função executiva está presente no próprio conselho de administração na figura de seu presidente, quando o sistema adotado é o sistema de administração com conselho de administração. Outro detalhe interessante é a questão da destituição dos membros do órgão executivo que nos regimes alemão e francês, quando presente o *conseil de surveillance,* somente pode ocorrer com justa causa.

Ressalta-se ainda a questão da relação entre os órgãos. Somente nos modelo alemão encontramos uma restrição absoluta de participação de membros do *Aufsichtsrat* no *Vorstand*. Tais detalhes terminam por afetar de forma frontal o equilíbrio de poder dentro da organização empresarial e não podem, portanto, ser simplesmente desconsiderados em uma análise mais próxima da realidade de cada regime e que se esconde por trás de classificações. O quadro seguinte ilustra tal diferenciação com relação aos órgãos executivos.

Órgão	País	Principais Poderes	Representação	Composição	Mandato	Observação
Diretoria	Brasil	Órgão executivo por lei	Sim	Não precisa ser acionista. Mínimo 2 membros. 1/3 dos membros do Conselho de Administração podem ser diretores	Máximo de 3 anos, reeleição permitida. Pode ser destituído *ad nutum*	Modelo que atentou para a segregação, ainda que parcialmente
Officer[23]	EUA	Órgão executivo por delegação do *Board*	Somente por delegação ou autoridade inerente	Não necessariamente acionistas, porém em regra são minoritários e detentores de procuração de outros minoritários que os permite manter a estrutura de um *Board* que os mantinha na direção da companhia (*managerialism*).[24] Podem ser membros do *board*	Previsão estatutária. *Model Business Corporation Act* admite destituição sem *justa causa* (§ 8.43 b)	Os *officers* são em regra somente uma extensão do *board*. Como podemos ver, não há como equiparar o *officer* com o diretor sob a legislação brasileira[25]
Vorstand[26]	Alemanha	Órgão executivo por lei	Sim	Não necessariamente acionistas. Não há mínimo (salvo se o capital for superior a € 3 milhões). Não podem ser membros do *Aufsichsrat* (!)	Máximo de 5 anos. Destituição somente com *justa causa* (!)	Modelo clássico da administração dual

23. Melvin A. Eisenberg, *Corporations and other Business Organizations – Cases and materials*, cit.; John C. Coffee Jr. e William A. Klein, *Business Organization and Finance – Legal and Economic Principles*; Hartwin Bungert, *Gesellschaftsrecht in den USA – Eine Einführung mit vergleichenden Tabellen*, cit.

24. Mathias Reimann, *Einführung in das US-amerikanische Privatrecht*, p. 241.

25. Cf. mesmo comentário comparando com o *Vorstand* alemão em Hartwin Bungert. *Gesellschaftsrecht in den USA – Eine Einführung mit vergleichenden Tabellen*, cit., p. 35.

26. Karsten Schmidt, *Gesellschaftsrecht*, cit.; Hüffer, *Aktiengesetz*.

Órgão	País	Principais Poderes	Representação	Composição	Mandato	Observação
Conseil d'administration ou Directoire[27]	França	Órgão executivo por lei (se não houver *directoire*). Se houver *directoire*, então, este é o órgão de representação	Sim	Se *Directoire* não precisa ser acionista. *Conseil d'administration* somente acionistas, salvo se eleito pelos empregados (*Loi du 15 mai 2001*). Não há impedimento para ser membro do *conseil de surveillance*	Máximo de 6 anos. Destituição dos membros do *Directoire* somente com *justa causa!*	
Amministratore unico / Consiglio di amministrazione	Itália	Órgão executivo por lei que pode nomear um *comitato direttivo* (ou *esecutivo*) ou um *amministratore delegato* para delegar poderes executivos (o que ocorre com frequência na prática), mas não todos	Sim	Não necessariamente acionistas	Prazo máximo de 3 anos. Destituíveis *ad nutum*, ressalvada, porém, indenização se sem justa causa	Não há separação de funções e se aproxima muito do modelo americano, pois trata a função executiva como uma delegação de poderes e não como um órgão independente
Directorio	Argentina	Órgão executivo por lei que pode nomear um *comité ejecutivo* para delegar poderes da gestão ordinária, mas não todos	Sim	Não necessariamente acionistas. Não há impedimento para ser membro do *consejo de vigilancia*	Prazo máximo de 3 anos ou 5 anos, se houver *consejo de vigilancia*. Destituíveis *ad nutum*	O regime sem *consejo de vigilancia* é extremamente parecido com o regime italiano

27. Maurice Cozian; Alain Viandier; Florence Deboissy, *Droit des Sociétés*, cit.

Os detalhes e as especificidades (estabilidade do mandato, por exemplo) podem e fazem diferença no sistema como um todo. O mandato, por exemplo, e a participação de membros de um órgão em outro, que pode na prática anular a separação de atribuições, representam elementos que indicam uma enorme diferença entre os sistemas, especialmente quando conjugadas, e entre órgãos comumente equiparados.

Há que se salientar, ainda, que é muito comum haver a confusão entre o conselho de administração e órgãos com atribuições muito diferentes e que mais se aproximam do conselho fiscal brasileiro. Como exemplos de tais órgãos podemos apontar o *collegio sindacale* italiano (mesmo após a reforma de 1998) e em solo argentino a *comisión fiscalizadora* (a organização colegiada da *sindicatura*) os quais possuem uma função de controle exclusiva ou preponderantemente financeiro e contábil.

Uma interessante diferenciação é feita pela doutrina argentina, aliás, entre o *consejo de vigilancia* e a *sindicatura,* mas que pode ser aplicada a tais órgãos em geral e que torna a relação de tais órgãos com os demais órgãos da administração ilustrativa: os órgãos de fiscalização exclusiva realizam um controle de legalidade, enquanto os órgãos de supervisão, um controle de mérito, que é mais amplo que o primeiro e o inclui.[28] Pode-se notar, assim, que as estruturas de fiscalização externa, como a francesa dos *commissaires aux comptes*, a inglesa dos *auditors* e a norte-americana da *auditing*, caracterizadas pelo trabalho externo da fiscalização da administração, seriam uma das formas do controle de legalidade, mas não do controle de mérito. Outra questão interessante é que as deficiências de tais órgãos têm sido combatidas com o seu fortalecimento e não com sua extinção, embora sob perspectivas bastante díspares. Os motivos das reformas da lei italiana em 1998 e da brasileira em 2001, pelas quais os poderes de tais órgãos foram aquilatados, demonstram tal assertiva.[29] O quadro a seguir aponta algumas características que diferenciam tais órgãos.

---

28. Efraín H. Richard e Orlando Manuel Muiño, *Derecho Societário – Sociedades comerciales, civil y cooperativa*, cit., § 349, p. 569.

29. Modesto Carvalhosa, *Comentários à Lei de Sociedades Anônimas*, vol. 3, p. 367, especialmente nota 20; cf. também Francesco Ferrara Jr. e Francesco Corsi, *Gli Imprenditori e le Società*, cit., p. 535.

Órgão/País	País	Principais Poderes	Composição	Mandato	Observação
Conselho Fiscal	Brasil	Fiscalização da contabilidade e da administração em geral. Órgão obrigatório, mas com instalação facultativa	Eleitos pela AG. Somente com título de graduação no ensino superior ou com experiência. Regras de independência existentes. Participação de minoritários	Prazo até a próxima AG. Destituíveis *ad nutum*	Órgão de caráter técnico e não político, pois não interfere na gestão
Comissaires aux comptes[30]	França	Fiscalização da contabilidade e da administração em geral. Entonação para o caráter de assessoria da administração também. Órgão obrigatório	Eleitos pela AG. Não há número máximo. Devem ser contabilistas. Regras de independência existentes. Somente o processo de nomeação conta com regra específica para as minorias	Prazo de 6 exercícios. Não destituíveis, salvo justa causa e com intervenção judicial	Não se trata de órgão. Regime mais próximo do auditor e, pois, com um caráter mais técnico do que político na companhia
Collegio Sindacale[31]	Itália	Fiscalização da administração. Para as cias cotadas, a fiscalização da contabilidade passou a ser competência da auditoria externa	Eleitos pela AG. Mínimo de 3 e máximo de 5. Devem ser contabilistas (somente parte, se for companhia cotada). Regras de independência existentes. Participação de minoritários nas companhias cotadas	Prazo máximo de 3 anos. Não destituíveis, salvo justa causa e com intervenção judicial	Figura mais próxima do conselho fiscal brasileiro. Com a reforma de 1998, porém o *collegio sindacale* das empresas cotadas passou a ter características muito mais próximas de um órgão político da companhia, porém não pode ser equiparado ao *Aufsichtsrat* alemão, pois permanece como órgão exclusivo de controle e não de gestão
Sindicatura (ou comisión fiscalizadora)[32]	Argentina	Fiscalização da contabilidade e da administração. Órgão obrigatório para as empresas listadas. Pode ser substituído pelo *consejo de vigilancia*	Eleitos pela AG. Não há número máximo. Devem ser contadores ou advogados. Regras de independência existentes. Não há previsão de participação minoritária	Prazo máximo de 3 anos. Destituíveis *ad nutum* pela AG, salvo restrição de minoria com 5% ao menos	Pode ser estruturado como órgão (*comisión fiscalizadora*) ou não

30. Guyon, *Droit des Affaires*, pp. 378 ss.
31. Francesco Ferrara Jr. e Francesco Corsi, *Gli Imprenditori e le Società*, cit.; Michael A. Hofmann, *Gesellschaftsrecht in Italien – Eine Einführung mit vergleichenden Tabellen*, cit.
32. Efraín H. Richard e Orlando Manuel Muiño, *Derecho Societario – Sociedades comerciales, civil y cooperativa*, cit., § 348 ss., pp. 554 ss.

Os quadros aqui apresentados servem para ilustrar, e somente isto, uma pequena parte do colorido da realidade que não encontra expressão na dicotomia preto-e-branco das descrições dos sistemas de outros países em geral. Evidencia-se, pela análise das regras de outros regimes e pela prática das empresas, que uma distinção de funções executiva e de controle sempre existe e que a classificação entre modelos dual e unitário torna-se mais uma questão de graduação de tal separação do que sobre a sua existência ou não. Um estudo mais profundo das diferenças e regras de equivalência destes sistemas certamente ajudaria a eliminar alguns mitos da doutrina brasileira e aperfeiçoar nosso regime de governança corporativa de forma realista e aberta.

1.3 Os códigos de governança e o sistema dual

Contrariamente ao que se poderia esperar em razão da dimensão de tal debate nos meios jurídicos, nota-se, porém, que a diferenciação entre o sistema dual de governança e o sistema unitário não tem sido objeto de discussões fora dos meios jurídicos com a mesma intensidade que poderia indicar a importância do tema.[33] Não se encontra, assim, nos códigos de governança corporativa supranacionais orientação sobre tal questão. Existem códigos que detalham a questão do controle da administração por um órgão especial ou externo, mas não há, em geral, referência ou ponderação sobre tal sistema dual de forma específica. O Código OECD, por exemplo, embora se declare neutro sobre tal questão, de forma expressa, reforça (quase que de forma contraditória) que deve haver, porém, um sistema de controle sobre a administração executiva, sem, porém, dar detalhes a respeito. Uma preocupação excepcional têm demonstrado o mercado francês com tal questão, tanto que em julho de 1995 o *Conseil National du Patronat Français* (CNPF) e a *Association Française des Entreprises Privées* (AFEP) publicaram trabalho exclusivo sobre a questão do *conseil d'administration*, onde se conclui que a dissociação da funções executiva e de supervisão não representa uma panacéia e que a gestão e controle não deveriam estar estritamente separados.[34]

---

33. Marcus Lutter, *Vergleichende Corporate Governance – Die deutsche Sicht*, cit., p. 226, com diversas indicações de literatura; cf. interessante crítica sob a perspectiva alemã em Klaus Hopt, *Unternehmensführung, Unternehmenskontrolle, Modernisierung des Aktienrechts – Zum Bericht der Regierungskommission Corporate Governance*, cit., pp. 42 ss.

34. Cf. *Le Conseil d'Administration des Sociétés Cotées*, julho 1995, publicado pela ETP (Éditions Techniques Professiononnelles) impresso em Klaus Hopt e Eddy

O Código do IBGC posiciona-se de forma favorável à existência de um sistema dual mesmo para as companhias fechadas (item 2.01 do Código), sem, porém, haver uma reflexão mais acurada sobre o tamanho e a complexidade de estruturas de implementação do modelo.

Tal apatia dos administradores deve-se, talvez, ao fato de que tais funções, executiva e de controle, sempre encontraram soluções de segregação na prática, ainda que à revelia das normas societárias, o que pode trazer sérias conseqüências para a questão da responsabilidade dos administradores, mas não para a administração, em si, da companhia. Nota-se, também, que mesmo nos sistemas unitários, ou conhecidos como unitários, há uma separação, ainda que somente funcional, de atribuições, tornando a questão para a prática da administração da companhia de menor relevância. Um diálogo mais aberto entre os profissionais do direito e os administradores poderia colaborar com a redução de riscos desnecessários para a administração empresarial.

1.4 O modelo brasileiro

Feitas tais considerações, podemos nos ocupar um pouco mais com a questão brasileira. O sistema brasileiro adotou postura interessante com relação a tal questão. Somente as companhias abertas, as sociedades de economia mista e aquelas com capital autorizado estão obrigadas a estruturar a administração em um sistema dual. Tal inovação da lei de 1976 não ficou sem críticas, porém. Sentencia, ainda hoje, de forma impiedosa, Modesto Carvalhosa que na "realidade, nenhum desses fundamentos formalmente apresentados subsiste diante da universalmente reconhecida inutilidade do Conselho de Administração, como órgão *decisório* da companhia, conforme já enfatizava Miranda Valverde. Se não tivesse, no caso específico brasileiro, uma especial utilidade, não se poderia mesmo justificar a instituição entre nós, desse órgão, após ter sido ele, nos últimos anos, totalmente desmistificado quanto a sua real serventia para a administração da sociedade anônima. Com efeito, após os estudos de campo de Myles L. Mace e a profunda análise de Conard sobre a *completa disfunção* do Conselho de Administração das companhias nos Estados Unidos, não se poderia entender por que o legislador brasileiro teria instituído, entre nós, esse *órgão dispendioso, inútil, que de fato, nada manda e nada sabe a respeito das questões administrativas da*

Wymeersch, *Comparative Corporate Governance – Essays and Materials*, Annex IV/14.

companhia. A primeira hipótese para explicar a importação dessa *figura de museu* seria a mera imitação das legislações americana e européia que a adotaram?".³⁵

Com tal crítica poderíamos falar até mesmo da falência de um sistema. Tudo indica, entretanto, que as críticas não eram certeiras e a experiência brasileira e a européia na figura dos sistemas alemão, francês, este em especial, italiano e belga, servem de prova para tanto, especialmente quando se trata de empresas de porte, da macroempresa. É tamanha a aceitação de tal modelo no Brasil que não poderíamos imaginar que o governo brasileiro intencionasse repensar a regra do artigo 128 da LSA e indagar se uma companhia aberta não deveria ter somente diretoria. Não bastasse a própria experiência brasileira e européia para negar apreço a uma tal tentativa, não podemos deixar de mencionar que à época da LSA de 1940 existiam conselhos consultivos disciplinados nos estatutos das grandes companhias, embora não regulados, mas permitidos pela lei, como o caso da Companhia Siderúrgica Nacional.³⁶ Embora a função atribuída fosse de orientação técnica da diretoria, nada impedia uma função de controle e fiscalização. Tal constatação somente reforça, portanto, o fato de que mesmo nos demais países, para os quais se atribui um sistema de administração unitário, ocorre uma divisão de atribuições na prática. Seria, então, a divisão somente uma questão de clareza e acuidade na separação das atribuições?

Não eram certeiras as críticas também por deixarem de vislumbrar uma questão primordial para a análise do *board* americano o qual é tomado como base da crítica: a dispersão de mercado e o *controle de fato* pelos *officers* das empresas americanas dentro do esquema conhecido como *managerialism*. Como nos EUA os *officers* são em regra também minoritários e que recebem procurações (as chamadas *proxies*) de outros minoritários, isto permite que os mesmos possam eleger um *board* que os mantenha no poder. Tal *board* realmente corresponde ao modelo ao qual a crítica se refere. Tal situação específica, porém, nada tem a ver com o sistema alemão (e não europeu!) que tem suas razões históricas para existir, e parte de uma séria distinção de órgãos, que nos EUA simplesmente não existia! Como apontamos, os membros do *Vorstand* não podem ser, por questões conceituais, membros do *Aufsichtsrat*, o que para o sistema

---

35. *Comentários à Lei de Sociedades Anônimas*, cit., vol. 3, comentário ao art. 138, p. 6, grifos do autor e não do original.
36. Trajano Miranda Valverde, *Sociedades por Ações*, vol. 2, p. 274, especialmente nota 4, o qual cita os arts. 87, parágrafo único, "a"; 91, § 1º e 121, § 2º LSA de 1940.

americano é simplesmente desconhecido já que formalmente os *officers* são e constituem, em realidade, um simples apoio para o *board*. Por fim, ainda, cabe notar que não se discute a capacidade *decisória* do conselho (legalmente existente de forma plena nos EUA), mas sim de controle, pois esta se encontra na base da estruturação histórica do modelo dual. Tal condenação, portanto, não poderia prosperar – não obstante o respeito profundo que dedicamos ao seu autor –, pois que lhe faltava a perspectiva histórica e estrutural de tal forma da organização empresarial.

É difícil imaginar que o legislador brasileiro pretenda extinguir o sistema dual brasileiro, mas determinados entalhes da estrutura poderiam ser colocados em discussão, como, por exemplo, a questão do mandato fixo dos diretores, que passariam a ser excluídos somente por justa causa (o que é julgado na França como uma das razões pelas quais um maior número de empresas não tenha adotado o sistema dual francês com diretoria), a separação plena entre os membros de um órgão e outro (hoje em 1/3),[37] a constituição de comitês obrigatórios no conselho de administração (como a recente reforma alemã pela KonTragG), como comitês fiscal e financeiro, e ainda a relação com outros órgãos da administração, como o conselho fiscal. O posicionamento do conselho fiscal merece, aliás, maior atenção entre tais questões, de forma que podemos analisá-lo com um pouco mais de vagar a seguir.

1.4.1 O modelo dual: há espaço para o conselho fiscal brasileiro?

O conselho fiscal brasileiro mereceria uma análise à parte, o que excederia o escopo destas reflexões. Não é possível, porém, deixar-se de questionar se a função do conselho fiscal brasileiro não estaria estruturada de forma mais adequada como um comitê do próprio conselho de administração. Com isto poderia ser obtida, ao mesmo tempo, não só maior independência do próprio conselho de administração, pois que os requisitos para os membros que venham a compor o comitê de auditoria seriam os mesmos para os do conselho fiscal, como também os membros do comitê estariam muito mais informados dos assuntos e problemas da empresa, o que, por certo, facilitaria sua atividade.

Os dispositivos de reforma da LSA que prevêem o aumento dos poderes dos conselheiros fiscais caminham na direção talvez equivocada.

---

37. Alfredo Lamy Filho e José Luiz Bulhões Pedreira, *A Lei das S.A.*, cit., vol. 1, pp. 240 s., onde os autores chegam a propugnar tal interdependência como sadia e até mesmo necessária para a perfeita coordenação dos dois órgãos.

Uma reforma mais abrangente para unificar tal órgão, deveria ser ponderada. Interessante notar, aqui, que o modelo argentino, por exemplo, impõe por lei uma unificação semelhante, quando determina que se a companhia instaurar o sistema dual de governança – *i.e*, com *consejo de vigilância* –, poderá deixar de instaurar a *sindicatura*, órgão equivalente em parte ao conselho fiscal brasileiro e obrigatório para as companhias cotadas em bolsa, e simplesmente contratar uma auditoria anual.[38]

Não há como justificar a necessidade de estruturar um órgão específico de controle da parte financeira e contábil da companhia, pois isto implica, de uma forma ou de outra, a segregação do órgão de supervisão ou, melhor dizendo, das atribuições do órgão de supervisão dentro da concepção dualista; uma segregação sem razão técnica, pois que não dispensa a auditoria externa, tal como realizada em solos alemão e francês, e que somente cria uma sobreposição de atribuições (entre conselho fiscal e de administração e entre conselho fiscal e auditoria externa).

Poderemos ver alguns outros elementos que justificariam tal solução no decorrer da análise de outras questões que têm ocupado os debates sobre a governança corporativa.

O Código do IBGC aqui não representa nenhuma exceção à regra da generalidade das discussões sobre a questão do regime de governança. Tomam-se as regras existentes no corpo legislado como adequadas, sem uma avaliação mais crítica, e partindo de premissas por vezes equivocadas, como o caráter tipicamente brasileiro da instituição *conselho fiscal*. Mesmo em anterior pronunciamento público do IBGC sobre a substituição de comitês de auditoria pelo conselho fiscal, como proposto por algumas empresas brasileiras em atenção às exigências do SOA, não há evidência de ponderação maior sobre a real utilidade ou não da existência de tal órgão diante de um comitê de auditoria.[39]

Uma ponderação mais ampla sobre o papel institucional do conselho fiscal e recomendações mais críticas não são impedidas pela lei. O que impediria, assim, o estatuto de estipular um comitê de auditoria com requisitos e qualificação muito próxima daquela desempenhada pelo con-

---

38. Efraín H. Richard e Orlando Manuel Muiño, *Derecho Societário – Sociedades comerciales, civil y cooperativa*, cit., § 348 ss., pp. 554 ss., e § 349, pp. 567 ss.; Carlos Gilberto Villegas, *Derecho de las Sociedades Comerciales*, cit., pp. 473 ss.; a respeito também Modesto Carvalhosa, *Comentários à Lei de Sociedades Anónimas*, cit., vol. 3, comentários aos arts. 161 ss., especialmente p. 365, nota 14.

39. Cf. missivas endereçadas à CVM e a SEC no sítio do IBGC. Disponível em: <www.ibgc.org.br>. Acesso em: abril 2003.

selho fiscal? Uma ponderação acurada entre a liberdade de estrutura das sociedades por ações (art. 160, LSA) e as determinações cogentes (arts. 139 e 163, § 7º, LSA) poderia apontar para soluções que independeriam de uma atividade legislativa imediata. Fica a provocação.

1.5 O regime dual opcional como resposta

Não é simples realizar uma avaliação ampla de tais sistemas, pois a simples consideração do desempenho das empresas que adotam um ou outro sistema representaria reducionismo inaceitável. O debate, entretanto, especialmente sob a perspectiva da escola americana de direito e economia (*law and economics*)[40] caminha, infelizmente, em tal direção, para concluir pela maior eficiência do sistema unitário com base no crescimento da economia americana, inobstante a advertência de parte desta doutrina para o caráter unilateral e insuficiente da análise estritamente econômica.[41] Não fosse suficiente o questionamento, ou até mesmo a negação histórica, de tal convicção com os escândalos financeiros ocorridos em 2000 e 2001 no mercado americano (*e.g.*, caso *Enron*), tal forma de analisar modelos corporativos não atenta para as implicações outras que o modelo pode ter, como o de propiciar a existência de um espaço de solução de conflitos, como no caso alemão, com a participação dos empregados no *Aufsichtsrat*. Fato é que a discussão sobre as vantagens ou desvantagens de um ou outro sistema, especialmente a discussão no circuito anglo-germânico,[42] arrefeceu muito com a opção pela liberdade de adoção, tal como instituído já em 1966 na França, seguido pela Itália, Bélgica e mais recentemente na adoção da *societas europea*.[43] Também cabe lembrar que desde a revisão da comissão liderada por Ronald Ham-

---

40. Cf. para uma visão ampla, entre outros, Richard Posner, *Economic Analysis of Law*; Frank H. Easterbrook e Daniel R. Fischel, *The Economic Structure of Corporate Law*; Richard Posner e Kenneth E. Scott, *Economics of Corporation Law and Securities Regulation*; para uma visão panorâmica Nicholas Mercuro e Steven Medena, *Economics and the Law – From Posner to Post-Modernism*.

41. Richard Posner, *Economic Analysis of Law*, cit., p. 31, onde o autor salienta que "[T]here is more to justice than economics, a point the reader should keep in mind in evaluating normative statements in this book".

42. Klaus J. Hopt, "Modern Company and Capital Market Problems – Improving European Corporate Governance after Enron", *ECGI Working Paper Series in Law* 5/2002. Disponível em: <www.ecgi.org/wp>. Acesso em: abril 2003, p. 8.

43. Cf. para o setor financeiro da Bélgica em Eddy Wymeersch, *A Status Report on Corporate Governance in Some Continental European States*, cit., pp. 1.115 ss., 1.137, especialmente nota 282.

pel (*Hampel Committee*) existe a orientação de as empresas inglesas estruturarem sua administração com base no sistema dual.[44]

Com base na evolução recente da questão, especialmente nos países da Europa continental, a recomendação do IBGC para a instauração de uma administração dual em qualquer companhia, aberta ou fechada, é colocada em questão. Talvez não seja o critério da abertura do capital ou não o melhor indicador para tal, mas o tamanho e a complexidade da administração da empresa.

Fica aqui a provocação para o debate.

2. Órgãos da administração: composição e competência

Pode-se notar que dentro dos diversos temas relacionados à organização da administração ocupa a independência dos membros da administração lugar de destaque ao lado do sistema dual, e com ela as questões, então conseqüentes, como da estruturação e composição dos órgãos, da remuneração, mandato e preparo técnico dos seus membros.

Tais questões estão muito próximas da experiência diária dos administradores, e constituem um excelente exercício para o profissional do direito de um diálogo mais aberto à realidade empresarial. Torna-se conveniente, assim, aqui, a análise de algumas destas questões.

2.1 Remuneração:
os planos de opção, uma simples questão financeira?

Como pressuposto da independência, os membros da administração devem ter remuneração compatível com as suas responsabilidades. Esta é uma preocupação geral dos códigos e uma consideração quase que apriorística. Tal como a lei brasileira, porém, os códigos são bastante gerais com relação a este tema. Mesmo os códigos considerados por alguns como contendo recomendações relativamente elaboradas, como as recomendações do *Greenbury Committee* inglês, não têm sucesso em um questionamento mais concreto e deixam somente princípios.[45]

Dispõe a lei brasileira, assim, que a remuneração deve considerar as responsabilidades, o tempo dedicado às suas funções, competência e

---

44. Marc Goergen e Luc Renneboog, "Strong Managers and Passive Institutional Investors in the UK", in Barca e Becht, *Corporate Europe*, pp. 279 s.

45. Eddy Wymeersch, *A Status Report on Corporate Governance in some Continental European States*, cit., p. 1.128.

reputação profissional, bem como o valor dos seus serviços no mercado (art. 152, LSA). Muito interessante notar, aqui, que o Código do IBGC demonstra preocupação complementar com o equilíbrio dos órgãos e dispõe que a remuneração do conselheiro, proporcional obviamente ao tempo dedicado ao trabalho, deve ser a mesma do presidente da diretoria (item 2.14 do Código IBGC). Regra semelhante, porém muito menos rígida, tem a lei brasileira somente para os conselheiros fiscais: não poderá ser inferior, para cada membro em exercício, a dez por cento da que, em média, for atribuída a cada diretor, não computados benefícios, verbas de representação e participação nos lucros. Notamos aqui, como mencionado anteriormente, mais um motivo pelo qual o conselho fiscal poderia ser estruturado como comitê do conselho de administração, com o objetivo de aumentar a independência de tal órgão, embora somente o conceito de regrar o equilíbrio da remuneração seja entendido aqui como positivo e não o valor, no caso 10%, que parece aquém das necessidades de uma real independência.

Como *remuneração* devem ser considerados todos os benefícios econômicos percebidos pelos administradores como remuneração indireta (*e.g.*, planos de opções de ações[46] – art. 168, LSA, previdência privada, seguros de vida e saúde, seguro de responsabilidade de administradores, conhecido pela prática americana de *D&O insurance*). Não cabe aqui a discussão de todas as questões relativas a tais benefícios; não podemos, porém, deixar de mencionar que uma das críticas mais sérias que surgiu com as recentes crises nas empresas americanas, em razão da manipulação de balanços, foi a abusiva utilização dos planos de opções que poderiam ter levado (assim dizem os críticos) os administradores na direção única do aumento do valor da companhia a qualquer custo (*shareholder value doctrine*),[47] mesmo que outros objetivos de longo prazo viessem a ser sacrificados.

Os planos de opções foram regulamentos no Brasil pela Comissão de Valores Mobiliários por meio da controversa Instrução Normativa 358/2002, a qual introduziu, para as companhias abertas, a obrigação de apresentar os planos de participação de seus administradores. Por tal normativo os administradores, entre outros, ficam obrigados a comuni-

---

46. Pesquisa da *Hay Group* indicou que aproximadamente 27% de um universo de 124 empresas utilizam os planos de opções, cuja contabilização está em discussão na CVM, cf. *Gazeta Mercantil* de 23.7.2002, p. B3, Simone Azevedo.

47. Cf. reflexão interessante sobre a questão dos interesses na sociedade em Calixto Salomão Filho, "Conflito de Interesses: a oportunidade perdida", in Lobo, *Reforma da LSA*, pp. 351 ss.

car à CVM, à companhia e, se for o caso, à bolsa de valores e entidade do mercado de balcão organizado, nas quais os valores mobiliários de emissão da companhia estejam admitidos à negociação, a quantidade, as características e a forma de aquisição dos valores mobiliários de sua emissão e de sociedades controladas ou controladoras, que sejam companhias abertas, ou a eles referenciados, de que sejam titulares, bem como as alterações em suas posições (art. 11, IN 358/2002). Impõe, também, como restrição que antes da divulgação ao mercado de ato ou fato relevante ocorrido nos negócios da companhia, fica vedada a negociação com valores mobiliários de sua emissão, ou a eles referenciados, sendo vedada, ainda, a negociação no período de 15 (quinze) dias anteriores à divulgação das informações trimestrais (ITR) e anuais (DFP e IAN) da companhia (art. 13, IN 358/2002). Como exceção a tais regras, prevê a lei, entretanto, que a proibição de negociação (ressalvados os períodos restritos dos relatórios) não se aplica à aquisição de ações que se encontrem em tesouraria, através de negociação privada, decorrente do exercício de opção de compra, de acordo com plano de outorga de opção de compra de ações aprovado em assembléia geral, bem como às negociações realizadas de acordo com política de negociação aprovada pela Comissão de Valores Mobiliários, que passaram a ser conhecidos na prática por planos individuais de investimento.

Não podemos deixar de louvar o esforço da agência brasileira ao buscar maior objetividade no trato da informação sobre as negociações e, assim, aplicar o melhor instrumento contra os abusos decorrentes da informação privilegiada – a transparência. Entretanto, as exceções abertas pelo plano individual de investimentos poderão não só causar dúvidas como também abusos. Somente planos detalhados, *i.e.*, com valores e prazos muito bem definidos, poderão resistir ao teste de legalidade, pois sempre que o plano somente indicar montantes e períodos gerais de investimento, haverá claro espaço para a decisão de investimento ser com base em informação privilegiada e, portanto, ilegal.[48]

Controverso ainda é a imposição de limitação de remuneração indireta através dos planos de opção para os administradores independentes. O *Combined Code*, por exemplo, introduziu tal regra como forma de garantir a independência destes administradores na avaliação do desempe-

---

48. Cf. arts 155, 157 e 158 LSA; Modesto Carvalhosa, *Comentários à Lei de Sociedades Anônimas*, cit., vol. 3, comentários aos arts. referidos; sobre o novo tipo penal no direito brasileiro de uso indevido de informação privilegiada, Modesto Carvalhosa e Nelson Eizirik, *A Nova Lei das S.A.*, pp. 542 ss.

nho da companhia.⁴⁹ Tal questão dos planos de opções ainda é corroborada pela discussão da sua correta contabilização como custos ou não. Tendência parece ser tal contabilização como custos, a qual gera natural resistência, em razão da redução dos lucros da companhia, que, em determinados casos, pode atingir até 35%, como em certas empresas americanas.⁵⁰

Com base em uma questão simples como a remuneração coloca-se em discussão, em realidade, um problema que ocupa há muito a doutrina americana e mais e mais tem sido objeto de discussões nos países europeus: a doutrina do *shareholder value* (ou opção preferencial pelo acionista). Conforme tal doutrina a administração da companhia deve atentar tão-somente, ou ao menos precipuamente, para os interesses dos acionistas. Outros interesses não devem ser considerados ou, quando considerados, deverão ser em um plano inferior. Com isto, a lógica simbiótica da maximização dos lucros dá resposta ao espantoso desenvolvimento do mercado de opções no mercado americano, pois que se os resultados da empresa crescem, como o querem os acionistas, também cresce a participação dos administradores. Ora, torna-se evidente, aqui, que o problema principal refere-se à função da companhia na sociedade.

Não se pode deixar, entretanto, de ter olhos para o fato de que tal doutrina é acusada onde tem maior expressividade – nos EUA – pela política quase irresponsável de maximização imediata de lucros das companhias, para atender aos interesses dos acionistas, em prejuízo, muitas vezes, de uma rentabilidade em longo prazo das empresas. O temor gerado com os mercados de transferência de controle, especialmente nos EUA, onde os administradores que não apresentavam resultados expressivos na companhia corriam o risco de ver a companhia adquirida de forma compulsória (os chamados *aggressive takeovers*) por concorrentes e, com isto, demitidos de seus cargos, associado aos incentivos dos planos de opções, terminou por impor a lógica pura da lucratividade, sem qualquer tempero de outros interesses como o da rentabilidade no longo prazo. Os escândalos financeiros da história recente dos EUA, cada vez mais colocam tal lógica em questão.

2.2 Estrutura da administração

Como mencionado, questões mais específicas também são objeto de alguns códigos, como o número de membros e o prazo do mandato. Uma

---

49. Klaus J. Hopt, *Modern Company and Capital Market Problems – Improving European Corporate Governance after Enron*, cit., p. 12.
50. Idem, p. 13.

parte destas regras de boa governança empresarial parece de interesse para o contexto brasileiro.

2.2.1 Mandato

Observa-se que, enquanto a lei brasileira impõe o prazo de gestão de até três anos, permitida a reeleição, os códigos, em regra, indicam o mandato de um ano como ideal – como por exemplo o Código do IBGC (item 2.11). Tal regra tem sido imposta até mesmo pelo BNDES para a concessão de empréstimos.[51]

Tal regra, entretanto, precisa ser melhor analisada no contexto em que ela aparece. Em determinados países os diretores não podem ser destituídos *ad nutum*, mas, sim, somente perante uma justa causa; em muitos países, por essa razão, o prazo do mandato curto objetiva um maior controle da administração e a desnecessidade de haver prova de fatos que justifiquem a ineficiência de uma diretoria. Trata-se de regra que busca, assim, uma proteção antecipada.

Os diretores podem ser destituídos no Brasil *ad nutum*, como, aliás, na maioria dos países da Europa, e não só Continental.[52] Com isto, não há como estender a aplicação de tal regra ao Brasil e a preocupação exagerada com seu cumprimento. Muito mais importante que o mandato é o contrato entre a empresa e o administrador e a possibilidade de sua rescisão antecipada e eventual previsão de indenização ou ressarcimento em casos de destituição não justificada (assim o texto expresso da lei italiana).[53]

O efeito, porém, parece ser também de padronização do mercado e instauração de uma periodicidade de revisão dos trabalhos dos diretores pelo conselho de administração. Tal efeito, porém, não deveria ocupar a preocupação dos agentes com tal extensão, pois o problema não é o do mandato, mas sim do contrato.

51. Cf. Programa de Incentivo à adoção de Práticas de Governança Corporativa do BNDES. Disponível em: <www. bndes.gov.br/produtos/financiamento/governanca.asp>. Acesso em: abril 2003.

52. Eddy Wymeersch, *A Status Report on Corporate Governance in some Continental European States*, cit., p. 1.092, o qual aponta em nota com os respectivos fundamentos da lei, Espanha, Bélgica, Dinamarca, França (com as diferenças que já apontamos anteriormente entre os tipos de administração), Finlândia, Suécia, Grécia.

53. Francesco Ferrara Jr. e Francesco Corsi, *Gli Imprenditori e le Società*, cit., p. 521 (referência ao artigo 2.383 do *Codice Civile*).

2.2.2 Membros independentes: ainda a questão do conflito de interesses

Com relação à composição diz a lei brasileira que até 1/3 dos membros do conselho de administração podem ser membros da diretoria (chamada regra da capacidade de decisão) e o conselho deve ter ao menos três membros. Os códigos também se pronunciam aqui. O Código do IBGC, por exemplo, menciona que, ao contrário do que a prática brasileira indica, o presidente do conselho de administração não deve ser o presidente da diretoria (item 2.18) e a acumulação de cargos deve ser evitada (item 2.06), contrapondo-se, assim, a um pronunciamento mais conservador do *Cadbury Code*, o qual é mais sutil na recomendação e aconselha um equilíbrio de poder e autoridade (*balance of power and authority*), mas não chega a impor uma separação estrita.[54]

Muito interessante notar que, embora em grande parte dos países europeus não haja regra de separação compulsória entre as funções de presidente do órgão de supervisão ou da administração e a função de principal executivo, é seguida pela maioria das empresas (57%), conforme pesquisa de campo realizada pela Korn/Ferry International.[55]

Outra questão muito interessante, ainda sobre a independência do conselho, é a recomendação de sempre haver conselheiros externos (os chamados *non-executives*) na gestão da empresa.[56] Tal premissa, embora indique ser quase um lugar comum, impõe uma série de problemas práticos para as companhias, pois que o conhecimento do negócio de uma empresa não pode ser ensinado e há, de fato, a necessidade de administradores internos que conheçam efetivamente tal negócio. Contra tais dificuldades, porém, o *Combined Code* inglês impõe a premissa de ao menos 1/3 do conselho ser composto por membros independentes, e define de forma bastante ampla tal independência como "independência perante a gerência e inexistência de qualquer negócio ou outra relação com a companhia que possa interferir de forma material no exercício de um julgamento independente".[57] Tal requisito também parece ter afetado a redação do recente *Sarbarnes-Oxley Act* nos EUA, secção 301, embora

---

54. Eddy Wymeersch, *A Status Report on Corporate Governance in some Continental European States*, cit., p. 1.112, o qual aponta que em 1995 identificaram-se 82 das 500 maiores empresas do Reino Unido com a separação de funções.

55. Idem, p. 1.117, nota 289.

56. Sobre os termos utilizados na literatura e todos os anglicismos como independente, não relacionado, não executivo, cf. Eddy Wymeersch, ob. cit., pp. 1.098 s.

57. Cf. Klaus J. Hopt, *Modern Company and Capital Market Problems – Improving European Corporate Governance after Enron*, cit., p. 16.

haja na doutrina americana dúvidas sobre a correlação entre eficiência econômica e a existência de membros independentes.[58]

O entrosamento de um membro independente e sua real função na administração da companhia é muito diferente nos países com uma estrutura de capital dispersa e nos países com concentração da propriedade e controle – pois que lá se trata de dar maior influência para os acionistas em geral na administração, enquanto, nestes últimos tal independência haveria de ser contraposta no embate entre os interesses dos minoritários contra os majoritários, o que torna a simples eleição de um administrador independente pelo acionista controlador muito questionável com relação à real possibilidade de independência. Entretanto, o mecanismo de introduzir membros independentes pode ser utilizado como uma interessante ferramenta para eliminar problemas da vida prática das empresas, como a aprovação de contratos entre a companhia e o controlador, direta ou indiretamente, como ocorreu na reforma de 1995 na Bélgica que passou a exigir a opinião de administradores independentes *ad hoc* sobre tais operações, a qual é publicada juntamente com as demonstrações da empresa. Sistema semelhante há na França.[59] Não é objetivo, aqui, analisar tais alternativas de estrutura em detalhes, mas, poo certo, podem oferecer, ainda que com eventuais adaptações necessárias, um interessante modelo de reforma da questão do conflito de interesses no Brasil, que tem causado tanta insegurança, como se pode auferir em um caso julgado pela CVM sobre um contrato de licença de marca entre a controladora estrangeira e a subsidiária brasileira.[60]

É também comum se associar a questão do diretor independente com o diretor não empregado, tal como a regra do sistema francês que impede que mais de 1/3 do órgão seja composto por administradores empregados, o que, entretanto, não inclui os representantes dos trabalhadores.[61] O fato

---

58. Sanjai Bhagat e Bernard Black, "The Relationship between Board Composition and Firm Performance", in Hopt *et al.*, *Comparative Corporate Governance – The State of the Art*, pp. 281 ss.; cf. também Dirk H. Bliesener, "Discussion Report", in Hopt *et al.*, *Comparative Corporate Governance – The State of the Art*, pp. 637 s.

59. Eddy Wymeersch, *A Status Report on Corporate Governance in some Continental European States*, cit., pp. 1.098 e 1.122.

60. Cf. interessantíssima e profunda discussão, especialmente por parte do Diretor Luiz Antonio de Sampaio Campos, no caso CVM TA/RJ 2001/4.977, publicado com anotação de Erasmo Valladão N. França em *RDM* 125/139 ss.

61. Eddy Wymeersch, *A Status Report on Corporate Governance in some Continental European States*, cit., p. 1.104, especialmente nota 211, também 1.121 ss., o qual relata a relativa despreocupação dos códigos de *governance corporative* com a questão do conflito de interesses e a escassa regulação não menos obliqua que a brasileira da matéria em vários países europeus.

é que a restrição à relação de emprego é um indicativo da possibilidade de perda da independência, mas não pode estar limitada a isto, ou ter como principal preocupação esta relação, como se pode perceber pelas definições amplas de independência existentes nos códigos.

Por outro lado, presencia-se o reconhecimento de uma diferença primordial do conselho de administração brasileiro: a obrigatoriedade de ser acionista. Ora, tanto a prática, onde não é incomum uma ação ser transferida em caráter somente fiduciário (não obstante inexistir tal figura no direito brasileiro), sob a forma tradicional do usufruto ou gravada com opção de recompra, para o profissional ser investido no conselho, quanto o apelo de independência dos administradores segundo as regras de governança corporativa, indicam para a necessidade de revisão desta regra do nosso direito, que tem sido objeto de críticas na doutrina brasileira.[62]

Não obstante as recomendações de diversos códigos de governança corporativa, tal como a do *Cadbury Report* (itens 1.3 e 2.2 do *Code of Best Practice*, por exemplo), sobre a inclusão de membros independentes na administração da companhia, a sua forma e efetividade parece que depende muito mais de intervenção do legislador, tal o caso brasileiro como na Europa continental.[63]

2.2.3 Tamanho

Também dispõe o Código IBGC que o número ideal de conselheiros deve variar entre 5 e 9 membros (item 2.05). A LSA não impõe limite máximo como as leis francesas (em 18 conforme arts. L. 225-17 e L. 225-69 do *Code de Commerce*) e alemã (em 21, dependendo do capital, conforme § 95 AktG), em que o tamanho dos órgãos equivalentes representava um problema de funcionalidade. Parece que a não limitação é uma tendência européia, inobstante as exceções.[64]

Tal limitação, especialmente quando analisada em conjunto com o limite de idade existente, por exemplo, na lei francesa, pode ser entendida como uma resposta de uma sociedade com uma base demográfica marca-

---

62. Paulo F. C. Salles de Toledo, *O Conselho de Administração na Sociedade Anônima*, cit., p. 83, o qual obtempera com muita propriedade que "(...) o requisito legal é uma formalidade sem substância".

63. Eddy Wymeersch, *A Status Report on Corporate Governance in some Continental European States*, cit., p. 1.100.

64. Idem, pp. 1.106 s., o qual aponta para inexistência de restrições na Bélgica, Dinamarca, Inglaterra, Grécia, Irlanda, Itália, Luxemburgo, Espanha e Suécia.

da pelo envelhecimento, indicando uma tendência maior à permanência de pessoas de idade nos órgãos de administração.

Tal liberdade da lei brasileira não parece provocar grandes problemas no momento. Talvez o envelhecimento da base demográfica brasileira, se isto for um fator real, imponha a necessidade de tal regra ser repensada.

2.2.4 Qualificação

Com exceção dos membros do conselho fiscal, para os quais a lei brasileira prevê a necessidade de conclusão de curso superior ou que tenham exercido por prazo mínimo de três anos cargo de administrador de empresa ou de conselheiro fiscal (cabendo somente dispensa judicial!), não há na lei brasileira qualquer necessidade de qualificação especial dos administradores. Muitos códigos reforçam a necessidade de preparo técnico dos administradores, sendo que alguns chegam a recomendar a realização de cursos periódicos, como na Inglaterra.[65] O IBGC seguindo esta mesma política disponibiliza cursos para conselheiros, nos quais são tratadas as questões técnico-financeiras ao lado das de organização e condução das reuniões, entre outras. Tal preocupação é absolutamente justa e não há razão para a Comissão de Valores Mobiliários não exigir conhecimentos técnicos mínimos ou básicos ao menos para administradores de companhias abertas. Como pode um investidor acreditar no mercado, se aqueles que administram seu capital não podem nem mesmo entender um balanço? Os códigos impõem aqui uma reflexão necessária para o legislador ou o órgão regulatório. Repetimos que a incorporação do conselho fiscal como comitê do conselho de administração poderia regular melhor tal questão também.

Lembramos que em alguns países tal exigência, embora não expressa em lei, é condição de mercado,[66] de forma que se impõe, ao menos aos órgãos regulatórios brasileiros, a indagação sobre a necessidade de normatização do assunto para as companhias abertas brasileiras, pois nada indica que o mercado seja capaz de evitar riscos para os investidores.

---

65. Klaus J. Hopt, *Modern Company and Capital Market Problems – Improving European Corporate Governance after Enron*, cit., p. 15.

66. Peter Hommelhoff, *OECD – Principles on Corporate Governance – ihre Chancen und Risiken aus dem Blickwinkel der deuschen corporate governance-Bewegung*, cit., p. 255; em sentido mais conservador Klaus J. Hopt, *Modern Company and Capital Market Problems – Improving European Corporate Governance after Enron*, cit., p. 15.

2.2.5 Limitação de assentos

Outra questão interessante relativa à capacidade técnica dos administradores refere-se ao tempo que pode disponibilizar para a companhia onde têm assento. Tal preocupação levou alguns países a introduzirem uma limitação do número de assentos que um conselheiro possa ocupar, como, por exemplo, na França, onde há proibição de cumular mais de cinco assentos, bem como a lei alemã, alterada recentemente, para incluir a mesma limitação de 10 assentos.[67] Tal limitação está prevista também na Espanha e Bélgica para os administradores do setor financeiro.[68]

Tais regras merecem reflexão e a preocupação deveria existir ao menos para as companhias abertas no Brasil.

2.2.6 Limitação de idade

O sistema francês chega mesmo a impor limite de idade, como dito, que na falta de previsão estatutária determina que somente 1/3 dos membros do conselho (*conseil de administration* ou do *conseil de surveillance*) pode ter mais de 70 anos (arts. L. 225-19 e L. 225-70 do *Code de Commerce*). Também pode ser encontrada limitação nos Países Baixos, onde a lei determina o limite máximo de 72 anos.[69]

O Código IBGC procurou um entendimento que deixa a decisão às empresas, conforme a sua realidade apresente um sistema de controle ou não. O item 2.12 do Código sentencia que "algumas pessoas já estão improdutivas antes de chegar aos 60 anos. Outras estão muito produtivas aos 75. Se o mandato é curto e o sistema de avaliação de desempenho é eficiente, não deve ser fixado um limite de idade". Não deixa de ser a recomendação do IBGC digna de reflexão para o legislador, embora sob uma perspectiva bastante crítica, pois que fatores demográficos, como já dito anteriormente, podem ter forte influência aqui.

2.2.7 Participação de minorias sociais

Não menos instigante é a inexistência, ou de qualquer manifestação sobre a imposição de regras que limitem ou reduzam a discriminação

---

67. Guyon, *La Societé Anonyme*, cit., p. 41; cf. art. L. 225-21 *Code de Commerce*; Hüffer, *Aktiengesetz*, § 100, II, 1 ss.

68. Eddy Wymeersch, *A Status Report on Corporate Governance in some Continental European States*, cit., p. 1.112.

69. Cf. art. 142 IV do Código Civil holandês (*Nederlands Burgerlijk Wetboek*) *apud* Eddy Wymeersch, idem, p. 1.120.

sobre a participação na administração das empresas de minorias ou parcelas da população que sejam menos favorecidas, como as mulheres, por exemplo; muito menos de regras impondo qualquer tipo de quota, em que pese à sua constitucionalidade, tal como já questionada na Alemanha. Pesquisas somente apontam para uma participação muito baixa das mulheres nos postos de administração das companhias européias, por exemplo, e as cifras para porcentagens que variam entre 1%, como nos órgãos executivos alemães, e 5%, havendo, porém, casos de exceção como a Suíça, onde a participação chega a 17%. Nada há de concreto, porém, com relação a tal questão.[70]

2.2.8 Responsabilidade e garantia de reparação

Não obstante todas as regras de governança, os administradores não estão livres de cometer erros e de se tornarem responsáveis pessoalmente por tais atos. Não é nosso objetivo, nesta ocasião, adentrar os detalhes e a complexa estrutura da responsabilidade civil, administrativa e penal, bem como a controversa separação entre o erro e a regra do julgamento negocial (*business judgment rule*) inscrita no artigo 159, § 6º da LSA.[71] O que tem sido objeto de debate não são exatamente as regras de responsabilização, em que pese sua importância, mas sim a garantia de efetivo ressarcimento em eventual caso de falta do administrador, *i.e.*, a garantia de indenização.

Com tal preocupação o interesse pelo seguro de responsabilidade de administradores e diretores (muito difundido nos EUA como *directors & officers insurance* ou simplesmente *D&O insurance*) tem crescido muito. Conforme estimativas não oficiais, por exemplo, de 1998 a 2001 o volume de prêmio arrecadado para tal seguro cresceu de pouco mais de um milhão de reais para 40 milhões.[72] Tal tipo de expediente indenitário encontra grande receptividade em solo americano exatamente em razão do sistema de proteção de minorias, que permite que qualquer acionista lesado possa pleitear em juízo indenização dos administradores, sob a forma da conhecidas *derivative suits*.[73]

70. Eddy Wymeersch, idem, p. 1.120.
71. Modesto Carvalhosa, *Comentários à Lei de Sociedades Anônimas*, cit., vol. 3, § 159, pp. 350 s.; Paulo F. C. Salles de Toledo, *O Conselho de Administração na Sociedade Anônima*, cit., pp. 70 s.
72. Cf. as reportagens "Seguro contra a má gestão e Preço da apólice de D&O já estava alto antes do caso Enron", em *Gazeta Mercantil* de 27.9.2002.
73. Mathias Reimann, *Einführung in das US-amerikanische Privatrecht*, cit., p. 242.

Tal seguro foi regulamentado no Brasil pela Susep[74] e tem experimentado nos últimos anos crescimento expressivo, o que não deveria diminuir as preocupações dos interessados quando da contratação de tal seguro com as hipóteses de exclusão de cobertura. Para ilustrarmos a questão basta lembrarmos que as tão temidas infrações administrativas e penais (!) não integram a cobertura de risco.

Contrariando o alto grau de interesse que o seguro desperta em discussões de governança corporativa, porém, os códigos de governança são silentes, em geral, sobre tal questão. Não se encontra referência, por exemplo, se os custos devam ser pagos pelos próprios administradores, se deveria ser obrigatório e, neste caso, os critérios de aplicação.

Parece que aqui o debate está no início e aberto a muitas propostas, o que parece muito positivo, pois não há no Brasil, ainda, uma tradição judicial com casos de responsabilidade de administradores e, muito menos, com seguros deste tipo, não havendo nem mesmo dados oficiais disponíveis sobre os pagamentos de indenizações pelas seguradoras no Brasil. Faz-se necessário, aqui, o aprendizado e a reflexão sobre os reais benefícios (e para quem!) de tal expediente.

3. *Organização do trabalho e funcionalidade*

Podemos observar que alguns códigos também se preocupam com a forma de organização dos trabalhos da administração, chegando até mesmo a prever a periodicidade das reuniões,[75] prazos e documentos necessários à convocação, forma de condução das reuniões, participação de membros de outros órgãos para prestar esclarecimentos. Entre as tantas sugestões de boa governança relativas à organização e funcionalidade destaca-se, porém – não só pela sua tradição nos debates de governança corporativa, mas também pela ressonância que tal critério encontrou em diversos países –, a questão dos comitês de trabalho.[76]

---

74. Cf. Circular Susep 134/2000 para seguro de D&O para empresas com certificados ou títulos emitidos no exterior.

75. Interessante notar que o Governo alemão, em recente reforma (KonTragG 27.4.1998; BGBl I S 786), introduziu a obrigatoriedade do *Aufsichtsrat* das empresas com ações listadas em bolsas se reunir ao menos quatro vezes ao ano (§ 110, III AktG).

76. O Relatório *Cadbury* já fazia menção a tal elemento. Cf. discussão interessante no caso alemão onde o *Aufsichtsrat* costuma ser muito grande, cerca de 20 membros, em Marcus Lutter, *Vergleichende Corporate Governance – Die deutsche Sicht*, cit., pp. 229 s.

O princípio que rege tal sugestão é claro. Um órgão sem trabalho definido ou com muitas pessoas não é capaz de atender às necessidades das empresas, cujos assuntos são cada vez mais complexos e exigem dedicação redobrada. Constata-se, também, na prática, que muitos conselheiros, têm muita dificuldade em especial para conhecer o negócio da empresa como um todo e, muitas vezes, as conclusões e decisões das reuniões dos conselhos de administração terminam por ser simples ratificação das explicações dadas e conduzidas pela diretoria. Os trabalhos em comitê deverão, assim, oferecer uma limitação de assuntos e a possibilidade de os membros do conselho formar opinião própria sobre questões relevantes da empresa.

O Código IBGC (item 2.8) acentua que várias atividades do conselho de administração precisam de análises profundas que tomam mais tempo do que é disponível nas reuniões. Recomenda, assim, que diferentes comitês especializados, cada um com alguns membros do conselho, devem ser formados; por exemplo, comitê de indicação, de auditoria, de remuneração etc. Os comitês estudam seus assuntos e preparam as propostas. Só o conselho pleno pode tomar decisões.

Cada empresa deve formar pelo menos o comitê de auditoria. Mais uma indicação de que a integração do conselho fiscal brasileiro como comitê do conselho de administração seria mais do que desejável.

Nada dispõe a lei brasileira a respeito, porém. Fica a indagação se isto deveria ser tratado em lei, como no caso alemão para empresas de capital aberto,[77] ou simplesmente deixar a critério das empresas.

4. O doentio diletantismo da lei brasileira: o acordo de acionistas e o conselheiro acionista

Pode-se perceber, já neste passo, que muitas regras dos códigos de governança corporativa, embora em sua maioria gerais, adentram temas de tratamento específico, procurando, inclusive, dar soluções lastreadas na preocupação básica de conferir melhor dirigibilidade às empresas através da independência da administração. Tal preocupação no Brasil,

---

77. § 171, II AktG determina que o *Aufsichtsrat* "deve apresentar relatório escrito à assembléia geral sobre os resultados da revisão. O relatório deverá conter explicações sobre a forma e extensão dos trabalhos de revisão da administração da companhia durante o exercício. *Em companhias com ações listadas em bolsa deve informar, em especial, as comissões que foram formadas, bem como a quantidade de reuniões realizadas pela mesma.* (...)" (tradução livre e grifos pelo autor).

porém, é penalizada por um diletantismo legislativo doentio e lesivo à funcionalidade das instituições.[78] Claro que a falta de rigoroso controle técnico do processo legislativo brasileiro haveria de causar tais fissuras sistêmicas no direito pátrio. Tais erros, porém, somente prejudicam de forma ampla a confiabilidade no mercado de capitais. Nada mais.

Tal diletantismo é concreto. Enquanto, de um lado, a independência da administração é garantida pela reforma de 2001, realizada pela Lei 10.303/2001, ao introduzir a possibilidade de participação dos trabalhadores e a obrigação de os conselheiros, salvo dispensa da assembléia-geral, não terem interesse conflitante com o da sociedade e, mais concretamente, não ocuparem cargos em sociedades que possam ser consideradas concorrentes no mercado, em especial, em conselhos consultivos, de administração ou fiscal (art. 147, § 3º, LSA), a mesma reforma conspurca tal orientação ao introduzir regra, no art. 118 da LSA, permitindo o não cômputo do voto do administrador proferido com infração a acordo de acionistas devidamente arquivado. Poder-se-ia argumentar, como parte da doutrina,[79] que tal mecanismo reflete mero expediente de autotutela, um instrumento de "coercibilidade *interna corporis*".[80] O acionista não precisa ir a juízo para ter o acordo de acionistas respeitado. Trata-se de medida de política judiciária, que visa a antecipar a tutela. Mais complacente ainda o argumento de que no Brasil, o conselho de administração sempre foi palco de interesse dos controladores e tal regra somente registra tal situação.[81]

Tais argumentos tentam explicar a abstrusa norma. Não convencem, porém, em sua substância sistêmica. Evidente que há possibilidade de acomodar os dispositivos aplicáveis da própria LSA (arts. 115, 116, 117, 118 e 154 LSA) em uma interpretação processualística que transpõe a

---

78. Fastrich e Lorenz, *Funktionales Rechtsdenken am Beispiel des Gesellschaftsrechts*, pp. 34 ss. (tradução para o português no prelo da *RDM*).
79. Modesto Carvalhosa e Nelson Eizirik, *A Nova Lei das S.A.*, cit., pp. 224 ss.; cf. contundente crítica em Paulo F. C. Salles de Toledo, *Modificações Introduzidas na Lei das Sociedade por Ações quanto à Disciplina da Administração das Companhias*, cit., pp. 426 ss., o qual preleciona que "o Sr. Presidente da República teria prestado um grande serviço ao Direito, ao mercado de capitais, e às atividades econômicas, se tivesse vetado o Projeto n. 3.115/97, no ponto em que acrescentou, ao art. 118 da Lei das S.A., os §§ 8º e 9º".
80. Modesto Carvalhosa e Nelson Eizirik, *A Nova Lei das S.A.*, cit., p. 225.
81. Cf. Paulo F. C. Salles de Toledo, *Modificações Introduzidas na Lei das Sociedade por Ações quanto à Disciplina da Administração das Companhias*, cit., p. 429, citando manifestações na imprensa paulista.

responsabilidade pela lisura do processo ao acionista controlador, como medida de autotutela. Entretanto, em substância, parte-se do pressuposto da existência de acionistas minoritários que abusam de suas prerrogativas, de um modelo mais próximo da sociedade de capital fechado, e, daí, a necessidade de autotutela. Não se observa, todavia, que se penaliza o minoritário com a perda de mais uma instância de controle, o administrador independente, que zela não só pelos interesses dos proprietários, mas também pelos da companhia, em atenção, inclusive, à sua função social.[82] Irrelevante se na prática tal mecanismo de proteção do acionista minoritário é muito restrito, pois a possibilidade de participação nos conselhos é extremamente limitada (participação de ao menos 5% para pedido de instauração de voto múltiplo e 1% para instauração de conselho fiscal, o que, em grandes companhias, pode significar direito algum).[83] Trata-se de verdadeira quebra do sistema de equilíbrio de forças, da lei, propugnado por diversos códigos de governança[84] e já percebido como elemento de competição pelas empresas brasileiras.[85]

Tais mudanças da lei somente servem para reforçar a desconfiança do investidor e deixar o jurista nos embates de direito comparado sem argumentos para críticas generalizantes, como a de que os sistemas de direito continental oferecem muito menos proteção aos acionistas minoritários do que os sistemas de tradição anglo-saxônica.[86]

Não fosse o referido diletantismo, a necessidade de os membros do conselho de administração serem acionistas representa, ainda, regra sem sentido, e que somente dificulta a burocracia de eleição dos membros dos conselhos de administração brasileiros, pois torna, a abstrusa prática de dar uma ação aos conselheiros externos, uma necessidade. Pior ainda.

82. Fran Martins, *Comentários à Lei das S.A.*, p. 371 ss.; cf. ainda art. 154 LSA.
83. Cf. Instruções Normativas CVM 282/1998 e 324/2000. Tais instruções deveriam estabelecer valores mínimos absolutos em reais, como, por exemplo, na Alemanha para o caso de ação contra os administradores que pode ser intentada por acionista ou acionistas que representem € 500.000 do capital (§ 147, III AktG).
84. Cf. Código OCDE (Parte 2, II, C ou Parte 2, V); Relatório *Cadbury*, item 2 (Non-executive directors) do *Code of Best Practice*; Código IBGC.
85. Cf. interessante estudo sobre a atual estrutura de controle realizada pela KornFerry intitulado Panorama de Governança Corporativa no Brasil em www.kornferry.com.br/upload/informacao/kf_mck_governan.pdf.
86. Zenichi Shishido, "Japanese Corporate Governance: the hidden problems of corporate law and their solutions", *Delaware Journal of Corporate Law*, vol. 25, pp. 189-233, 2000. Disponível em: <http://papers.ssrn.com/sol3/delivery.cfm/99092701.pdf?abstractid=163377>. Acesso em: abril 2003, p. 196, especialmente nota 20.

Não é incomum que muitos acionistas se encontrem em situação de embaraço quando exigem a devolução da ação dada "em fidúcia" para os administradores, pois que o instituto não existe no Brasil e, mesmo com a introdução do novo Código Civil, não está absolutamente clara a sua função além, da garantia não determinada.[87] Não se trata aqui de discutirmos a validade ou legitimidade dos malabarismos jurídicos (usufruto da ação em favor do acionista, pacto de recompra, opção de compra, propriedade fiduciária (!)) utilizados para, *contra a determinação da lei*, ser possível a eleição de conselheiros externos, mas, sim, a pura e simples falta de sintonia entre a realidade empresarial e a lei brasileira. Soma-se a isto, ainda, o fato de que o modelo alemão de tal estrutura não possuir tal exigência (!) e há motivo para isto.[88]

Os aspectos aqui tratados não encerram todos os problemas objeto das discussões sobre governança corporativa. Pretende-se, porém, que permitam uma visão panorâmica das principais discussões.

Podemos adentrar agora alguns dos aspectos externos da governança corporativa.

§ 5. *TEMAS DA GOVERNANÇA CORPORATIVA: ASPECTOS EXTERNOS*

Podemos alinhar, basicamente, três grandes preocupações nas discussões sobre os aspectos externos da governança corporativa: os interesses de outros participantes ou interessados na companhia (*stakeholders*), proteção de acionistas minoritários e transparência, esta última mais como decorrência da proteção das minorias. Evidente que não são as únicas, mas estas parecem ser as mais recorrentes e de maior impacto para o contexto brasileiro.

Faz-se necessário, para uma abordagem mais panorâmica, que se restrinja as considerações sobre a questão da relação da empresa com outros interesses ao debate sobre a participação de trabalhadores nos órgãos de gestão e à questão da função social da empresa. Tal postura não importa, porém, desvalorização de outras questões, como a da participação de credores ou membros da comunidade nos órgãos de gestão. Trata-se de simples segregação metodológica, que se baseia no reflexo prático

---

87. Cf. comentários de Joel D. Figueira Jr., ao artigo 1.361 do novo Código Civil, in Ricardo Fiuza (Coord.), *Código Civil Comentado*, pp. 1.197 ss.; Maria Helena Diniz, *Código Civil Anotado*, pp. 836 ss.

88. Paulo F. C. Salles de Toledo, *O Conselho de Administração na Sociedade Anônima*, cit., pp. 82 ss., em especial p. 84, o qual critica de forma contundente tal preceito da lei brasileira.

para as empresas e no grau de interesse pela problemática nos debates de governança corporativa.

1. O modelo de co-participação: base de reflexão para o Brasil?

Sobre a questão da posição dos demais participantes da companhia, como, por exemplo, empregados, fornecedores, clientes e comunidade, o debate está longe de encontrar voz uníssona. Muito pelo contrário. Pode-se resumir as discussões em dois pontos centrais: o primeiro, com relação à participação dos empregados na direção da companhia, e o segundo, com relação ao fator ético nas relações da companhia. Muitos códigos limitam-se a prescrever em termos gerais que os órgãos da administração da companhia devem levar em consideração não só os interesses dos acionistas mas, também, os dos demais participantes, como os empregados.[89]

Não é, porém, uma questão tão inóspita quanto possa parecer a participação dos empregados na companhia, nem mesmo na doutrina americana, onde, embora a limitação da empresa aos interesses dos proprietários ocupe importante espaço, a problemática é conhecida desde os anos 30, simbolizada pela famosa confrontação entre *Dodd and Berle* aberta com o famoso artigo de Dodd – intitulado *For whom are corporate managers trustees?* – em que propunha uma concepção mais ampla que a de Berle.[90]

Como experiência concreta, porém, o modelo alemão continua dominando o centro das atenções e análises, dada sua longa história, que conta com as primeiras tentativas, de forma espontânea entre o empresariado alemão, em 1849, com o muito citado empresário da indústria têxtil Degenkolb, e de caráter legislativo, lastreadas no ideário da democracia econômica (*Wirtschaftsdemokratie*), em 1891 e 1916/1918 (estas influenciadas pela guerra) – embora a forma atual de participação no processo decisório empresarial propriamente dito somente tenha se concretizado no pós-guerra, em 1951, com a *Montan-Mitbestimmungsgesetz*, limitada ainda à indústrias do carvão e do aço, e em 1976 estendida a todos os segmentos, com a *Mitbestimmungsgesetz*, do mesmo ano.[91]

---

89. Peter Hommelhoff, *OECD – Principles on Corporate Governance – ihre Chancen und Risiken aus dem Blickwinckel der deuschen corporate governance-Bewegung*, cit., p. 265.
90. Oliver E. Williamson, *The Economic Institutions of Capitalism – Firms, Markets, Relational Contracting*, cit., p. 322, especialmente nota 30.
91. Herbert Wiedemann, *Gesellschaftsrecht – Ein Lehrbuch des Unternehmens- und Verbandsrechts*, § 11 I 1, pp. 584 ss., especialmente 586 até 589.

O modelo alemão de administração prevê não só um órgão de controle e supervisão da administração, como já tratado, mas, também, que o preenchimento de tal órgão, nas empresas com mais de 500 empregados, contará obrigatoriamente com representantes dos trabalhadores, dentro do chamado sistema de co-determinação (*Mitbestimmungssystem*).[92] Tal participação pode ser paritária – (metade dos membros do *Aufsichtsrat* são representantes dos trabalhadores), nas empresas da indústria do carvão e do aço, bem como nas empresas com mais de 2.000 empregados –, ou não (um terço dos membros eleitos pelos trabalhadores) para empresas com 500 até 2.000 empregados. Tal forma de composição de um órgão da companhia tem como base uma concepção diferenciada da empresa: deixa ela de ser simples pessoa jurídica para adquirir o caráter de *ente social* (*Sozialverband Unternehmen*).[93] Como tal, a empresa é também vista como palco adequado para solução de conflitos, como capital e trabalho. Referida forma de tratar a empresa acompanha o pensamento jurídico alemão desde o término do século XIX, e marca, de forma profunda, a forma de estruturar decisões nas companhias alemãs. Saliente-se, ainda, que tal participação não ocorre somente através do *Aufsichtsrat*, mas, também, por meio dos chamados "conselhos de fábrica" (*Betriebsrat*), os quais, embora sem afetar de forma direta as estruturas de decisão das empresas alemãs, influenciam o processo de decisão.[94]

O modelo alemão não é aceito, porém, na maior parte dos países europeus, que preferem deixar a consideração dos interesses dos trabalhadores em forma de simples diretriz para os órgãos de administração. O modelo alemão pode ser encontrado, em formas variadas, somente na Áustria, Paises Baixos, Luxemburgo, Dinamarca e Suécia.[95] Pode-se entender tal disparidade no Continente Europeu pelo fato de que o modelo

---

92. Karsten Schmidt, *Gesellschaftsr cht*, cit., § 16, IV; Barbara Grunewald, *Gesellschaftsrecht*, pp. 250 ss., com maiores referências bibliográficas.

93. Idem, § 16, IV, p. 484; cf. o interessantíssimo discurso de Otto v. Gierke na Universidade de Berlin, em 15 de outubro de 1902, intitulado "Das Wesen der menschlichen Verbände" (reimpressão da edição de 1954, Darmstadt), onde defende a existência real das pessoas jurídicas e proclama, como conseqüência, a proteção dos interesses das pessoas jurídicas em si. O que está em discussão não é, portanto, se a pessoa existe de fato ou não (o que uma leitura apressada pode levar a crer). O que importa é se o interesse dos entes sociais em geral e das pessoas jurídicas em especial têm proteção que vai além do interesse dos seus componentes, dos indivíduos.

94. Cf. § 80 ss. Betriebsverfassungsgesetz de 1972 na versão de 2001.

95. Heribert Hirte, "Die Europäische Aktiengesellschaft", *NZG* 1/2002, p. 6; Eddy Wymeersch, *A Status Report on Corporate Governance in some Continental European States*, cit., p. 1.148.

alemão de co-participação dos trabalhadores é um produto histórico das tensões sociais da Alemanha do final do século XIX e início do século XX, e da necessidade de manter as relações de propriedade de uma Alemanha pós-guerra, que via seu parque industrial confiscado e desmontado pelas forças aliadas.[96] Trata-se de um instituto que não está preso à racionalidade da eficiência econômica, mas, sim, na solução histórica de conflitos sociais, marcada pelo enorme peso político de seus sindicatos, que até hoje perdura.

Como dito, este inclusive foi o grande problema para a implementação na Europa da *societas europae*.[97]

Pode-se notar que a lei brasileira foi influenciada por esta questão estrutural, na medida em que a Lei 10.303/2001 permitiu, com a inclusão do parágrafo único ao artigo 140 da Lei 6.404/1976, a participação de empregados no conselho, porém, somente de forma prepositiva.[98] Entretanto, o debate sobre a utilização de tal modelo no Brasil permanece, pois a lei não torna obrigatória a sua adoção, e a sua institucionalização pelo órgão regulatório brasileiro, para as companhias abertas, iria, ao certo, como no país de origem do modelo, ainda que sob outra perspectiva, causar discussões sobre sua legalidade e, até mesmo, sua constitucionalidade.

Reconhece-se na Europa que o modelo da participação paritária, confronta-se atualmente, nos debates de política legislativa, com modelos mais flexíveis – como o de participação ternária (1/3), adotado em parte não só no sistema alemão, mas também no sistema dos Paises Baixos –, ou com o modelo adotado na França de dar aos trabalhadores com ao menos 3% de participação no capital da companhia de ter pelo menos um representante na administração, independentemente da possibilidade de nomear trabalhadores até um terço da administração.

Os alemães parecem muito indecisos, ou mesmo críticos, a respeito do real componente de competitividade do seu sistema de participação

---

96. Herbert Wiedemann, *Gesellschaftsrecht – Ein Lehrbuch des Unternehmens- und Verbandsrechts*, cit., pp. 589 e 592.

97. Rembert Niebel, *Der Status der Gesellschaften in Europa – Rechtstheoretische und europarechtliche Aspekte transnational wirtschaftender Verbände*; cf. ainda Heribert Hirte, *Die Europäische Aktiengesellschaft*, cit., p. 5.

98. Cf. interessante reflexão crítica sobre a reforma de 2001 no Brasil com relação a tal aspecto, Calixto Salomão Filho, *Conflito de Interesses: a oportunidade perdida*, cit., p. 355, em especial nota 40; também o interessante estudo sob a perspectiva brasileira, Paulo Fernando C. Salles de Toledo, *O Conselho de Administração na Sociedade Anônima*, cit., pp. 104 ss.

paritária.[99] Críticas da literatura americana apontam para a contribuição da co-determinação para a concentração de propriedade do mercado de capitais alemão.[100] Independente disto a comissão instituída pelo governo alemão para reforma do seu direito acionário perante as regras de governança corporativa, não entrou na discussão sobre a transformação do modelo dual obrigatório para um modelo dual opcional, tal como na França. Fica claro que não há intenção de extinguir o sistema dual alemão com participação dos trabalhadores, dado o peso político e social que tal estrutura possui; porém, há forte tendência em torná-lo mais flexível.

Não parece, haver, também uma tentativa clara de dissociar a questão do sistema dual do sistema de co-participação, embora alguns países que adotaram a co-participação não adotem o sistema dual de governança, como Dinamarca, Suécia e Luxemburgo, o que evidencia que uma a questão da co-participação não está necessariamente ligada à questão do regime dual de governança, salvo por questões histórico-legislativas.

2. Responsabilidade social como questão da governança corporativa

Outra questão muito recorrente nos debates recentes sobre governança corporativa, relacionada à ponderação de outros interesses no processo decisório das empresas, refere-se ao caráter ético das decisões perante outros interessados, como fornecedores, clientes e comunidade. Como questão de postura, engloba esta discussão não só problemas mais gerais – sobre a atuação das empresas em programas sociais e educativos de interesse geral da comunidade (como creches, orfanatos, programas de esclarecimento dos direitos civis dos cidadãos)[101] –, como também questões mais específicas, e que ocupam já há muito tempo o centro das

---

99. Klaus J. Hopt, *Modern Company and Capital Market Problems – Improving European Corporate Governance after Enron*, cit., p. 8, o qual pondera que "(R)esta saber se a Alemanha seguirá a tendência internacional ou, preferencialmente, a crença (se é sincera) dos sindicatos alemães e mesmo do Presidente da República, Johannes Rau, de que o atual estilo de co-determinação é, de fato, um elemento de competição para a Alemanha" (tradução livre do autor); Elmar Gerum e Helmut Wagner, "Economics of Labor Co-Determination in View of Corporate Governance", in Hopt *et al.*, *Comparative Corporate Governance – The State of the Art*, pp. 350 ss.

100. Mark J. Roe, "German Co-Determination and German Securities Markets", in Hopt *et al.*, *Comparative Corporate Governance – The State of the Art*, p. 363.

101. Cf. no Brasil a atuação do Instituto Ethos de Responsabilidade Social, <www.ethos.org.br>.

atenções dos ambientalistas, como a existência de padrões duais de controle ambiental em empresas com atuação internacional.[102]

Não se trata somente do respeito das regras legais de cada país (*merely profit-maximizing compliance with law*),[103] mas sim de regras que demonstrem o *convencimento corporativo* de uma empresa sobre um determinado assunto. Se as regras de emissão de poluição do país da sede são mais rigorosas, deve a subsidiária, em um país em desenvolvimento, cujas regras são muito menos rigorosas (e evidentemente mais baratas), adotar de forma espontânea as regras do país de origem? Ou, ainda, se a empresa dispõe de conhecimento suficiente para saber que o risco de contaminação de um determinado produto é maior do que as autoridades consideraram em sua regulamentação, deve adotar medidas preventivas que irão além da regulamentação? Estas mesmas questões podem ser transpostas, com certa tranqüilidade, para questões trabalhistas e de segurança do trabalho. Ora, estas são algumas das típicas questões objeto das reflexões sobre responsabilidade social.

Permanece aqui, porém, a indagação sobre a relação entre governança corporativa e responsabilidade social. Seria a responsabilidade social objeto da governança corporativa? Ou o contrário?

Tais questionamentos surgem não por amor à categorização, mas pela natural dúvida relacional que tais discussões geram. Enfim, o que tem a responsabilidade social com a governança corporativa? Simples é, todavia, a resposta. Não são problemáticas dependentes, mas, sim, relacionadas, na medida em que a governança corporativa encontra resposta para a indagação sobre a dirigibilidade empresarial e o escopo e limite das decisões de gestão na última.[104] Trata-se, portanto, de um ponto de contato que se encontra exatamente no escopo e limite da decisão dos administradores e que conforma uma das preocupações da governança corporativa.

Podem os administradores atentar para outros interesses que não os dos proprietários? Qual é a função da empresa? Estas são indagações que a governança corporativa impõe e que encontra na responsabilidade social uma de suas possíveis respostas.

---

102. Cf. profundo estudo do assunto no Brasil sobre o enfoque da auditoria em Rodrigo Sales, *Auditoria Ambiental*.

103. Richard A. Posner e Kenneth E. Scott, *Economics of Corporation Law and Securities Regulation*, cit., p. 67.

104. Thomas Raiser, *Recht der Kapitalgesellschaften*, cit., § 14, I, 5, pp. 141 s.

O debate sobre a responsabilidade social encontra suporte não só filosófico na sociedade civil, pois é evidente que todos os atores sociais desejam que uma companhia, além do lucro, possa contribuir com ações sociais relevantes. Não é somente esta a razão da preocupação com a responsabilidade social – a dimensão ética e social. O fundamento para o considerável aumento de preocupação com a responsabilidade social está, também, no fato de que as empresas perceberam a possibilidade de ter alguma vantagem competitiva com ela. Os reais motivos e causas de tal vantagem competitiva não são claros, mas o fato é que, através da melhoria da imagem da empresa no mercado, a percepção dos consumidores pode ser influenciada.[105] Talvez esta influência não seja tão ampla como imaginado em estruturas tecnocráticas absolutas,[106] mas ela certamente constitui um dos elementos de ponderação das empresas que se empenham em programas de responsabilidade social. Tal impulso de mercado para o comprometimento com a responsabilidade social pode ser ilustrado até mesmo pelas estatísticas, com os índices de determinadas bolsas como o *Domini 400 Social Index* (DSI) que superou em 1% o retorno total anual do índice *S&P 500*, ou ainda a diferença de crescimento de mais de 55% desde 1993 entre o *Dow Jones Sustainable Index* e o *Dow Jones Global Index*.[107]

Outro dado interessante é que o objetivo de reduzir custos falha em muitos programas de reestruturação exatamente em razão da pressão e prejuízo com a motivação, lealdade, criatividade e produtividade dos empregados.[108] Tais indicadores e constatações de mercado demonstram que a questão da responsabilidade social, portanto, é muito mais do que simples questão política legal sobre a natureza das companhias na sociedade.

2.1 Os aspectos internos e externos da responsabilidade social

Costuma-se também diferenciar nas discussões sobre responsabilidade social entre suas dimensões externa e interna. Sob a dimensão

---

105. Cf. *Green Paper – Promoting a European Framework for Corporate Social Responsibility of the Commission of the European Communities 2001* (COM (2001) 366 final), pp. 4 e 19.

106. John K. Galbraith, *O Novo Estado Industrial*, cit., p. 151, onde fala sobre o controle da demanda em geral.

107. Cf. *Green Paper – Promoting a European Framework for Corporate Social Responsibility of the Commission of the European Communities 2001* (COM (2001) 366 final), p. 7.

108. Idem, p. 9.

interna estão no centro das preocupações, os empregados. Sob a externa, comunidades locais, consumidores, fornecedores, clientes e padrões internacionais de proteção do meio ambiente. Podemos buscar entender um pouco melhor o conteúdo de tais preocupações.

Como preocupações principais relativas à dimensão interna da responsabilidade social encontramos a indicação da necessidade, para a criação e manutenção de trabalhadores treinados e engajados, da introdução de processos contínuos de reciclagem profissional, maior equilíbrio entre trabalho, família e lazer, maior diversidade da força de trabalho, igualdade de condições e remuneração para mulheres, programas de participação nos lucros, planos de opção de ações e maior atenção ao problema da segurança de emprego. Tais preocupações podem ainda incluir a necessidade de prover um sistema de contratação que exclua processos discriminatórios e possibilite a inclusão de minorias ou excluídos do mercado de trabalho, como idosos, deficientes etc. Também a preocupação com as condições de segurança e saúde do trabalhador, seu envolvimento em processos de reestruturação da empresa e uso de medidas que afetem o mínimo possível o meio-ambiente ("*win-win" opportunities*) e políticas integradas de produção (*integrated product policy*)[109] encontram aqui ressonância.

Sob a dimensão externa encontramos como preocupações centrais a interação com as comunidades locais, tanto sob o aspecto do mercado de trabalho local, como também sobre os impactos no meio ambiente, o tratamento ponderado e eqüitativo dos fornecedores (*e.g.*, evitar que os pequenos fornecedores tenham preços excessivamente baixos e prejudiquem os seus empregados para poder manter mercado), a criação de parcerias para o desenvolvimentos de novos empreendimentos e empresas, especialmente de pequeno e médio porte.

Pode-se concluir por esta rápida listagem dos tipos de preocupações da responsabilidade social que, primeiro, algumas das preocupações estão já incluídas, em forma de proteção mínima, em leis, e, segundo, que a influência dos direitos humanos na problemática da responsabilidade social é enorme. Como ilustração da primeira constatação basta mencionar as várias leis de proteção social que existentes nos diversos países, inclusive no Brasil. Como exemplo da preocupação com os direitos humanos, inclusive em outras jurisdições, o Parlamento Europeu adotou em janeiro de 1999 a *Resolução sobre Padrões da União Européia para Empresas*

---

109. Idem, pp. 11 s.

Européias operando em Países em Desenvolvimento: rumo a um Código Europeu de Conduta. Como instrumento da sociedade civil a responsabilidade social é capaz não só de viabilizar melhoria nos padrões mínimos de proteção legal, como também incentivar o cumprimento dos padrões mínimos.

2.2 O debate sobre a responsabilidade social no Brasil

Tal debate já ocorre no Brasil, sob a liderança de algumas instituições como o Instituto Ethos de Responsabilidade Social e o próprio IBGC.[110] O debate da responsabilidade social encontra-se naturalmente em oposição ao pensamento neoliberal que tem dominado os debates, como já vimos, sobre a função da empresa e que propugna como sua função última a produção e aumento de seu valor para os proprietários.[111] Pondera-se que os administradores, como mandatários dos proprietários, devem respeitar estritamente o estatuto e a lei, objetivando a maximização dos lucros da companhia. Como conseqüência direta desta filosofia surgiu, aliás, a conhecida teoria do excesso de poderes (*ultra vires societatis*), a qual, porém, tem sido aplicada com muita restrição nos países onde mais se desenvolveu.[112]

Em face de tais debates, a primeira e mais simples questão que surge para o jurista, aplicável em certa medida a toda a problemática da governança corporativa, é: a responsabilidade social é (ou deve ser) uma obrigação ou simples diretiva de comportamento da administração?

Para o caso brasileiro a resposta parece estar na própria lei que prescreve que o "administrador deve exercer as atribuições que a lei e o estatuto lhe conferem para lograr os fins e no interesse da companhia, *satisfeitas as exigências do bem público e da função social da empresa*" (art. 154 LSA). Dispõe ainda a lei que o "conselho de administração ou a diretoria podem autorizar a prática de atos gratuitos razoáveis *em benefício dos empregados ou da comunidade* de que participe a empresa, tendo

---

110. Cf. <www.ethos.org.br>.

111. Steen Thomsen, "Business Ethics as Corporate Governance", *European Journal of Law and Economics* 11/2, 153-164, 2001, p. 153, o qual cita a clássica disputa entre Friedman (1970) e Reilly and Kyi (1990); Daniel Friedman, "The Social Responsibility of Business Is to Increase Its Profits", *New York Times*, 13 de setembro; B. J. Reilly e M. J. KYI, "*Economics and Ethics*", *Journal of Business Ethics* 9/691-698.

112. Fran Martins, *Comentários à Lei das S.A.*, cit., pp. 367 ss.; Wilson de Souza Campos Batalha, *Comentários à Lei das S.A.*, pp. 698 ss.

em vista suas *responsabilidades sociais*" (art. 154, § 4º, da LSA). Ora, mais clara não poderia ser a lei brasileira. Ficam vedados, assim, como já o era à época da legislação de 1940, os chamados atos de liberalidade (a lógica da administração como mandatária dos proprietários), salvo se em favor dos empregados e/ou comunidade e em sintonia com os interesses da companhia e sua função social. Se observarmos a doutrina brasileira que se pronunciou a respeito desta questão, percebemos, com certa surpresa, que a mesma aceita a proposição legal com certa naturalidade e até mesmo como conseqüência lógica de uma determinada concepção de empresa. Com relação à concretização do conceito de função social apresenta a doutrina brasileira, porém, postulações diversas. Encontra-se, assim, a tentativa de ver a função social da empresa resumida às preocupações com o trabalho (melhoria das condições de trabalho), consumidores (preço e qualidade) e concorrentes (práticas eqüitativas).[113] Não há menção, aqui, ao meio ambiente, que, conclui-se, estaria enquadrado no conceito de respeito à lei e não da função social da empresa. Portanto, não se admitirá a aplicação de uma política ambiental em uma empresa, em respeito aos padrões internacionais, acoplada a investimentos e maiores custos, se não for obrigação legal local.

Também é comum na doutrina brasileira haver confusão entre função social e políticas públicas. Como elemento da própria função social da empresa constituiriam, por exemplo, políticas públicas relativas à obrigatoriedade de creches ou médicos para os empregados e seus filhos, posturas municipais de localização das empresas, entre outras.[114] Parece haver confusão entre atitude e resultado. Tais posturas podem ser reflexos ou, até mesmo, admite-se, conseqüência desta visão de função social da empresa, porém não seu elemento constituinte. Se assim fosse, não poderia a administração ir além das políticas públicas – e não parece ser esta a intenção do legislador.

Procurou-se, também, em parte da doutrina, distinguir entre atos de liberalidade próprios (simples) e atos de liberalidade impróprios (ou aparentes), pois que trazem um benefício para a sociedade.[115] Pode interessar, aqui, a questão das doações a partidos políticos. Tal prática – que, no Brasil, já foi livre, depois de abusos, proibida e mais tarde permitida

---

113. Modesto Carvalhosa, *Comentários à Lei de Sociedades Anônimas*, cit., pp. 238 ss.

114. Fran Martins, *Comentários à Lei das S.A.*, cit., p. 371.

115. J. C. Sampaio de Lacerda, *Comentário à Lei das S.A.*, pp. 187 ss., especialmente p. 193.

dentro dos parâmetros da lei –, configuraria, sob tal tipologia, ato de liberalidade impróprio, pois importaria benefícios diretos para a companhia (*e.g.*, eleição de um partido que propõe uma política de redução da carga tributária).[116] Tal como a diferenciação exarada na doutrina sobre a LSA de 1940[117] entre atos de liberalidade e solidariedade (como que suplementares da (ina)atividade social do Estado), esta tipologia, entretanto, não apresenta distinção útil à análise da possibilidade de a empresa ter uma postura social maior ou menor.

Tais considerações sobre a doutrina brasileira não têm por objetivo confundir o leitor ou simplesmente ilustrar o debate sobre a questão no Brasil. O que pretende, em realidade, é demonstrar que a apreciação jurídica de normas gerais, tal como a de responsabilidade social, poderá permitir uma mudança muito mais drástica de sentido conforme o movimento de responsabilidade social permeie a sociedade civil. Os juízes certamente irão analisar a questão da construção de um sistema de tratamento de dejetos, não obrigatório por lei, com uma receptividade maior do que aceitariam a 30 anos atrás. Os limites e o alcance de tais construções não são certos, porém.

Fato é que somente o senso de justiça dos juízes no caso concreto irá por certo ser afetado por uma expansão dos anseios de responsabilidade social na sociedade civil, modificando os resultados do possível controle de conteúdo da regra da função social da empresa.

O debate sobre a responsabilidade social, porém, não termina aqui. Como toda questão da governança corporativa, o debate sobre a responsabilidade social pressupõe a possibilidade de informação e comparação destas questões pelos investidores. Somente com dados passíveis de serem comparados pode se tornar a responsabilidade social um elemento de competição na busca de recursos de investimento. Surge, assim, a questão

---

116. Prescreve a Lei 9.504/1997 (Lei do Sufrágio Eleitoral): "Art. 81. As doações e contribuições de pessoas jurídicas para campanhas eleitorais poderão ser feitas a partir do registro dos comitês financeiros dos partidos ou coligações. § 1º. As doações e contribuições de que trata este artigo ficam limitadas *a dois por cento* do faturamento bruto do ano anterior à eleição. § 2º. A doação de quantia acima do limite fixado neste artigo sujeita a pessoa jurídica ao pagamento de multa no valor de cinco a dez vezes a quantia em excesso. § 3º. Sem prejuízo do disposto no parágrafo anterior, a pessoa jurídica que ultrapassar o limite fixado no § 1º estará sujeita à proibição de participar de licitações públicas e de celebrar contratos com o Poder Público pelo período de cinco anos, por determinação da Justiça Eleitoral, em processo no qual seja assegurada ampla defesa".

117. Trajano de Miranda Valverde, *Sociedade por Ações*, cit., vol. 2, p. 312.

do *balanço social*, pois que este representa efetivamente a medida para a análise e comparação não só pelos investidores, mas, também, pelos próprios consumidores. É o que analisaremos a seguir.

2.3 O balanço social: a responsabilidade social como medida de comparação

Logo perceberam as empresas que não poderiam deixar de utilizar seus programas socialmente responsáveis para agregar valor à sua imagem no mercado. Para tanto se tornava necessário tornar a informação sobre tais atividades acessível aos consumidores e investidores. Passaram, assim, a incluir em suas demonstrações financeiras, especialmente nos balanços anuais, dados sobre a sua estrutura e composição de sua mão-de-obra, os valores agregados pela companhia para a sociedade (*e.g.*, gastos com tributos e salários), índices de acidentes do trabalho e medidas para contê-los, medidas para reduzir impactos sobre o meio-ambiente, entre tantas outras. Muito rapidamente formaram-se associações, muitas internacionais, com o intuito de padronizar tais informações, como o *Global Reporting Initiative* (GRI) e a *Social Accountability International*, entre muitas outras.[118]

Como a dificuldade para estabelecer parâmetros plausíveis para tais relatórios era muito grande em face da diversidade de questionamentos possíveis, muitos dos balanços propostos por tais entidades partiram da experiência mais próxima e concreta da auditoria ambiental para, então, incluírem os elementos de análise social. O avançado desenvolvimento dos processos de auditoria na área ambiental pode talvez ser uma das principais razões pelas quais os modelos de relatório utilizam parâmetros, quando não idênticos, muito semelhantes àqueles das análises ambientais.[119] Inobstante todos os esforços para padronizar os relatórios, percebemos que ainda há muito a ser aprimorado e, com isto, tentativas pioneiras de utilização de relatórios sociais sofrem, invariavelmente, críticas sobre o seu conteúdo, quer seja em razão da perspectiva adotada (*e.g.*, países em desenvolvimento e trabalho forçado), quer seja em razão do parâmetro adotado (*e.g.*, convenções da Organização Internacional do Trabalho).

---

118. Cf. para referência de várias instituições que atuam na questão, *Green Paper – Promoting a European Framework for Corporate Social Responsibility of the Commission of the European Communities 2001* (COM (2001) 366 final), pp. 11 s.

119. Rodrigo Sales, *Auditoria Ambiental*, cit.

2.3.1 Propostas concretas de balanço social ou de sustentabilidade

Podemos, para ilustrar a discussão, buscar entender um pouco melhor a forma de balanço social proposta pelo *Global Reporting Initiative*.[120] Referida entidade foi criada em 1997 como uma associação sem fins lucrativos com o apoio de entes privados, em especial fundações americanas, por uma organização não governamental americana (*Collision for Environmentally Responsible Economies*) sobre a base de programas ambientais da Organização das Nações Unida. Encontram-se as principais recomendações do GRI em sua publicação denominada *Sustainability Reporting Guidelines 2002*. Referidas diretrizes estão direcionadas para a elaboração de relatórios de sustentabilidade organizados sobre três perspectivas: econômica, ambiental e social (*triple bottom line*). Para complementar tais regras gerais, o GRI, reconhecendo a especificidade de alguns mercados, apresenta regras especiais para estes mercados (*Sector Supplements*), como, por exemplo, dos serviços financeiros. Referidas diretrizes irão ditar o conteúdo do relatório-modelo o qual inclui as seguintes informações:

	Categoria	Aspecto	
Econômico	Impactos Econômicos Diretos	Clientes Fornecedores Empregados	Provedores de capital Setor Público
Ambiental	Meio ambiente	Materiais Energia Água Biodiversidade Emissões, efluentes, lixo	Fornecedores Produtos e serviços Cumprimento (*compliance*) Transporte Geral
Social	Práticas laborais e trabalho digno	Emprego Trabalho e gerenciamento de relações Saúde e segurança	Treinamento e formação Diversidade e oportunidade
	Direitos Humanos	Estratégia e gerenciamento Política de não discriminação Liberdade de associação e negociação coletiva Trabalho infantil	Trabalho forçado Práticas disciplinares Práticas de segurança Direitos do indígenas
	Sociedade	Comunidade Propinas e corrupção	Contribuições a partidos políticos Concorrência e política de preços
	Responsabilidade pelo produto	Saúde e segurança dos clientes Produtos e serviços	Propaganda Respeito pela privacidade

Fonte: *Sustainability Reporting Guidelines 2002*

120. Cf. para detalhes o <ww.globalreporting.org>; interessante que entre as companhias participantes do projeto piloto de implementação de suas regras encontramos uma empresa brasileira, a Natura, aliás, como única representante da América Latina e Central.

Referidas informações são analisadas com base nos princípios informadores dos relatórios (transparência, inclusão, auditabilidade, completude, relevância, contexto de sustentabilidade, precisão, neutralidade, comparabilidade, clareza, tempestividade) e segundo critérios estabelecidos nos chamados protocolos, que são, de fato, os processos, condições e forma pelos quais a auditoria, necessária à exposição da informação indicada, deve ser feita, de forma a haver consistência de análise comparativa quando diversas empresas utilizam o relatório. Tais protocolos, já muito bem conhecidos da auditoria ambiental, constituem o principal instrumento para a determinação do conteúdo das informações a serem disponibilizadas. Tais informações podem, ainda, ser indexadas para, assim, poderem facilitar processos de comparação.

Considerando as categorias e aspectos acima mencionados, a GRI indica que o relatório deve ter cinco seções, tratando das seguintes temáticas: (i) estratégia e visão da companhia sobre questões de sustentabilidade, destacando-se os principais elementos do relatório; (ii) perfil organizacional da empresa, incluindo, entre outros assuntos, a descrição dos produtos, mercados, estrutura legal e produtiva, mão-de-obra, acionistas, bem como o alcance e método de elaboração do relatório; (iii) estrutura administrativa e sistemas de gerenciamento; (iv) índice dos principais itens do relatório GRI; (v) indicadores de desempenho.

Interessante notar que é dedicada uma secção especial à questão da governança corporativa sob a insígnia de estrutura administrativa e sistemas de gerenciamento (*governance structure and management systems*). Como questões que devem ser objeto desta secção destaca o GRI: (i) descrição da estrutura administrativa da companhia, incluindo a competência dos comitês de gestão; (ii) porcentagem dos membros da administração que são independentes (e a informação do conceito de "independência" para a companhia); (iii) processo para determinação da capacidade dos membros da administração para tomar decisões estratégicas, incluindo-se riscos e oportunidades das questões sociais e relativas ao meio-ambiente; (iv) processos para fiscalização da identificação e gerenciamento de riscos e oportunidades econômicas, ambientais e sociais; (v) relação entre remuneração da administração e cumprimento de metas financeiras e não-financeiras da empresa (*e.g.*, desempenho ambiental, práticas laborais); (vi) estrutura organizacional e pessoas responsáveis pela fiscalização, implementação e auditoria das políticas econômica, ambiental, social e relacionadas; (vii) declarações de valores e missões, códigos de conduta ou princípios, bem como políticas relevantes para o desempenho da companhia e a situação de implementação das mesmas; (viii) mecanismos que propiciem aos acionistas darem recomendações ou diretrizes para a administração; (ix) base para identificação e seleção dos maiores interessados na companhia (*stakeholders*); (x) forma de consulta aos interessados relatado em termos de freqüência das consultas por tipo de consultas e grupos de interessados; (xi) tipos de informações geradas nas consultas aos interessados e (xii) uso destas informações; (xiii) explicação se e como o princípio da prevenção é tratado na empresa; (xiv) aceitação ou endosso de conjuntos de princípios ou estatutos sociais desenvolvidos por terceiros; (xv) principais participações em associações comerciais ou industriais, ou organizações nacionais ou internacionais; (xvi) políticas de emergência para suprimento e controle de produtos e serviços; (xvii) forma de conduzir o gerenciamento dos impactos econômico, ambiental e social decorrente das atividades da empresa; (xviii) principais decisões, no período abrangido pelo relatório, relativas a localização ou operações; (xix) programas e procedimentos pertencentes ao desempenho econômico, social e ambiental (prioridades e objetivos, principais programas de qualidade, comunicação e treinamento internos, monitoramento de desempenho, auditoria externa e interna, e revisão da administração mais antiga); (xx) certificações.

Percorrendo esta listagem percebe-se que as indicações sobre governança corporativa são bastante gerais, o que torna evidente que o objetivo maior está em ser mais uma lista indicativa do que propriamente um detalhamento de conteúdo do relatório. Entretanto, não podemos deixar de ao menos criticar o modelo proposto, pelo excesso de generalidade. Não é tarefa simples encontrar a medida justa para uma padronização com pleito de adequação internacional, porém, dentro do mesmo conceito de transparência poderia ser instituída a obrigação de explicitação do cumprimento ou não de um determinado código supranacional de governança corporativa, como o da OECD. De qualquer forma, o projeto está aberto a propostas de melhoria e, certamente, irá sofrer alterações com o passar do tempo, o que em nada prejudica o seu mérito pelo pioneirismo.

Como seqüência natural destes movimentos, brevemente ilustrados, põe-se a indagação a respeito da situação no Brasil. Com certo grau de satisfação podemos constatar que a discussão tem evoluído com rapidez, com a criação de inúmeras entidades não-governamentais que têm se dedicado integralmente ao assunto – não só da responsabilidade social como também do balanço social.[121] Podemos perceber pela análise das

---

121. Cf. como, entre outros, a Fundação Instituto de Desenvolvimento Empresarial e Social – FIDES (<www.fides.org.br>), existente desde 1986, e o Instituto Ethos de Responsabilidade Social (<www.ethos.org.br>), existente de 1995, ou o Instituto Brasileiro de Análises Sociais e Econômicas – Ibase (<www.ibase.org.br>).

propostas de balanço social que se dispõe no país, que o acento está no caráter social. Não há referência, como, por exemplo, no balanço proposto pelo Ibase, à governança corporativa.

Seria muito importante que as organizações não-governamentais brasileiras procurassem maior sintonia com organizações supranacionais, para buscar maior compatibilidade dos padrões a serem desenvolvidos, até mesmo por questões de custos futuros que as empresas teriam para se adaptar ao mercado internacional.

Podemos já presenciar em diversos países a intervenção não só dos órgãos reguladores de mercado, para disciplinar o assunto, como também do próprio legislador. Como declarado em seu posicionamento público, a CVM, entretanto, não irá apresentar nenhuma regulamentação da questão e prefere deixá-la para ser tratada, se for o caso, pelo legislador, por ocasião da reforma contábil que está sendo preparada.[122]

Tal opção da CVM não parece ser a mais apropriada, pois a disciplina do balanço social se inclui essencialmente na questão da natureza das informações que devam ser prestadas, o que estaria de forma expressa e clara em seu espectro de competência (art. 22, § 1º, I, LMC). Claro que a estrutura do mercado de capitais brasileiro pode exibir uma imaturidade muito grande para o aporte de regras como estas; a CVM poderia, porém, considerar formas inovadoras de regulamentação, apregoadas pelo movimento de governança corporativa, como, por exemplo, a obrigatoriedade de informar a adesão a tais modelos de divulgação ou mesmo o condicionamento de segmento de listagem à tais formatos de divulgação. Portanto, pode-se somente lamentar a inércia do órgão regulador brasileiro com relação a tal questão.

2.4 Mercado e responsabilidade social: a promoção da empresa responsável

Sempre que se fala de responsabilidade social tendemos a ter uma visão altruísta do mundo corporativo. Somos quase levados a pensar na empresa como ferramenta para solucionar, ou ao menos amenizar, injustiças e incertezas sociais, o que não nos parece equivocado.

Tal visão altruísta, porém, não poder ofuscar a análise crítica das tendências e busca de oportunidades do mercado. O fator do cumprimento ou simples preocupação com determinadas questões sociais pela empresa

---

122. Cf. PL 3741/2000, disponível no sítio da CVM.

passa a ser utilizado como instrumento de promoção social e econômica. Não só pode ser utilizado para gerar maior aceitação dos produtos entre os consumidores, embora tal efeito ainda seja contestável, como também para atrair um público determinado de investidores. O balanço social é uma evidência de tal preocupação.

Com isto parece que o mercado procura parâmetros para desenvolver indicadores ou índices de demonstração do fator de cumprimento de políticas de responsabilidade social pelas empresas que possam ser utilizados como parâmetros confiáveis para elas. O desenvolvimento de tais parâmetros irá certamente gerar problemas de responsabilidade semelhantes ou idênticos aos das empresas de classificação (*rating organizations*) que como sabemos exerceram um papel impactante nos escândalos recentes da economia americana. O controle de tais atividades parece que deveria estar incluído na questão da disciplina dos serviços financeiros.

Tais iniciativas estão em sua fase embrionária, de forma que uma atividade legislativa imediata não parece ser ainda absolutamente essencial. Como se desenvolve rapidamente, porém, seria plausível que fossem acompanhadas de perto pelo poder legislativo, pois os escândalos ocorridos nos EUA, em especial o caso Enron, apontam de forma muito concreta para uma preocupação que, até então, era percebida pelos agentes de mercado, mas não temida, ou era, mesmo, ignorada: o abuso de poder de mercado ou a existência de conflito de interesses entre as agências de classificação e as empresas que são objeto de análise.

Somente para ilustrar pode-se recobrar à memória que o mercado de classificação americano é dominado basicamente por três agências (*S&P*, *Moody's* e *Ficht*) que detêm o título de "organização de classificação estatística reconhecida nacionalmente" (*NRSROs* ou *Nationally Recognized Statistical Rating Organizations*), o qual não é descrito em detalhes pela legislação ou regras regulatórias americanas desde sua introdução em 1975 com a regra de capital líquido (*net capital rule*) e a extensão de sua aplicação a vários outros instrumentos regulatórios da SEC.[123]

É fato público que até quatro dias antes do anúncio da quebra da Enron agências de classificação a apontavam como pertencendo ao bom ris-

---

123. Cf. *Report on the Role and Function of Credit Rating Agencies in the Operation of the Securities Markets (As required by Section 702(b) of the Sarbanes-Oxley Act of 2002)*, publicado pela SEC em janeiro de 2003 e disponível no sítio da mesma, pp. 7 s., referido relatório traz evidência de práticas abstrusas pelas organizações de classificação, algumas próximas da irresponsabilidade completa, como, por exemplo, a passividade no recebimento de informações inclusive não escritas prestadas por representantes das empresas analisadas (p. 32).

co de crédito![124] Os relatórios apresentados pelas autoridades americanas sobre a atividade de tais entidades ou empresas indicam uma enorme falta de diligência nas suas atividades. O problema no Brasil assume contornos ainda mais graves, pois tais agências de classificação estão localizadas em sua maioria em centros financeiros internacionais, como Nova Iorque ou Londres, de forma que o poder de controle e fiscalização do Governo brasileiro se mostra muito limitado. Os efeitos perversos da classificação para a economia não somente de uma empresa, mas até mesmo de um país, como pudemos presenciar quando das eleições presidenciais em 2002 no Brasil, demonstram de forma clara a fragilidade das economias locais diante do mercado financeiro internacional.

O assunto poderia e deveria, assim, ser regulado no âmbito do direito internacional público. O empenho para tanto poderia ser reforçado pelo interesse já destacado pelo Banco de Compensações Internacionais.[125] Uma regulação preventiva interna não parece que estaria apta a resolver o assunto dado os efeitos transfronteiriços da atividade das agências de classificação. Tal posicionamento ascético sobre as agências internacionais não deve, entretanto, impedir o legislador brasileiro e a própria CVM de trabalharem buscando regras mais rígidas e claras sobre as atividades das empresas localizadas ou com atividades no Brasil – pois o controle das agências de classificação somente pela extensão ou mesmo simples aplicação de instrumentos já existentes, como o crime de uso de informação privilegiada ou de manipulação de mercados, não parecem satisfazer o controle preventivo de tais atividades.

3. Proteção das minorias: uma topologia do poder

Também a proteção dos acionistas minoritários, dentro da plutocracia acionária, tem ocupado espaço no palco das discussões sobre a governança corporativa. O contexto e a perspectiva, sob a qual essal proteção é considerada, tem sido muito geral e ainda direcionada pelo idealismo da democracia econômica, consubstanciada na democracia do capital, da democracia acionária. Códigos como o da OECD, por exemplo, limitam-se a prescrever princípios gerais que devem nortear tal proteção. Para exemplificar podem-se apontar alguns destes princípios. O Código OECD determina, assim, que os acionistas têm o direito de participar e

---

124. Idem, p. 3, especialmente notas 4 e 5.
125. Cf. estudo publicado pela BCI (Bank for International Settlements): "Credit Ratings and Complementary Sourcesof Credit Quality Information", *Working Paper* 3, agosto de 2000. Disponível em: <www.bis.org>. Acesso em: abril 2003.

receber informações suficientes sobre decisões que importem mudanças fundamentais da empresa, tais como (i) alterações do estatuto ou documentos relacionados à sua estrutura, (ii) a emissão de ações, bem como (iii) transações extraordinárias que resultem ou equivalham à venda da empresa.[126] Não há qualquer referência a possíveis instrumentos para tanto. Outro exemplo: o Código OECD determina que o uso privilegiado de informações deve ser proibido, sem realizar qualquer proposta redacional ou mesmo se posicionar sobre a criminalização de tais práticas. Um último exemplo: medidas da administração contra tentativas de tomada de controle, que muitas vezes implicam gastos significativos, devem ser controladas para que não haja desvio das reais responsabilidades da administração para com a empresa. Tamanha a generalidade do princípio, que não há sequer referência à necessidade de proibição de tais medidas ou não.

O Código do IBGC não representa nenhuma exceção aqui. Podemos apontar alguns exemplos da generalidade de muitas disposições. Limita-se, assim, o Código, com relação à opção de venda dos minoritários em caso de transferência do controle (item 1.05.01 do Código), a exigir que o estatuto fixe de forma transparente as condições de participação dos minoritários. Outro exemplo: medidas protetoras da administração contra a transferência de controle, que o Código IBGC equivocadamente limita a classificar como *poison pills*, devem ser evitadas (item 1.05.03 do Código).

Como regra, os detalhes da proteção das minorias acionárias permanecem com os legisladores locais, os quais têm utilizado o direito comparado tradicional como ferramenta para realizar as inserções necessárias. Interessante notar também que a questão dos direitos de participação dos minoritários no controle e gestão das companhias tem sido discutida de forma muito limitada e local, não obstante contundentes críticas da doutrina anglo-americana aos países de tradição jurídica românica com relação à insuficiência de um sistema eficaz de proteção das minorias que explicaria, assim, o subdesenvolvimento de seus mercados de capitais e a excessiva concentração de propriedade em tais mercados.[127]

---

126. Cf. Código OECD, I B.
127. Rafael La Porta, Florencio Lopez-de-Silanes e Andrei Shleifer, *Corporate Governance around the World*, outubro de 1998. Disponível em: <www.ssrn.com>. Acesso em: abril 2003; Rafael La Porta, Florencio Lopez-de-Silanes, Andrei Shleifer, Robert W. Vishny, "Legal Determinants of External Finance", *Working Paper* 5.879 do National Bureau of Economic Research (NBER), 1997; Rafael La Porta, Florencio Lopez-de-Silanes, Andrei Shleifer, Robert W. Vishny, "Law and Finance", *Working Paper* 5.661 do National Bureau of Economic Research (NBER), 1996.

Os debates sobre governança corporativa, dada a generalidade das proposições dos códigos, raramente entram, como dito, em questões específicas da proteção das minorias acionárias. Muito ao contrário. Exemplo disto é a posição da OECD expressa em seu código sobre o direito de voto. O princípio de "uma ação, um voto" é mencionado, não como ideal, mas, sim, como algo perquirido pelo mercado.[128]

Com tais considerações gerais pode-se refletir sobre alguns tópicos em específico, que têm provocado maior interesse nos debates de governança corporativa. Fica, porém, o alerta de que, embora a generalidade das proposições não permita que se fale de regras claras nos códigos sobre a proteção de minorias, não se pode subestimar o valor das discussões de caráter comparado sobre os níveis de proteção dos acionistas minoritários, a concentração da propriedade e o desenvolvimento dos mercados de capitais.

3.1 Transparência e participação

Sob a égide de transparência encontramos, na realidade, uma série de regras que ainda buscam sua fundamentação na tradicional regra da democracia acionária. Tais regras incluem, assim, em primeiro plano o aumento da transparência de informação, bem como a facilitação da participação em assembléias dos acionistas não controladores (*outsiders*), como, por exemplo, a flexibilização das regras de representação e mandato para as assembléias. E quando se fala em facilitar o trânsito de informação, não se pode deixar de pensar na rede mundial de computadores (*Internet*).

Como resultado disto temos presenciado uma preocupação quase que febril com as possibilidades que a rede mundial de computadores (*Internet*) pode oferecer para a concretização de tais objetivos. Não só a publicação de balanços em sítios das empresas, como até mesmo a realização de assembléias por conferência à distância estão na ordem do dia. Criatividade e inovação não conhecem fronteiras. Discute-se até mesmo a questão do voto eletrônico.

Não parece haver qualquer restrição com os propósitos de tais idéias e iniciativas. O processo de regulamentação de tais inovações parece não acompanhar, porém, as possibilidades técnicas, a despeito da economia

---

128. Cf. Código OECD II, A, 1, cujo comentário oficial diz que o código não se posiciona com relação ao conceito "uma ação, um voto", mas adverte que muitos investidores institucionais e associações de acionistas são favoráveis a tal conceito.

potencial de custos que tais inovações tecnológicas podem trazer. Não é possível, deste modo, explicar a razão pela qual até hoje não há proposta legislativa para alterar, por exemplo, a forma de publicação de balanços das companhias abertas. Não há explicação plausível para a utilização de jornais. Somente a disponibilização eletrônica com cópia impressa para o órgão regulador, ou somente para a bolsa onde os valores são negociados, deveria ser suficiente. Uma medida destas não seria algo que poderia representar alguma economia somente, mas também facilitar e agilizar o trânsito de informações.

Não parece exaurir a contento as potenciais possibilidades de redução de custos que o uso efetivo da *Internet* pode propiciar a regulamentação da CVM pela IN CVM 380/2002. Resta, portanto, aguardar.

3.2 O controle das demonstrações financeiras e contábeis: a auditoria

O Brasil já vinha procurando, mesmo antes dos escândalos financeiros, atualizar e revisar as práticas contábeis. Tal esforço concentra-se, entretanto, na contabilidade das companhias abertas e não está livre de críticas. Não é feita, em geral, qualquer referência aos problemas mais estruturais da contabilidade brasileira, como, por exemplo, a publicação de balanços por sociedades limitadas.[129]

Uma falha estrutural, como a de permitir que grandes empresas ou até mesmo conglomerados, especialmente no setor automobilístico e de telecomunicações, deixem de apresentar seus balanços para a sociedade brasileira já seria suficiente para indicar a necessidade de reforma. Somente para ilustrar pode-se citar a reforma da contabilidade das empresas alemãs que reflete uma preocupação da União Européia[130] e se encontra hoje regulada de forma unificada no Código Comercial alemão (§§ 238 ss. HGB), com regras especiais, principalmente para as questões de publicação e divulgação das informações, para os diversos tipos de empresas. Com a publicação do nosso novo Código Civil tal tarefa parece ter-se tornado inarredável para garantir um ambiente legislativo satisfatório para a atividade empresarial no Brasil.

---

129. Existem, basicamente, dois projetos de lei em trâmite no Congresso Nacional tornando obrigatória a publicação das demonstrações financeiras das sociedades limitadas de grande porte: (i) o substitutivo ao Projeto de lei n. 3.741/2000; e (ii) o Projeto de lei n. 2.813/2000. Tais projetos foram simplesmente ignorados pelo novo Código Civil.

130. Cf. assim 4ª, 7ª e 8ª Diretrizes da EU *apud* Adolph Baumbach e Klaus J. Hopt, *Handelsgesetzbuch*, § 238, pp. 735 ss.

Cabe ressaltar, por outro lado, que no Brasil a CVM tem exercido seu papel de intervenção no mercado com relação à sua competência para regular e fiscalizar padrões contábeis, tal como estabelecido na LMC, com relativo sucesso. Fazendo uso de suas atribuições – e, no caso, de forma não absolutamente inquestionável –, a CVM editou a IN CVM 308/1999, a qual disciplinou de forma ampla a atividade dos auditores de companhias abertas e introduziu importantes modificações na legislação brasileira. Podemos destacar entre tais modificações, muitas antecedendo as preocupações americanas, a comprovação de experiência mínima de 5 anos (arts. 1º a 6º da IN 308/1999) e de qualificação técnica mediante exame (art. 30); responsabilidade integral dos sócios (não podem constituir limitadas, por exemplo); disponibilização de informações periódicas (art. 16); determinação das hipóteses de impedimento (arts. 22 e 23); rotatividade dos auditores a cada 5 anos e retorno somente após 3 anos (art. 31); exigência de controle interno de qualidade, bem como o controle externo de qualidade (a chamado *peer-review*) a cada 4 anos (art. 33).[131]

Com o intuito, ainda, de tornar o controle das auditorias mais rigoroso, instituiu a CVM a regulação das informações que as companhias abertas e auditoras devem prestar, conforme a IN CVM 381/2003. Partiu-se do pressuposto da ampla informação e não da regulamentação. Não há, consoante tal princípio, qualquer referência a práticas proibidas como aquelas elencadas no artigo 201 do SOA, para garantir a independência dos auditores, inobstante a reiterada preocupação do órgão regulatório brasileiro com a questão da independência. O art. 2º limita-se a prescrever que as entidades auditadas deverão divulgar (como, onde?) informações sobre qualquer prestação de serviço pelo auditor e partes relacionadas (tal como lá definido) que não seja de auditoria externa. Se tal caminho é o mais adequado somente o tempo poderá dizer.[132] O que ficou claro com a experiência americana é que a independência das auditorias não foi garantida por meio de padrões auto-regulatórios e a intervenção legislativa foi necessária. O padrão adotado pela CVM de simplesmente informar o público investidor, o qual deixa em parte a auto-regulação agir, não parece excluir o problema. Tal regulamentação ainda precifica a independência do auditor. Se o valor dos serviços paralelos forem inferiores a 5% dos serviços de auditoria externa, então não há necessidade de informar

---

131. Referida normativa está sendo questionada na Justiça pelas auditorias através do sindicato paulista.

132. Georg Lanfermann e Silja Maul, "Auswirkungen des Sarbanes-Oxley Acts in Deutschland", *Der Betrieb* 2002, p. 1.727, o qual aponta para o mesmo dilema no caso alemão.

(art. 2º, § 2º, da IN CVM 381/2003). Ora esta é simplesmente a regra que as auditorias precisavam para deixar de prestar as informações. Trata-se de uma simples acomodação de preço dos serviços.

Não obstante as potenciais críticas que podem ser dirigidas à atividade normativa da CVM sobre a questão da transparência, em geral, e sobre as auditorias, em particular, parece que aqui o Brasil tem dado sinais claros de amadurecimento regulatório.

3.3 Mudança de controle e a neutralidade da administração

Pouco relacionado ainda com a prática brasileira, dada a concentração de controle, é a questão da reação da administração diante das tentativas de tomada do controle de companhias abertas sem o consentimento direto do controlador.[133] Não se poderia deixar, entretanto, de, ao menos, mencionar tal discussão, dada a sua importância no cenário europeu, especialmente com o clamor público que o caso Vodafone/Mannesmann adquiriu, no qual as manobras de defesa da administração da Mannesmann tornaram-se quase folclóricas, dada a disputa – melhor dizendo, a verdadeira batalha de propaganda e contra-propaganda – que ocupou grande espaço na mídia européia em geral, e em especial na mídia alemã, embora sua origem se encontre prementemente no cenário econômico americano, onde ocorre com freqüência.[134]

O fato é que a neutralidade da administração é vista como condição necessária para o desenvolvimento de um mercado de controle sadio e funcional, que, por sua vez, garanta uma administração engajada no objetivo de lucratividade da companhia. Trata-se de lógica simples. Se houver um mercado de transferência de controle os administradores serão obrigados a atentar para o desempenho da companhia, sob pena de a mesma ser adquirida por concorrentes ou outros investidores interessados

---

133. Embora muito raros, já ocorreram casos no Brasil cf. Luiz L. Cantidiano, *Direito Societário*, 1996, pp. 61 ss., *apud* Modesto Carvalhosa, *Comentários à Lei de Sociedades Anônimas*, vol. 4/II, cit., art. 262, p. 225, nota 354; cf. ainda Calixto Salomão Filho, *O novo Direito Societário*, ob. cit., pp. 129 ss., o qual trabalha o assunto essencialmente com exemplos do estrangeiro, apontando, porém, as nuances do direito pátrio.

134. Mark J. Roe, "Can Culture ever Constrain the Economic Model of Corporate Law?", *Discussion Paper* 381 da Harward Law School, 2003. Disponível em: <http://ssrn.com/abstract_id=320882>. Acesso em: abril 2003, nota 26, onde aponta estudos indicando que mais de 50% das empresas americanas que têm realizado abertura de capital utilizam algum expediente de proteção.

na margem de lucro propiciada pelo baixo valor de cotação das ações da companhia. O mercado de transferência de controle atuaria, assim, como um equalizador de interesses e obrigaria a administração a se voltar para o desempenho da companhia de forma a evitar uma mudança de controle que acarretaria, ao certo, a mudança da administração.

Embora seja comum associar-se tais práticas de defesa às conhecidas *poison pills* do direito societário americano, estas representam somente um dos vários mecanismos existentes – em grande parte relacionados às legislações estaduais americanas – e que podem estar estruturados como dispositivos contratuais, como o vencimento antecipado de contratos quando um determinado acionista ou grupo de acionistas atinja uma certa limite de participação, ou dispositivos societários, como a possibilidade de exercício de compra de ações por um preço certo, caso um acionista ou grupo de acionistas alcance uma determinada participação, gerando, assim, uma diluição perversa para o ofertante. É muito grande a lista de estruturas e estratégias de defesas utilizadas no mercado americano e que variam com os tempos – e sempre com nomes exóticos e até mesmo lúdicos –, mas somente para citar algumas pode-se mencionar: *defensive acquisitions* (para criar, por exemplo, problemas de direito concorrencial); *white knight* (estabelecimento de um bloco de defesa com venda de ações, em regra por fusão com empresa aliada); *greenmailing* (compra das ações do ofertante); *shark repellents, selling crown jewels* (venda de importantes ativos da empresa); *tin parachutes* (acordo de bônus relevantes para determinados empregados em caso de mudança de controle), *pac-man* (contra-oferta de tomada de controle). Muitas destas estratégias estiveram presentes na década de 1970 e do início da década de 1980 no mercado americano, e eram marcadas pelo seu caráter autodestrutivo. O atual mercado de estratégias de defesa, porém, nos EUA não se utiliza de tais medidas autodestrutivas e refere-se muito mais a estruturas bastante rígidas de defesa da administração, mas que raramente chegam a se concretizar, e servem precipuamente para obrigar uma melhor negociação do preço de venda para os acionistas e, não, como normalmente é assumido, para evitar uma transferência de controle pura e simplesmente.[135]

Tais expedientes do direito societário americano não estão livres, porém, de críticas no seu país de origem. Os críticos americanos apon-

---

135. Jeffrey N. Gordon, "An American Perspective on the New German Antitakeover Law", *Working Paper* 02/2002 do European Corporate Governance Institute, 2002. Disponível em: <hhtp://www.ecgi.org/wp/10202.pdf>. Acesso em: abril de 2003, pp. 7 s.; Modesto Carvalhosa, *Comentários à Lei de Sociedades Anônimas*, vol. 4/II, cit., art. 262, pp. 220 ss., especialmente nota 347 com uma lista de estratégias utilizadas.

tam que tal mercado pode, entretanto, levar os administradores a buscar a maximização de lucros da empresa a curto prazo, em prejuízo de sua rentabilidade longeva.[136] Uma relação direta entre a queda dos valores de mercado das companhias que são objeto de transferência de controle e a sua ocorrência não encontra, outrossim, elementos empíricos que o comprovem.[137] Outro elemento criticável é, ainda, o fato de que as análises de evolução da precificação das companhias objeto de OPA estão vinculadas ao princípio de que as cotações de mercado transmitem o correto valor da companhia, o conhecido *Efficient Capital Market Hypothesis*, o qual tem sido questionado em muitos estudos empíricos como não adequado em algumas situações. Também se faz a objeção de que tal controle da administração, lastreado na ameaça de mudança de controle, somente é factível nos mercados com propriedade dispersa, o que seria o caso somente em poucos países (EUA e Inglaterra).

Não parece que tais expedientes possam funcionar com tranqüilidade no Brasil, independentemente da sua concentração de controle, mas não em razão da natureza jurídica de algumas estruturas de defesa, como o vencimento antecipado de contratos, por exemplo, entendido por alguns como condição potestativa, o que é muito questionável,[138] e, portanto, nulas sob o direito brasileiro, mas, sim, da própria estrutura de tais defesas que poderiam configurar conflito de interesse dos administradores,[139] ou mesmo violar regras cogentes de proteção das minorias, como o direito de preferência em caso de emissão de ações.

Tal dificuldade de introdução de mecanismos de defesa da administração é notória, aliás, em países com um sistema acionário mais rígido e com um volume maior de regras cogentes, tal como o sistema alemão. Não logrou sucesso, assim, a reforma alemã para introduzir tal princípio

---

136. Margaret M. Blair, "Shareholder Value, Corporate Governance and Corporate Performance: A Post-Enron Reassessment of the Conventional Wisdom", *Working Paper* 334.240 da Geogetown University Law Center, 2002. Disponível em: <http://papers.ssrn.com/paper.taf?abstract_id 334240>. Acesso em: abril 2003, p. 5.

137. Heribert Hirte, "Einleitung", in *Kölner Kommentar zum WpÜG* p. 5, margem 4 ss.

138. Cf. tal posição em Calixto Salomão Filho, *O novo Direito Societário*, cit., p. 139. Ocorre que muitas estruturações dos *poison pills* estão assentadas em um evento futuro concreto, como a aquisição de uma porcentagem de participação, o que torna o vencimento antecipado das obrigações em modal, *i.e*, condicionado e não potestativo.

139. Cf. assim o entendimento da doutrina alemã, em Heribert Hirte, "Comentários ao § 33 WpÜG", in *Kölner Kommentar zum WpÜG*, p. 937, margem 23.

da neutralidade[140] que tanto foi exposto no caso da tentativa de aquisição forçada da Mannesmann pela Vodafone, no qual os gastos com propaganda e contra-propaganda foram inimagináveis e, a final, a aceitação da proposta pela administração da Mannesmann encontra-se sob investigação, por suspeita de enriquecimento ilícito por parte dos seus administradores, que receberam vultosas indenizações.

O § 33 da *Wertpapiererwerbs-und Übernahmegesetz* (WpÜG) alemã prescreve, assim, em termos simples, que a administração, leia-se o *Vorstand*, não poderá tomas medidas contra uma oferta de tomada de controle da companhia, salvo se tal medida pertence ao curso normal dos negócios de uma empresa que não esteja sob uma tal oferta, destine-se a buscar uma oferta concorrente ou for autorizada pelo *Aufsichtsrat*. Também a assembléia pode autorizar o *Vorstand* a tomar medidas de defesa antes de uma oferta concreta, sendo necessário um quórum de 75%. O ofertante não pode, outrossim, influenciar o *Vorstand* da empresa em mira mediante vantagens financeiras.[141] O principal argumento para tal estabelecimento de exceções, especialmente aquela do *Aufsichtsrat* composto por representantes dos trabalhadores, é que poderá, assim, a administração dar conta de outros interesses que não só os interesses dos acionistas. Tal possibilidade de a administração adotar medidas de autodefesa foi, aliás, o principal motivo para que a proposta reformulada da "Diretiva 13" sobre a ofertas públicas de aquisição de controle de 1996 não tenha sido aprovada sob pressão do governo alemão pelo Parlamento Europeu em julho de 2001.[142]

O mercado brasileiro ainda está longe de tal problemática, o que torna compreensível o posicionamento evasivo do IBGC sobre as medidas protetoras da administração, como já indicado (item 1.05.03 do Código IBGC). Fato é que conforme a IN CVM 10/82 não é permitido a companhia recomprar suas ações quando está em curso uma oferta pública de compra de suas ações, eliminando-se, aqui, a discussão sobre a discricionariedade da administração, ao menos em uma das técnicas de defesa contra OPA.[143]

---

140. Hüffer, *Aktiengesetz*, § 76, margem 15d e ss.; cf. ainda a interessante crítica sob a perspectiva americana em Jeffrey N. Gordon, *An American Perspective on the New German Anti-takeover Law*, cit.

141. Cf. Heribert Hirte, "Comentários ao § 33 WpÜG", in *Kölner Kommentar zum WpÜG*.

142. Mathias Habersack, *Europäisches Gesellschaftsrecht*, p. 349, margem 340 ss.

143. Modesto Carvalhosa, *Comentários à Lei de Sociedades Anônimas*, vol. 4/II, cit., art. 262, p. 227.

O atual sistema brasileiro de disciplina do conflito de interesses (art. 156, LSA), do abuso do poder de controle (art. 117, LSA) e da responsabilidade dos administradores lastreada no desvio de poder e obrigação de lealdade (arts. 154 e 155, LSA) pode permitir a necessária flexibilidade para a questão poder ser analisada à vista dos eventuais casos concretos que venham a surgir, dentro de uma perspectiva funcional da questão do conflito, pois que, dentro dos mercados com estrutura dispersa de capital, tem a neutralidade da administração uma conotação muito específica e brutalmente diferenciada daquela dos mercados com concentração de propriedade, tendo a questão do tratamento igualitário entre acionistas e a conseqüente obrigatoriedade da oferta ser dirigida a todos os acionistas um significado muito inferior, por exemplo nos EUA, do que nos países da Europa Continental ou no Brasil.[144]

Não existe, também, uma cartografia muito clara da disciplina da regulamentação sobre a legitimidade de tais medidas de defesa, sendo fato que uma restrição rígida é encontrada sobretudo no *City Code* inglês (*General Principal 7 c/c Rule 21, Restrictions on frustating action*), na Áustria (§ 12 II *Übernahmegesetz*), na Bélgica, na Itália (art. 104 *Testo Unico Finanziario*), na Espanha, em Portugal e na Irlanda. Não há uma restrição rígida de defesas de proteção na França, onde a questão dos interesses nacionais tem grande importância, na Suíça, nos Países Baixos, nos EUA, não regulada no *Williams Act* e encontram-se na competência constitucional dos estados federados, e na Alemanha, como visto.[145]

Cabe notar, por último, que embora a questão da OPA seja, em regra, objeto da lei societária, as discussões sobre as regras de governança corporativa não têm poupado a inclusão de tal questão em seus debates, embora sua formalização seja realizada, em regra, por dispositivo regulamentar ou de lei. O grupo de especialistas indicado pela Comissão Européia para análise da questão da OPA na UE com vistas a uma possível harmonização das legislações, foi encarregado, em seqüência ao seu trabalho, da apreciação das regras de OPA em solo europeu, o que resultou, aliás, na nova versão da Diretiva 13, de outubro de 2002, da análise das regras de governança corporativa na UE – e do que resultou um relatório que aponta as medidas de defesa da administração sem a intervenção da assembléia geral como ilegítimas.

---

144. Idem, art. 262, p. 228, também nota 359 com referência de literatura.

145. Andreas Schwennicke, Comentários ao § 33 WpÜG alemã, in Stephan Geibel e Rainer Süssmann, *Wertpapiererwerbs- und Übernahmegesetz – Kommentar*, pp. 471 s., com indicações de literatura de base.

3.4 Mudança de controle e o direito dos minoritários

Não há possivelmente nenhum tema onde o caráter político da legislação societária, as diferenças de regime e os problemas de confrontação de poder estejam mais expostos do que no caso do direito dos acionistas minoritários terem suas ações compradas pelo mesmo preço que o controlador obtém em uma transferência de controle da companhia, conhecido na prática americana como *tag along right*.

Existem fatores de natureza econômica e política que justificam a igualdade de tratamento em tais situações, porém os argumentos a favor da proteção do direito exclusivo dos controladores impõem a lógica do preço de controle como contrapartida econômica das responsabilidades do acionista controlador, sem que os benefícios do controle durante a gestão sejam mencionados.

Tal problemática obteve espaço nos debates de governança corporativa, em especial por conta dos estudos sobre a concentração de propriedade nos mercados de capitais nos diversos países do mundo, que levaram a conclusões que ainda chocam parte da doutrina americana sobre o limitado alcance geográfico do parâmetro da separação do controle e da propriedade postulado por Berle & Means.[146] É possível encontrar-se na literatura internacional diversas tentativas, embora não uníssonas, de relacionar os direitos dos minoritários diretamente ao desenvolvimento dos mercados de capitais e, assim, à sua concentração. E, aqui, a questão dos prêmios de controle e a participação dos minoritários ocupa o centro das preocupações.

O fato é que o pagamento de prêmio de controle existe tanto nos países com propriedade dispersa quanto nos países com propriedade concentrada. Tais prêmios diferenciam-se, entretanto, por seu valor e importância. Costuma-se indicar, com base em alguns levantamentos empíricos, que o prêmio de controle nos países com propriedade dispersa é consideravelmente menor que aquele pago nos países com propriedade concentrada. Também a importância do prêmio é menor, pois que a liquidez dos títulos negociados nos países marcados pela propriedade dispersa garante uma maior estabilidade em situações de mudança de controle.

Não há como se convencer, porém, da adequação do art. 254-A da LSA, introduzido pela reforma de 2001, ao limitar a 80% o valor pago aos minoritários, e somente àqueles com direito a voto, retomando

---

146. Rafael La Porta, Florencio Lopez-de-Silanes, Andrei Shleifer, *Corporate Governance around the World*, cit.

questão já resolvida no passado do direito brasileiro.[147] Não é esta, aliás, a orientação em outros países, com um mercado de capitais com concentração de mercado ou não, como os sistemas alemão, com a proibição de OPA parcial (*Unzulässigkeit von Teilangeboten*), ou inglês com a oferta obrigatória (*mandatory offer*). Em tais países há a garantia de tratamento igualitário ainda que não se trate de uma OPA, diferentemente da *Rule* 14d-10 da SEC, que remonta ao *Willians Act*, que não prevê as regras de igual tratamento (*best price rule*) das *tender offers* para outras modalidades de aquisição de controle.[148]

Não resta dúvida que o debate permanece aberto no Brasil.

3.5 A recente reforma brasileira: acomodação política ou falácia?

É muito interessante notar que pequeno foi o impacto ou a consciência das discussões sobre a governança corporativa para a reforma da LSA no Brasil em 2001. O objetivo da melhoria dos direitos dos minoritários ocupou o centro das atenções, porém não houve uma preocupação ou mesmo referência mais explícita às questões propostas pelo debate da governança corporativa. E isto não significa que o debate da governança corporativa não tenha conquistado espaço no Brasil. Ao contrário. Só a presença do Brasil nos foros internacionais de discussão, em especial na figura do IBGC, já indica a sua evolução e extensão no país. O que não há é a consciência de utilizar o debate da governança corporativa para a atividade legislativa de forma mais plena e aberta, o que podemos somente lamentar, dado o rico conteúdo de direito comparado e confrontação entre sistemas, como já mencionado.

Tal constatação pode ser notada na parca preocupação com a comparação e entendimento de outros regimes existentes em outros países e com as recentes reformas ocorridas no exterior. Em uma economia inserida no mercado internacional, tal postura não é somente aconselhável, mas também indispensável. Prova maior disto representam as comissões instauradas pelos governos de vários países europeus (França, Alemanha, Itália, Inglaterra, Holanda, entre outros) e pela própria União Européia,

---

147. Cf. sobre o do debate no Brasil Calixto Salomão Filho, *O novo Direito Societário*, cit., pp. 117 ss., o qual cita a decisão REsp 34.834-5-PR, 3ª Turma, rel. Min. Waldemar Zweiter, j. 14.9.1993, transcrita em *RDM* 95/91 ss., a qual mudava a orientação da questão no Brasil e estendia aos preferencialistas o preço de transferência.

148. Heribert Hirte, "Einleitung", *Kölner Kommentar zum WpÜG*, p. 16, margem 32.

como já mencionado, para analisar a questão e sugerir propostas concretas de alteração da legislação societária dos países membros.

O tom da reforma brasileira foi ainda marcado pela acomodação de interesses políticos (o que é absolutamente compreensível). Os maiores impasses e controvérsias (limite de emissão de ações preferenciais, leia-se sem direito de voto; direitos dos preferencialistas; direito de retirada nas mudanças estruturais da empresa) não modificam – ou não estão aptas, com exceção talvez da questão da participação dos minoritários nos prêmios de alienação de controle, a modificar – de forma drástica o modelo de mercado de capitais no Brasil. O sonho da revolução cultural para o mercado de capitais brasileiro, permanece traído. Os esforços hercúleos da CVM, porém frustrados, para dificultar o fechamento de capital de várias empresas listadas no Brasil refletem tal realidade. Entre 1994 e 2002, 152 companhias deixaram de ter ações negociadas na Bovespa e se o valor de mercado das empresas listadas representava 35% do PIB brasileiro em 1994, em 2002 a cifra não passava dos 23%.[149]

Os limites de intervenção das minorias no Brasil continuam em descompasso com a realidade de outros países, mesmo onde também há concentração de propriedade como Alemanha e França. Somente para exemplificarmos, pode-se tomar a participação mínima exigida para a ação contra administradores da companhia. Exige-se no Brasil a participação mínima de 5% do capital (art. 159, § 4º, LSA). Ora, se verificarmos o capital de empresas como a Petrobrás ou o Grupo Itaúsa iremos logo perceber que não se trata de minoritários. A regra deveria contar com limites numéricos como ocorre, por exemplo, na Alemanha, onde o mesmo direito pode ser exercido por minorias, ainda que por meio de representação, que detenham participação de € 500.000 (§ 147 AktG).

Considerando-se este direito das minorias em específico, que nos EUA é efetuado pela conhecida *derivative suits* – que, sendo muito simplista, não exige mais do que uma ação e boa-fé –, então, pode-se ter dificuldade para refutar condenações gerais que criticam o regime de proteção das minorias acionárias nos países de tradição jurídica romanista.

A CVM também não tem exercido aqui suas atribuições na extensão que teria pela lei, em favor da proteção de minoritários. Como determina o art. 291 da LSA, a CVM tem poderes para reduzir, mediante fixação de escala, em função do valor do capital social, a porcentagem mínima aplicável às companhias abertas, conforme prescrito em vários dispositi-

---

149. Cf. dados no sítio da CVM.

vos da LSA, que atribuem direitos aos minoritários, condicionados a uma participação mínima, entre elas para a ação de responsabilidade contra os administradores prevista no artigo 159, § 4º, da LSA. O órgão de controle brasileiro, porém, não fez uso do dispositivo até hoje, como poderia e o fez no caso da instalação do conselho fiscal (IN CVM 324/2000), onde estabeleceu um valor mínimo aproximado de R$ 1.500.000,00.

§ 6. O DEBATE RECENTE DA GOVERNANÇA CORPORATIVA

Não se poderia considerar completo um panorama dos principais problemas tratados nos debates de governança corporativa sem antes ser considerado, ao menos em linhas gerais, as principais questões que preocupam na atualidade. Para ilustrar foram escolhidos duas temáticas: a questão da governança dos serviços financeiros e o tratamento dado pelo governo americano à crise em seu mercado de capitais, simbolizada pelo caso Enron.

1. Os serviços financeiros

O problema da regulamentação dos serviços financeiros já foi mencionado quando se tratou da questão da influência dos investidores institucionais nos mercados de capitais. O processo de profissionalização do investimento tem exigido maior atenção para os serviços financeiros. Tal questão envolve, porém, não só a disciplina dos ECIs como também, das auditorias. Sob o aspecto jurídico surgem questões relacionadas à forma adequada de controle e fiscalização de tais atividades, bem como das regras que possam coibir o aparecimento de conflitos de interesse prejudiciais aos acionistas não controladores.

Como primeira constatação, podemos dizer que o mercado brasileiro é regulado e fiscalizado de forma fracionada. Os serviços e atividades das instituições financeiras, o que inclui somente as atividades de intermediação financeira (art. 17 da Lei 4.595/1965), encontram-se sob o poder regulatório e de fiscalização do Conselho Monetário Nacional (regulação) e do Banco Central (regulação e fiscalização, com poder de polícia). Os serviços e atividades das instituições do mercado de capitais estão sob a égide de regulação e fiscalização do Conselho Monetário Nacional (regulatório sobre questões da estabilidade monetária) e da Comissão de Valores Mobiliários (regulação e fiscalização). Os serviços e atividades das empresas de seguro estão sob égide de outro órgão, a Superintendência de Seguros Privados. Tal fracionamento não pára por aí, porém. O exemplo dos fundos de pensão é ilustrativo. Temos no Brasil dois tipos de fundos de previdência privada, os fundos abertos, as chamadas entidades abertas de previdência privada, dos quais qualquer cidadão pode participar, e os fundos fechados, as chamadas entidades fechadas de previdência complementar, das quais somente membros de uma certa coletividade podem participar, como empregados de uma determinada empresa. Tais instituições, embora com premissas muito semelhantes, são controladas por órgãos diferenciados, os abertos pela SUSEP e os fechados pela Secretaria de Previdência Complementar, órgão do executivo atrelado ao Ministério da Previdência e Assistência Social.

Ora tal fracionamento tem obviamente sua lógica. Todavia os debates em alguns países europeus, como Alemanha (*Allfinanzaufsicht*) e Inglaterra, indicam que a unificação de tais órgãos pode ser salutar para um controle mais homogêneo de mercado e que satisfaz com maior adequação o controle de estruturas mais e mais complexas e inter-relacionadas, como a indústria de seguros e de fundos. Exemplo simples de falha de coordenação é a possibilidade que havia, até bem pouco tempo atrás, de as instituições financeiras administradoras de fundos no Brasil que captam recursos do público investirem em ações de empresas de seu conglomerado, permitindo, assim, flagrantes desvios de conduta, em situações de conflito que somente podem afetar a credibilidade do mercado de capitais como um todo.

Sem dúvida a reforma do mercado de capitais de 2001 contribui com uma melhoria do controle, pois que a indústria de fundos foi unificada sob a égide da CVM. Ocorre que o mercado de capitais e os investimentos assumiram tal complexidade que se os fundos previdenciários e as seguradoras que movimentam recursos consideráveis para o mercado de capitais, não estiverem sob uma condução sistêmica, políticas de governo que queiram tratar a questão de forma efetiva podem ser afetadas, especialmente quando se tratar de conflitos de interesse no setor.

Com isto, é o momento também de serem revistos regulamentos como, por exemplo, a IN CVM 302/1999,[150] sobre os fundos de investimentos em títulos e valores mobiliários, sobretudo as regras que precificam o conflito de interesses, como a do art. 86, que impõe o limite de 10% para investimentos do fundo em títulos de emissão do administrador ou empresas ligadas, deixando, porém, ao regulamento a determinação do percentual máximo de investimentos em cotas de fundos administrados

---

150. Cf. com as alterações introduzidas pelas IN CVM 326/2000, 329/2000, 336/2000, 338/2000, 377/2002.

pelo mesmo administrador (!), ou a do parágrafo único do artigo 68, que permite que o fundo não tenha qualquer política de interação com as companhias que recebem os investimentos. Tais regras representam somente um exemplo das preocupações que deveriam ater o órgão regulatório brasileiro em face da preocupação com a governança no setor de serviços financeiros.[151]

2. Resposta à crise do mercado de capitais americano: o Sarbanes-Oxley-Act de 2002

Como referido desde o início destas considerações, o elemento diferencial do debate sobre a governança corporativa está exatamente no fato de ser uma reflexão por confrontação. Exemplo maior deste caráter comparatista da governança corporativa está no calor dos debates provocados pela recente legislação americana em resposta aos escândalos ocorridos no mercado de capitais americano. Uma breve incursão em tal reestruturação do sistema regulatório americano parece muito útil para acompanharmos a forma de debate da governança corporativa.

2.1 Crise e resposta legislativa

Os escândalos ocorridos nos EUA contemporaneamente ao caso *Enron*, tal como da *WorldCom*, embora diferentes, sob o aspecto estritamente técnico, apresentavam um denominador comum: o uso indevido de técnicas contábeis, como a não consolidação contábil pelo uso de entidades de propósito específico (*special purpose entities*) para aumentar a lucratividade da companhia e, assim, o seu valor de mercado.[152] Tais escândalos diferenciaram-se, ainda, daqueles ainda recentes, mas que causaram menor impacto sobre a confiança no mercado de capitais americano, como os da *dot.com*, onde o risco, embora tenha sido em muitos casos subestimado de forma grosseira, era conhecido. O caso *Enron* representou uma real catástrofe para o sistema americano de governança

---

151. Cf. ainda IN CVM 306/1999, com alterações da IN CVM 364/2002, especialmente artigo 14 III c ou do art. 15, referente à segregação de atividades; também a Resolução CMN 2824/2001.

152. Jeffrey N. Gordon, "Governance Failures of the Enron Board and the New Information Order of Sarbanes-Oxley", *Working Paper* 216 do *The Center for Law and Economic Studies* da *Columbia Law School*, 2003. Disponível em: <http://ssrn.com/abstract=391363>. Acesso em: abril 2003, pp. 1 s.; Larry E. Ribstein, *Market vs. Regulatory Responses to Corporate Fraud: a Critique of the Sabannes-Oxley Act of 2002*. Disponível em: <http://ssrn.com/abstract_id=332681>. Acesso em: abril 2003.

corporativa, pois que várias estruturas conhecidas do mercado americano, como auditoria e contabilidade, remuneração dos administradores, fiscalização interna da administração e externa pelos analistas do mercado de capitais, não funcionaram de forma adequada neste caso. O tom da gravidade de tal preocupação se deu especialmente em razão do fato de que a *Enron* seguia muitas das melhores práticas de governança corporativa, como a composição do *board* em grande parte por administradores independentes e externos! O comitê de auditoria era presidido por um professor de contabilidade da *Stanford Business School*!

Como conseqüência direta de tais escândalos financeiros ocorridos nos EUA no início de 2002, o governo americano decidiu realizar profunda modificação nas regras de auto-regulação dos auditores, bem como nas de governança corporativa das empresas listadas no país, editando assim, em sessão do Congresso americano de 23 de janeiro de 2002, o *Sarbanes-Oxley Act of 2002* (designação oficial conforme artigo da lei). O SOA contém regras que, como indica seu preâmbulo, deverão garantir, entre outras coisas, a proteção de investidores com a melhoria da precisão e confiabilidade das informações prestadas ao público investidor. Tais regras atingem, de resto, não só empresas americanas, mas todas as empresas listadas nas bolsas do país,[153] de forma que companhias brasileiras listadas em bolsas americanas também foram afetadas. Somente por meio da liberação prevista no artigo 106c SOA poderá haver exceções a tal submissão.

Podemos resumir as modificações em basicamente duas grandes diretrizes: (i) a criação de um órgão de supervisão das empresas de auditoria, o *Public Company Accounting Oversight Board*, para garantir a qualidade e a independência das auditorias e (ii) regras de governança corporativa que impõem maior responsabilidade aos administradores pelas informações financeiras e contábeis da companhia.

2.2 Regras de contabilização

O PCAB está submetido ao órgão regulatório do mercado de capitais americano, a *Securities and Exchange Commission*, e tem poderes para,

---

153. Cf. para os efeitos, por exemplo, na Alemanha: Georg Lanfermanne e Silja Maul, *Auswirkungen des Sarbanes-Oxley Acts in Deutschland*, cit., pp. 1.725 ss.; cf. para uma descrição dos detalhes dos impactos para as empresas européias *The Sabanes-Oxley Act of 2002 and its Impact on European Companies*, trabalho elaborado pela consultoria Mayer, Brown, Rowe and Maw, setembro de 2002. Disponível em: <www.mayerbrownrowe.com>. Acesso em: abril 2003.

entre outras coisas, disciplinar e fiscalizar, inclusive com poder de polícia, as empresas de auditoria. O PCAB será financiado com taxas pagas pelas companhias listadas, bem como pelas auditorias.

Como parte básica das regras de fiscalização encontra-se o registro obrigatório das auditorias, que por determinação expressa do artigo 106 do SOA, atinge também as empresas de auditoria estrangeiras que prestam serviços de forma direta ou indireta às empresas listadas. O PCAB está apto, ainda, a incluir regras disciplinares para as auditorias referentes a questões de ética profissional, independência, garantia de qualidade e padrões de auditagem. Cabe registrar as vedações claras com relação aos trabalhos outros que as auditorias podem prestar às empresas auditadas,[154] como, por exemplo, a realização da contabilidade ou o trabalho de consultoria (a consultoria tributária parece poder ser realizada, mas é controverso[155]). Outras regras podem ser destacadas como a rotação obrigatória em 5 anos e o período de um ano para ocupar cargos na área financeira por ex-empregados da empresa de auditoria.

Especificamente com relação às regras de contabilização têm sido destacadas aquelas relativas à transparência corretiva (*corrective disclosure*), como a obrigatoriedade de informar sobre contratos e operações não incluídas no balanço da companhia, mas que possam afetar de forma material a situação financeira da companhia, bem como aquelas de correção de preço, resumidas na necessidade de informação em tempo real (*price perfecting disclosure*) de alterações que possam afetar a cotação da empresa.

O objetivo principal das novas regras contábeis foi reduzir a discricionariedade da administração sobre estratégias financeiras que tornam a situação financeira real da companhia opaca, para utilizar o termo da doutrina americana, para o público.

2.3 Regras de governança

Principal alteração introduzida pela SOA, e que afeta diretamente os administradores, é a exigência de certificação das demonstrações financeiras pelo presidente e pelo diretor financeiro, e a imposição de penas bastante severas pelo seu descumprimento. Como parte e conseqüência da responsabilidade pela veracidade das informações financeiras

---

154. Cf. especialmente artigo 201 SOA.
155. Georg Lanfermann e Silja Maul, *Auswirkungen des Sarbanes-Oxley Acts in Deutschland*, cit., p. 1.726, especialmente nota 8.

prestadas pela companhia, o presidente e o diretor financeiros deverão, também, assegurar um sistema de controle interno. Outras regras com relação à divulgação de informações sobre a negociação com ações da companhia, também foram reguladas.

Especificamente com relação à estrutura das companhias cabe destacar a introdução de um comitê específico de auditoria, que irá conduzir todo o relacionamento com a auditoria externa, excluindo, assim, o *board* de tal circuito de decisão. Os empréstimos para os administradores também tornaram-se ilegais, inobstante a existência do permissivo em várias legislações estaduais americanas.

2.4 Os efeitos da nova regulamentação

Não é unânime a aceitação da eficiência do SOA para coibir novos escândalos no mercado americano, nem a avaliação dos instrumentos de proteção criados, muito diferenciada. Existem opiniões que simplesmente rejeitam uma atividade regulatória federal como solução apta a resolver os problemas e há os que simplesmente consideram o SOA a maior reestruturação regulatória do mercado de capitais americano desde a reação à Crise de 1929, e típico exemplo do caráter profilático das crises e escândalos.[156]

Principais críticas ao SOA referem-se à falta de maior atenção do legislador americano para os outros partícipes ou artífices das crises ocorridas especialmente em 2001 e 2002 nos EUA, que não as empresas de auditoria, como as agências de classificação ou os consultores de investimento. Se a independência das empresas de auditoria, com a recente permissão da SEC de as mesmas prestarem serviços de consultoria tributária está garantida, parece também não ser algo aceito com facilidade.

O sistema de remuneração dos administradores através dos planos de opção parecem ser, ainda, uma das principais causas dos escândalos, e tem sido acusado de ser uma das reais causas que provocaram a crise – e que foi negligenciado pela nova legislação.[157]

---

156. John Coffee Jr., "What Caused Enron? A Capsule Social and Economic History of the 1990's", *Working Paper* 214 do The Center for Law and Economic Studies, Columbia Law School. Disponível em: <http://ssrn.com/abstract_id=373581>. Acesso em: abril 2003, p. 3, o qual chama a atenção para o caráter cíclico de tal constatação.

157. Jeffrey N. Gordon, *Governance Failures of the Enron Board and the New Information Order of Sarbanes-Oxley*, cit., p. 5, o qual aponta para o fato de que a remuneração dos *officers* era composta em mais de 65% por planos de opções em ações.

QUARTA PARTE
GOVERNANÇA CORPORATIVA COMO REALIDADE: A EXPERIÊNCIA BRASILEIRA

Com o panorama aqui traçado sobre as principais questões da governança corporativa, pode-se, agora, adentrar alguns pontos da realidade brasileira que estão relacionados de forma concreta com a governança corporativa: os segmentos de mercado da Bovespa, a Cartilha CVM e o Plano Diretor do Mercado de Capitais 2002. Tais exemplos irão auxiliar na melhor ilustração do debate no Brasil.

§ 7. *Formas inóspitas de governança corporativa: os novos segmentos de mercado da Bovespa e a Cartilha CVM*

Como expressão maior da preocupação com a governança corporativa, deparamos no Brasil com a criação pela Bovespa, no ano de 2000, de segmentos de listagem, como definido pela própria Bovespa, identificados diretamente com o cumprimento de regras de governança corporativa que estão além do exigido pela legislação brasileira, mesmo após a reforma de 2001. O sucesso de tal formatação de mercado será decidido pelo número de empresas que irão disponibilizar seus papéis em tais segmentos. Conforme dados da Bovespa, do universo de mais de 400 empresas listadas no Brasil, somente 33 estão listadas nestes mercados até o momento.[1] Planos para futuras listagens existem, mas é incerto quando ocorrerão.

---

1. Cf. www.bovespa.com.br; sendo 3 no Nível 2, 28 no Nível 1 e 2 no Novo Mercado, conforme dados de março de 2003.

1. Os segmentos de mercado
segundo as regras de governança corporativa

Os segmentos de listagem criados pela Bovespa são os Níveis 1 e 2, bem como o Novo Mercado, este inspirado no mercado alemão (*Neuer Markt*).[2] O regulamento de aceitação possui caráter contratual e deve ser aceito não só pela companhia, mas também por seus administradores. Os segmentos estão estruturados de forma a fornecer a possibilidade de haver um comprometimento gradual da companhia com as regras de governança corporativa, concentradas, em especial, sobre a transparência das informações e maior proteção dos acionistas minoritários. Para ser listada no Nível 1, portanto, basta que a companhia se comprometa basicamente com seis exigências: (i) liquidez mínima de mercado de 25% (o chamado *free floating*); (ii) realize ofertas públicas de emissão que favoreçam a dispersão de mercado; (iii) melhore as informações prestadas trimestralmente (*e.g.*, fluxo de caixa) e realize balanços consolidados e com revisão especial; (iv) preste informações sobre operações com ativos de emissão da empresa por parte dos acionistas controladores e administradores; (v) preste informações e divulgue acordos de acionistas e programas de opção de compra de ações; e (vi) estabeleça um calendário anual de eventos corporativos.

Para a listagem no Nível 2, a companhia deverá, além das condições para o Nível 1, cumprir as seguintes seis exigências adicionais: (i) mandatos unificados de um ano para a administração; (ii) disponibilização do balanço segundo regras do US GAAP ou IAS; (iii) extensão a todos os acionistas do preço de alienação do controle da companhia e 70%, ao menos, para os preferencialistas; (iv) direito de voto para os acionistas preferencialistas em casos como transformação, cisão, incorporação ou fusão, aprovação de contratos entre a companhia e empresas do mesmo grupo e outros assuntos onde possa haver conflito de interesse entre o controlador e a companhia; (v) obrigatoriedade de oferta pública de compra de ações em casos de fechamento ou cancelamento do registro para o segmento do Nível 2; e (vi) adesão à Câmara de Arbitragem para a solução de conflitos societários.

Como conseqüência do caráter gradual de cumprimento das regras de governança corporativa, as regras do Novo Mercado incluem praticamente todas as regras dos Níveis 1 e 2, com as seguintes, entre outras,

---

2. Todos os regulamentos podem ser encontrados no sítio da Bovespa. O *Neuer Markt* foi extinto pelo governo alemão ainda em 2002 e, embora tenha sido modelo para a Bovespa, apresenta diferenças substanciais.

principais diferenças ou acréscimos: (i) extensão a todos os acionistas do preço de alienação do controle da companhia; (ii) capital social exclusivamente em ações ordinárias (salvo casos de desestatização);[3] (iii) distribuição pública inicial mínima de dez milhões de reais (salvo se já empresas com registro e tenha ao menos 500 acionistas, na forma do Sec. III, 3.1 vi RBNM); (iv) limitação temporal de 12 meses (6 meses proibição total e seis meses após tal prazo somente 40%) para alienação das ações de titularidade dos acionistas controladores e administradores.[4] Resta claro, também, que o modelo do Novo Mercado brasileiro inspirou-se no modelo alemão, mas suas regras divergem, a começar pelos destinatários, em diversos pontos. O *Neuer Markt* teve sua concepção na estruturação de um segmento de tecnologia e inovação, isto é, um segmento de mercado e não um segmento de listagem lastreado em regras de governança corporativa para todo e qualquer empresário.

Muito curiosas são, ainda, as regras programáticas relativas à dispersão de mercado, segundo as quais a companhia deve buscar, envidar melhores esforços, a distribuição a pessoas físicas ou investidores não institucionais que componham, no mínimo, 10% do total a ser distribuído (Sec. VII, 7.1 ii RBNM, Sec. VII, 7.1 ii RBND). Sempre fica a dúvida se tal opção de regulamentação faz sentido face ao desenvolvimento dos mercados de capitais, nos quais a importância e necessidade de participação dos fundos de pensão e de investimento cresceram de forma exponencial.

Com base na análise das discussões sobre governança corporativa pode-se constatar que a Bovespa procurou lastrear os segmentos de listagem com regras menos controvertidas, como a independência da administração. Em que pesem as dificuldades para a implementação mercadológica e política de tais mercados, não se há como deixar de apontar para regras importantes de governança corporativa que não foram expostas nos regulamentos, como a existência de administradores independentes, remuneração dos membros do conselho de administração frente à diretoria, organização de comitês para a execução dos trabalhos no conselho de administração, entre muitas outras. Não utilizou ainda a técnica da informação, onde questões mais controvertidas da governança corporativa poderiam deixar de ser aplicadas de forma cogente, mas com a obrigação da companhia explicitar ao mercado o não cumprimento

---

3. Cf. Seção II, item 3.1, vii, RBNM.
4. Tal restrição não se aplica a empresas já listadas na Bovespa anteriormente (Seção III, item 3.4.1 RBNM).

com determinadas regras ou mesmo as razões para deixar de observar determinadas regras.

2. Segmentos de mercado e a proteção do investidor

O caráter contratual de tais regras demonstra não só a limitação de intervenção no mercado que as mesmas propiciam, pois determinadas questões, como aquelas da processualística de proteção dos acionistas minoritários (e.g., ações coletivas), não podem ser alcançadas pelas mesmas, mas também chama a atenção do jurista para a questão de sua efetividade, pois que estatutos bem elaborados poderão conter condições que contornem tais regras e prejudiquem acionistas investidores.[5] Tais manobras poderão, sobretudo, ser tomadas após a capitalização das empresas.

As bolsas não têm competência para aplicar penas administrativas.[6] Os regulamentos oferecem basicamente como proteção contra o descumprimento de tais regras pelas companhias e seus administradores a suspensão e o cancelamento de registro e a aplicação de multas (sem, porém, especificar quais!); supõe-se multas contratuais. Está o investidor realmente protegido? É este o modelo de governança corporativa que buscamos?

Cabe indagar se não deveria a CVM ter interferido de forma ativa no processo de formação dos novos segmentos para disciplinar tais condições. Tal intervenção elevaria, ao menos, a proteção dos acionistas, pois que as sanções administrativas representariam ou poderiam representar efeito preventivo maior. Como autarquia regulatória, a CVM tem competência normativa para expedir normas para as companhias abertas (art. 22, LMC e art. 4º, LSA) sobre, entre outras coisas, a (i) natureza das informações que devam divulgar e a periodicidade da divulgação, (ii) relatório da administração e demonstrações financeiras, (iii) compra e alienação das ações em tesouraria, (iv) padrões de contabilidade, (v) informações que devam ser prestadas por administradores e acionistas, (vi) divulgação de decisões e fatos relevantes, (vii) reuniões anuais com acionistas e agentes de mercado. Permite a lei também, de forma ampla, a possibilidade da CVM regulamentar outras matérias previstas em lei (art.

---

5. Cf. sobre o caráter contratual, sobretudo Calixto Salomão Filho, *O novo Direito Societário*, cit., p. 58.

6. Muito menos regulamentar as sociedades listadas *apud* Calixto Salomão Filho, *O novo Direito Societário*, cit., p. 58, nota 9, citando a Resolução 2.690/2000 do CMN.

22, VIII, LMC), como aquelas definidas na LSA (especialmente art. 291). Pode-se ainda encontrar na LMC vários pontos de referência (arts. 18, II; 21, § 6º LMC) para sua competência regulatória com relação a esta questão. Tal competência e a autonomia adquirida pela CVM como resultado de experiências amargas, como o famoso caso da Vale do Rio Doce, para o mercado de capitais brasileiro, deveriam ser mais bem considerados.[7] Se a competência regulatória da CVM ainda assim permanece questionável para tal regulação, o legislador haveria de interferir ao menos para esclarecer tal competência.

Ora, a partir desta simples listagem é plenamente possível concluir que muitas das regras introduzidas pela Bovespa poderiam estar amparadas em uma disciplina administrativa da CVM, especialmente aquelas relativas à divulgação de informações. Não socorre à defesa de uma regulamentação pela Bovespa a sua competência disciplinar sobre seus membros e os títulos lá negociados (art. 8, § 1º LMC), pois trata-se aqui de participantes do mercado e não dos membros da Bovespa. O controle sobre os títulos refere-se ao funcionamento pleno e eqüitativo do mercado. Portanto, a disciplina deve se limitar a garantir tal funcionamento pleno e eqüitativo com medidas como suspensão ou cancelamento de negociações.[8]

Trata-se, sem dúvida, de medida inovadora do mercado brasileiro, o que é reconhecido até mesmo pelo Banco Mundial,[9] porém coragem política para tratar das questões da governança corporativa não deveria faltar à CVM, pois que, como podemos perceber, podem oferecer interessante instrumentário para a regulamentação do mercado de capitais e incremento da proteção dos acionistas minoritários.

---

7. Modesto Carvalhosa e Nelson Eizirik, *A Nova Lei das S.A.*, cit., pp. 434 ss., os quais apresentam interessante histórico da discussão no Brasil, especialmente quanto à relação entre os conceitos de autarquia e agência reguladora; cf. também o interessante parecer Fábio K. Comparato, "Venda em bolsa de ações da União Federal no capital de Sociedade de Economia Mista e desrespeito às normas disciplinares do mercado de capitais", in *Novos Ensaios e Pareceres de Direito Empresarial*, pp. 290 ss.; cf. ainda sobre as dificuldades históricas no Brasil para aceitação deste modelo de administração na forma de uma reação contra uma "tirania do Executivo", Luís Gastão P. de Barros Leães, *Mercado de Capitais & "Insider Trading"*, pp. 27 ss.

8. Cf. dispositivo semelhante para as bolsas de mercadorias e futuros, Modesto Carvalhosa e Nelson Eizirik, *A Nova Lei das S.A.*, cit., p. 454; os autores, porém, falam da competência das bolsas para fiscalizar mercados, o que deve ser interpretado somente nos termos da lei (art. 17 LMC), *i.e*, fiscalizar *como órgãos auxiliares* da CVM seus membros e operações lá desenvolvidas.

9. Capaul e Fremond, *The State of Corporate Governance*, p. 10.

3. A Cartilha CVM de Governança Corporativa

Talvez mais por um impulso de mercado do que por convicção própria, a CVM editou, em 2002, uma cartilha contendo regras gerais de governança corporativa que considera desejáveis para as empresas de capital aberto.

Sequer foi colocada em discussão pela agência reguladora a possibilidade de indicar ou elaborar um código com regras que pudessem ser a base para a informação de mercado, de modo a agir dentro de suas atribuições legais de regular as informações que devam estar disponíveis para o mercado.

Foi uma demonstração de intenção, sem dúvida, mas não de convicção, pois a CVM poderia ter regulado com maior eficácia, contribuindo para maior transparência do mercado de capitais brasileiro.

§ 8. GOVERNANÇA CORPORATIVA COMO POLÍTICA DE ESTADO (?): O PLANO DIRETOR DO MERCADO DE CAPITAIS 2002

1. Mercado de capitais como política governamental

O mercado de capitais brasileiro tem uma característica muito clara: ser mais um produto da atuação do Estado do que resultado da forças de mercado. O governo brasileiro coloca-se na regulamentação do mercado de capitais de forma ativa e com o objetivo de desenvolvê-lo. E isto até recentemente, como o incentivo dado pelo BNDES para a compra das ações da Petrobrás, em 1998, com utilização de recursos do FGTS e o plano para lançamento de ações do Banco do Brasil de 2002, entre outras. Tais intervenções também estão marcadas, por vezes, pela falta de articulação da administração pública brasileira, bastando lembrar o caso dos fundos 157 que proporcionavam recursos economicamente mais interessantes para as empresas do que o mercado de capitais.[10]

Esta política de intervenção tem longa data em no Brasil e é possível encontrar um primeiro plano de expansão do mercado de capitais brasileiro – o *Programa de Ação Econômica do Governo para 1964 a 1966*, do governo Castello Branco – já na época do regime militar,[11] que, de resto,

---

10. Cf. o estudo *Desafios e Oportunidades para o Mercado de Capitais Brasileiro*, pp. 5 s., editado pela Bovespa; disponível em www.bovespa.com.br, acesso em abril 2003.

11. Luís Gastão P. de Barros Leães, *Mercado de Capitais & "Insider Trading"*, cit., p. 21, o qual traz profunda reflexão sobre as razões do Estado brasileiro à época.

não obstante sua abstrusa representação política para o país, acarretou conseqüências "revolucionárias"[12] na área econômica, como o milagre do final da década de 1960 e início da década de 1970, acompanhado pelo impulso de crescimento do mercado internacional. Pôde assim o mercado de capitais brasileiro, inobstante sua ínfima importância para a capitalização das empresas, até presenciar no início da década de 1970 um surto de especulação. O estímulo ao mercado de capitais, porém, não representa constante na história política brasileira. O processo de privatização brasileiro dos anos 1990, por exemplo, não contou com o intuito maior de democratizar o capital das empresas, tal como ocorreu em muitos países do leste europeu a partir do início da década de 1990. O objetivo de maximização total dos lucros das alienações superou o emblemático sonho da democracia acionária brasileira e produziu somente distorções legislativas como a reforma acionária de 1997, que excluiu o orgulhoso artigo 254 da LSA, hoje substituído por uma regra epigonística, um doblete legislativo, o artigo 254-A.[13]

Não parece crível que tenha ocorrido reflexão maior sobre a necessidade ou não de um mercado de capitais, pois não seria admissível colocar tal questionamento frente à ordem econômica do momento, especialmente se considerarmos que o modelo de sucesso econômico da época denotava a indispensabilidade de tal mecanismo. Claro que a explicação de que o mercado de capitais propicia uma democratização do capitalismo, na medida em que todos possam se tornar proprietários, e com isso maior equilíbrio econômico, pois todos estariam interessados na perpetuidade do sistema, já era substrato suficiente para tais decisões políticas. Com a confiança, porém, de que sem a intermediação bancária, os custos de capitalização deveriam ser menores (embora o quadro atual demonstre que tais custos podem ser significativos também no mercado de capitais), tais políticas pareciam inexoravelmente inevitáveis e dever do Estado.

2. O Plano Diretor do Mercado de Capitais 2002

Como continuidade desta forma política de interagir com o mercado lastreada em promoção estatal do mercado de capitais foi apresentado no ano de 2002 o *Plano Diretor do Mercado de Capitais*.[14] O plano parece

---

12. Fernando H. Cardoso, *O Modelo Político Brasileiro*, p. 51, *apud* Luís Gastão P. de Barros Leães, idem, p. 18.
13. Modesto Carvalhosa e Nelson Eizirik, *A Nova Lei das S.A.*, cit., pp. 384 ss., com excelente retrospectiva da triste história legislativa.
14. Disponível em www.cvm.gov.br, acesso em abril 2003.

querer alcançar objetivos semelhantes aos anteriores, qual seja, desenvolver o mercado de capitais como principal instrumento de capitalização e democratização do capital. O PDMC acrescenta como função do mercado de capitais a instrumentalização de objetivos sociais concretizados em projetos de infra-estrutura, financiamento habitacional lastreado no Sistema Financeiro Imobiliário (SFI), desenvolvimento do sistema de previdência complementar e estímulo ao empreendorismo das pequenas e médias empresas com a possibilidade de expansão através do mercado de capitais. Não poderiam deixar de ser generalizantes as propostas para o desenvolvimento do mercado brasileiro, pois que os seus problemas fundamentais, como a forte competição dos títulos de renda fixa lastreados nas altas taxas de juros, dependem de políticas macroeconômicas que vão muito além da questão do mercado de capitais, como a questão da estabilidade monetária. Parece ser um círculo vicioso.

Como parte integrante dos temas abordados para apontar políticas e diagnósticos para os problemas do mercado de capitais brasileiro, indicou-se entre outras questões estratégicas à governança corporativa e à proteção ao investidor.[15] Foi geral a colocação do tema, mas interessante notar que os níveis de governança da Bovespa foram colocados como sistema adequado para a proteção do investidor, dando-se prioridade "à proteção de investidores enquanto participantes de fundos de previdência fechada e aberta, quotistas de fundos mútuos de investimento e credores em geral" (PDMC, 2.2, b, 8). Tal estruturação não parece, porém, totalmente clara no Brasil, pois ao mesmo tempo toma o plano como diretriz do mercado de capitais brasileiro à promoção e à difusão "do acesso ao mercado de capitais de amplas camadas da população" e à ampliação da "oferta de recurso nesse mercado, adotando-se medidas tais como a venda pulverizada de ações em processos de privatização, a liberação de uso de recursos de fundos de poupança compulsória para aplicação em títulos e valores mobiliários" (PDMC, 2.2, b, 6). Não há a menor referência à política de incentivo à realização de tal democratização por meio de fundo ou a uma política de profissionalização e responsabilização de tais profissionais.

Como medidas concretas propostas chamam a atenção, além dos pedidos de urgência no tratamento pelo Congresso Nacional brasileiro das questões de recuperação das empresas e das normas de contabilidade segundo o IASB (Projetos de Lei 4.376/1993 e 3.741/2000), as seguin-

---

15. Cf. PDMC, 1.6, b, V, relato sobre o XVII Congresso ABAMEC sobre o Projeto IBMEC.

tes: (i) a recomendação aos analistas de mercado para incorporarem em suas análises a avaliação da governança corporativa (PDMC 2.3, 10); (ii) apoio ao programa de certificação para analistas de investimentos desenvolvidos pela ABAMEC (PDMC 2.3, 11); (iii) incentivo da auto-regulamentação dos gestores de poupança popular por meio do desenvolvimento de códigos contendo regras de governança corporativa, eliminação de conflitos de interesse, padrões de divulgação ampla de valor de quota, resultados e composição de carteiras de investimento; (iv) incentivo à auto-regulação da governança corporativa nas empresas (PDMC 2.3, 14 e 15); (v) criação de varas especializadas no Poder Judiciário para matérias "do mercado de capitais, cobrindo as questões da área financeira, societária e de títulos e valores mobiliários, com o objetivo de agilizar e aumentar a eficácia do Poder Judiciário no julgamento das ações e execução da lei nessas áreas, como forma de melhorar o *enforcement*, minimizar riscos e reduzir *spreads* e o custo de capital; com o mesmo objetivo, estimular a utilização de câmaras de arbitragem" (PDMC 2.3, 19); e (vi) o incentivo a fundos que invistam em empresas socialmente responsáveis (PDMC 2.3, 30). Não cabe listarmos todas as propostas, mas encontram-se ainda pleitos gerais sobre o sistema regulatório (unificação dos órgãos regulatórios), permissão para que recursos da poupança obrigatória (FGTS) possam ser utilizados no mercado de capitais ou até mesmo a criação de uma "Escola Nacional de Investidores".

Todas as medidas concretas apresentadas padecem de duas características fundamentais para sua execução imediata e sucesso legislativo, sistematicidade e definição técnica objetiva. Não são concretas tais propostas na realidade, mas sim meras diretrizes para as quais há muito que se discutir. Somente para ilustrarmos, podemos tratar algumas questões em específico.

Como dito, não está clara esta opção pela profissionalização do mercado investidor, porém se estiver, seria mais do que preciso uma completa revisão da regulamentação para haver a proteção necessária ao público investidor. Caso contrário, estaremos transferindo o problema da bolsa para os fundos. Propostas de auto-regulamentação podem causar a mesma deficiência de proteção que detectamos para os segmentos de listagem da Bovespa. A crise recente do mercado de capitais americano também mostrou uma amarga experiência com a auto-regulação das auditorias. O uso da informação plena, obrigando os fundos a indicarem o cumprimento ou não de regras de governança, portanto, poderia ser uma alternativa, para uma evolução gradual do mercado. Se o objetivo é um sistema que tenha investidores profissionais gerindo recursos, a preocupação deve ser com a qualificação e responsabilização de tais gestores (*e.g.*, criação de um fundo de garantia aos investidores) e não com a criação de uma escola de investidores.

Exemplo de generalidade encontra-se também no incentivo aos fundos que investem em empresas socialmente responsáveis. Isto exige a definição de padrões de responsabilidade social, bem como o debate sobre a eventual obrigatoriedade de aplicar-se um balanço social. Exige também o debate sobre a forma de incentivo.

Para o jurista, destaca-se ainda a recomendação para a criação de varas especializadas para assuntos relativos ao mercado de capitais, sugerida certamente em alusão à mítica competência das cortes do estado americano de Delaware. Tais especializações podem, muitas vezes, levar somente ao acúmulo maior de discussões sobre competência material dos órgãos do Poder Judiciário. Por outro lado, o real problema do Poder Judiciário não seria, assim, resolvido. Não há qualquer menção ao projeto de reforma do Judiciário.

É possível constatar-se, assim, que, de forma geral, o PDMC não está apto a oferecer medidas efetivas de melhoria do mercado de capitais. Somente poderá servir o PDMC, e isto, por si, já lhe dá algum mérito, para indicar de forma geral as diretrizes de um possível processo de reformulação do mercado de capitais brasileiro. Tais diretrizes parecem desconsiderar a importância e a gravidade das formas de implementação das regras de governança corporativa. Uma opção pela auto-regulação pode ser fatal para o mercado de capitais brasileiro, pois poderá, vez mais, colocar em risco a proteção dos investidores minoritários que já sofrem hoje com a falta de proteção. Ora, não se pode contar com regulamentações que somente vêm corrigir erros que já ocorreram.

QUINTA PARTE
CONSIDERAÇÃO CRÍTICA E REFLEXOS DO DEBATE PARA O DIREITO EMPRESARIAL BRASILEIRO

Como se observou nas considerações preliminares deste ensaio, o objetivo não era realizar uma comparação entre os diversos códigos de governança corporativa ou mesmo apresentar todas as questões que formam seu palco de debates. Muito mais se procurou apresentar questões que propiciassem um panorama que possa ser instrumentalizado em uma análise crítica e sistemática dos principais e reais desafios propostos ao direito empresarial brasileiro.

Tais desafios estão aqui congregados nos debates sobre a função social da empresa, da convergência e harmonização de regimes de governança e sobre a pretensão normativa das regras de governança.[1] Não há pleito algum de exclusividade com relação à importância de tais questões. Pelo contrário. Ficam implicadas aqui somente algumas das problemáticas que a discussão sobre a governança corporativa pode trazer para o Direito Brasileiro, com a esperança de que possam servir de elemento para o debate futuro.

§ 9. FUNÇÃO DA EMPRESA NA SOCIEDADE

Com o rápido crescimento das empresas no final do século XIX e início do século XX, a concentração de mercado e o poder de tais entida-

---

1. Cf. Calixto Salomão Filho, *O Novo Direito Societário*, cit., p. 77, dizendo ser a questão da estrutura societária no Brasil – leia-se, da governança corporativa – uma questão de função e não de forma.

des na sociedade começaram a ocupar o centro das preocupações. Uma empresa que ocupa milhares de trabalhadores, realiza um faturamento que por vezes excede o de alguns países e representa a sobrevivência de dezenas de fornecedores, impõe a indagação sobre se poderia ter o mesmo tratamento que os empreendimentos familiares de pequeno porte, como a banca de jornais do bairro (em que pese à sua importância!). Tal empresa – a macroempresa – poderia continuar sendo tratada como simples organização da propriedade para a produção? Os arranjos legislativos para coibir ou controlar o poder de tais empresas no mercado, que ameaçam a funcionalidade e a capacidade natural do mercado de alinhar interesses da sociedade de forma eficaz, seriam suficientes para resolver o problema? O controle exercido por tais empresas haveria de encontrar sua legitimação na responsabilidade para com a sociedade?

Trata-se de dilema que ocupou todos países participantes do processo de industrialização e que conviveram com o aparecimento da macroempresa. Foram, porém, diversas as reações aos desafios impostos pelo capitalismo moderno, marcado pela mecanização e massificação da produção, pela macroempresa. O que se propõe aqui é uma análise mais próxima de tal dialética.

1. Função social da empresa como capítulo da governança corporativa: o processo decisório

Com o processo de transposição das fronteiras econômicas e da internacionalização da economia tornaram-se evidentes, como pudemos analisar, diferenças em diversas questões relacionadas à estrutura da organização empresarial entre os regimes de governança existentes no mundo. Não só na estrutura organizacional, porém, transbordam diferenças; também na própria atividade da empresa, refletida no delineamento de seu processo decisório, evidencia-se uma distinção muito clara entre o enfoque do regime americano, em particular, e aqueles dos demais países, que não tardou a tornar-se objeto de análise dos debates sobre a governança corporativa.

O processo decisório representa, de certa forma, um equilíbrio de poder dentro da companhia, determinado, entre outras coisas, pela relação entre a propriedade e a administração, pela relação entre os acionistas e os administradores. O preço pela transferência da propriedade para a administração de um terceiro encontra-se refletido na necessidade de controle de tal administração e, por conseqüência, nos limites impostos à mesma, pois que exatamente aqui ocorre uma das formas da separação entre a obrigação (*Schuld*) e a responsabilidade (*Haftung*).² Exemplo histórico de tal visão encontra-se em muitas legislações acionárias, sempre tomadas como paradigmáticas da macroempresa em seu berço histórico, na forma de prestação de garantias pelos administradores para assumir seus cargos.³

Ora, importa aqui, assim, a indagação sobre a natureza e conseqüências de tal transferência de poder que ocorre na companhia. Uma primeira análise poderia levar a considerar a relação entre os proprietários e os administradores como uma relação próxima à do mandato (implícito que a empresa é determinada por uma concepção contratual, aqui),⁴ e que permitiria concluir com certa tranqüilidade que os limites da atuação da administração estariam exatamente no respeito integral e exclusivo dos interesses dos proprietários, na sua qualidade de mandantes. Encontramos, assim, em forma bruta, o delineamento do pensamento que permeia a doutrina americana de governança corporativa, conhecida como *shareholders' value*, já indicada alhures neste ensaio.⁵ Conveniente entender-se um pouco melhor tal concepção, para, então, podermos analisar os pressupostos dos regimes que se opõem e a criticam.

1.1 O regime americano e a "shareholders' value doctrine"

O pensamento que circunda a doutrina da valorização dos acionistas somente pode ser entendido dentro do contexto e do desenvolvimento histórico do mercado de capitais americano. Suas premissas, porém, são claras e muito diretas. O objetivo da administração deve ser maximizar a

---

2. Otto v. Gierke, *Deutsches Privatrecht*, § 174, pp. 8 e ss. (costumeiramente traduzida com base no Direito Romano como dívida (*Schuld*) e obrigação (*Haftung*), mas pedimos licença ao leitor para uma tradução mais próxima da prática); cf. também a tese de doutoramento de Fábio Konder Comparato, *Essai d'Analyse Dualiste de l'Obligation en Droit Privé*.

3. Cf., no Brasil, art. 148 da LSA. Para maiores detalhes: Modesto Carvalhosa, *Comentários à Lei de Sociedades Anônimas*, cit., vol. 3, pp. 180 e ss.

4. Trata-se, na realidade, de questão mais complexa, que é a relação fiduciária (*trust*), mas que, para o objetivo aqui, não importa. Para mais detalhes: Modesto Carvalhosa, *Comentários à Lei de Sociedades Anônimas*, cit., vol. 3, pp. 21 e ss., inclusive com maiores referências de bibliografia. Sob o aspecto econômico, ainda, Frank H. Easterbrook/Daniel R. Fischel, *The Economic Structure of Corporate Law*, cit., pp. 90 e ss.

5. Thomas Raiser, *Recht der Kapitalgesellschaften*, cit., § 6, pp. 23 e ss., especialmente margens 9 e ss.

lucratividade da empresa em favor de seus proprietários. Outros interesses, especialmente os interesses da própria administração, não podem ser aceitos como determinantes para o processo de decisão da empresa.

Tal concepção encontra sua raiz histórica na dispersão da propriedade no mercado de capitais americano, observada e analisada já na década de 1930 por Adolf Bearle e Gardiner Means em obra que influencia ainda hoje a doutrina americana, a qual impunha não só uma clara separação entre a propriedade e o controle (*Berle/Means thesis*), como decorrência natural do crescimento das empresas, como inferia o risco de haver uma autonomização da administração, que poderia deixar de atentar para os interesses dos acionistas.[6] A separação entre controle e propriedade levaria, portanto, a uma autonomia exagerada dos administradores. Tornaram-se, neste sentido, folclóricos os comentários de um membro da administração do *Norddeutsche Lloyd* no sentido de que a empresa não estaria ali para pagar dividendos, mas sim para realizar transporte marítimo; bem como os de Keynes, de que o *Gouverneur* do Banco da Inglaterra não pensaria menos em qualquer grupo que o dos acionsitas.[7] O risco de ocorrer um verdadeiro desvio de objetivo (*Entfremdung*, como apontava a doutrina alemã) tornava-se real.[8]

Como reação a tal risco, a doutrina do *shareholders' value* ganhou espaço e vigor em solo americano, encontrando-se inscrita com muito realismo e cor no conhecido caso "Dodge *vs*. Ford Motor Co." (*204 Mich. 459, 170 N.W. 668 (1919)*), que pode ser assim rapidamente resenhado:[9] foi constituída em 1903 a *Ford Motor Co.*, tendo Henry Ford como acionista majoritário, com 58% do capital e com o controle do *board*, os irmãos Dodge com 10% e o restante em poder de outros cinco acionistas. Em 1908 a companhia já distribuía 1,2 milhões de dólares americanos, entre 1911 e 1915 distribuiu dividendos especiais no montante de 41

---

6. Adolf A. Bearle/Gardiner C. Means, *The Modern Corporation & Private Property*; John C. Coffee Jr./William A. Klein, *Business Organization and Finance – Legal and Economic Principles*, cit., pp. 172 e ss.

7. Wolfgang Zöllner, *Die Schranken mitgliedschaftlicher Stimmrechtsmacht bei den privatrechtlichen Personenverbänden*, p. 68.; cf. ainda Calixto Salomão Filho, *O Novo Direito Societário*, cit., p. 27, nota 3.

8. Herbert Wiedemann, *Gesellschaftsrecht – Ein Lehrbuch des Unternehmens- und Verbandsrechts*, cit., § 6 I 2, p. 303.

9. Melvin A. Einsenberg, *Corporations and Other Business Organizations*, cit., pp. 139 e ss.; Robert W. Hamilton, *Corporations Including Partnerships and Limited Liability Companies, Cases and Materials*, 7ª ed., pp. 603 e ss.

milhões de dólares. Em 1916 decide Henry Ford, entretanto, realizar investimentos na companhia, para promover sua expansão. Seu objetivo era promover e expandir o bem-estar que a empresa propiciava aos empregados, gerando muito mais empregos que aqueles já existentes no grupo.[10] Ocorre que exatamente naquele ano os lucros da empresa registraram cifras ainda mais expressivas que as dos anos anteriores, provocando, assim, que os irmãos Dodge questionassem a retenção dos lucros em juízo. Foi obrigada a Corte a ponderar, já em 1919, sobre os propósitos nitidamente sociais de Henry Ford e os interesses dos acionistas que não queriam ter a rentabilidade da empresa ceifada. O tribunal ponderou e decidiu que os interesses dos acionistas tinham prioridade e que a empresa deveria atender precipuamente aos interesses destes, condenando Henry Ford a pagar dividendos adicionais aos acionistas naquele ano.[11] Tal decisão marcou todo o desenvolvimento posterior do pensamento e da doutrina americana sobre o poder decisório da administração, e é dado como o suporte que permite catalogar a doutrina do *shareholders' value* como típica instituição da *Common Law*.[12]

Tal pensamento encontra hoje variações nos EUA, algumas se qualificando até mesmo como uma perspectiva crítica de tal doutrina. Podemos apontar ao menos suas três principais correntes, como a Escola de Chicago (*Neo-classical School* ou *Chicago School*), os Gerencialistas (*Managerialists*) e a Escola dos Custos de Transação (*Transaction Cost School*).[13]

Como base da teoria desenvolvida pela Escola de Chicago está o poder de controle que o mercado exerce sobre os administradores, evitan-

---

10. Cf. in Melvin A. Einsenberg, *Corporations and Other Business Organizations*, cit., p. 140, onde é citada a mensagem de Henry Ford à época: "My ambition is to employ still more men; to spread the benefits of this industrial system to the greatest possible number, to help them build up theirs lives and their homes. To do this, we are putting the greatest share of our profits back into the business".

11. Cf. in Melvin A. Einsenberg, *Corporations and Other Business Organizations*, cit., p. 141: "*A business corporation is organized and carried on primarily for the profit of the stockholders*. The powers of the directors are to be employed for that end. The discretion of directors is to be exercised in the choice of means to attain that end and does not extend to a change in the end itself, to the reduction of profits or to the non distribution of profits among stockholders in order to devote them to other purposes" (grifos nossos).

12. Jonathan Springer, *apud* Robert W. Hamilton, *Corporations Including Partnerships and Limited Liability Companies, Cases and Materials*, cit., pp. 617 e ss.

13. John C. Coffee Jr./William A. Klein, *Business Organization and Finance – Legal and Economic Principles*, cit., pp. 173 ss.

do-se, assim, a temida separação de interesses entre a administração que se torna autônoma e seus proprietários. O mercado de capitais, refletido no preço das ações da companhia, agiria, assim, como um elemento que alinharia os interesses da propriedade e do controle, sendo desnecessária a intervenção regulatória para realizar tal alinhamento. Indica-se como principal preocupação da Escola de Chicago o estabelecimento de estruturas, como os planos de opções de ações, que reforcem tal alinhamento de interesses, que, paralelamente às estruturas de garantia de alinhamento de interesses (*agency costs*) – como o monitoramento por administradores independentes, o estabelecimento de garantias e as perdas mínimas decorrentes do desempenho da administração (irredutíveis em razão do custo de prevenção) –, compõem o centro das preocupações da referida Escola.

Os *managerialists* compõem uma Escola de economistas do início dos anos 1960 que entendiam que a administração tendencialmente persegue não a maximização dos lucros, mas sim do tamanho ou do crescimento da empresa (*size or growth maximization*), e que tal postura iria contra os interesses primeiros dos proprietários. Tal postura dos administradores seria fundada no fato de que os conglomerados garantiriam melhor remuneração e proteção contra tomadas de controle e falência, sem contar com o fator psicológico de ser administrador de uma empresa com expressividade social (*Fortune 500'firm*). Tem sido considerada superada pela onda recente de redução dos conglomerados (*downsizing*) e de transferência de controle de empresas pertencentes a conglomerados.

Não difere muito em suas preocupações a Escola dos Custos de Transação, porém divergem em suas conclusões. Tal corrente entende que a tendência para a maximização do crescimento seria positiva, no sentido de reduzir os custos da atividade econômica. Tal como os *managerialists*, porém, a recente onda de transferência de controle no mercado americano coloca tal entendimento em dúvida, pois que empresas pertencentes a conglomerados têm apresentado cotações de suas ações que estão abaixo do preço dos ativos em liquidação das companhias (!), o que contraria a concepção de otimização dos custos proposta pela Escola, que deveria – isto, sim – acarretar um preço maior das ações destas companhias, o que até hoje não restou comprovado empiricamente.

Como podemos perceber, embora sob perspectivas diferentes, não há em tais correntes uma mudança de preocupação básica: a relação entre propriedade e controle. Existem, em realidade, visões diferentes do problema, mas o problema é o mesmo. Mesmo as recentes críticas sob o enfoque de teorias políticas da estrutura das companhias americanas que reputam o teorema Berle/Means equivocado e defendem que a separação entre controle e propriedade e dispersão do mercado de capitais americano não resultou do crescimento das empresas, mas sim da política incisiva de reprimir o poder econômico das instituições financeiras nos EUA – representado, por exemplo, pelo *Sherman Act* inicialmente, e posteriormente pelo *Glass-Steagall Act*, que obrigava a separação das atividades de bancos de investimento e bancos comerciais e impedia a formação de conglomerados financeiros como reação aos cartéis do final do século XIX, como o J. P. Morgan –, não mudam o tom do debate e o centro das preocupações.

É despiciendo notar que tal doutrina era e é dominante nos EUA, mas não a única. Evidente que vozes se pronunciaram contra tal perspectiva da doutrina americana dominante, e que buscam identificar na natureza das empresas, em especial, aqui, da sociedade por ações com capital aberto, seu caráter institucional e de entidade social. Entretanto, a maioria da doutrina americana não tem ouvidos para tais vozes, pois que as objeções colocadas a tais críticas, e que se relacionam basicamente à completa indeterminação sobre quais seriam os interesses sociais dignos de proteção, se opõem ao sentimento pragmático e utilitarista anglo-saxônio em sua raiz. Com isto, cabe observar que a doutrina do *shareholders' value* influenciou até mesmo a preocupação da responsabilidade social nos EUA, a qual é vista muito mais sob o enfoque de uma relação de mandato entre os proprietários acionistas e os administradores, e, portanto, diretamente relacionada aos limites de poder da administração, e não sob a discussão do caráter institucional da empresa.

Tal influência pode ser notada em concreto, ainda, na discussão decorrente da introdução, especialmente na década de 1980, nas legislações de alguns Estados Federados Americanos[14] e nas recomendações de governança corporativa do *American Law Institut*,[15] da possibilidade de a administração considerar, em seu processo decisório, outros interesses que não só aqueles dos acionistas (*other constituinces*). Muitos entenderam que tais mudanças serviram somente para que os administradores obtivessem um instrumento para poderem contornar os riscos impostos

---

14. Cf. Illinois Business Corporation Act 5/8.85; Indiana Code Ann. § 23-1-35-1; New York Corp. Law § 717; Pennsylvania Consol. Stats. Ann. Title 15, §§ 1.711, 1.716, 1.717, 2.502, apud Melvin A. Einsenberg, *Corporations and Other Business Organizations*, cit., pp. 147 e ss.; Robert W. Hamilton, *Corporations Including Partnerships and Limited Liability Companies, Cases and Materials*, cit., pp. 614 e ss.

15. Cf. *Principles of Corporate Governance*, do American Law Institute, §§ 2.01 e 6.02.

pela onda de transferências de controles que estava para ocorrer, não obstante os Tribunais Americanos já houvessem demonstrado o quão infundados eram tais temores. É possível encontrar leis que permitem a consideração pelo *board* de outros interesses, conhecidos como *other constituency* ou *alternative constituency statutes*, em mais de 30 Estados Federados Americanos até 1998.[16] O que ocorre efetivamente é que tais mudanças legislativas, com sua razão histórica lastreada no medo da onda de tomada de controle dos anos 1980 (*agressive takeover wave*),[17] e mesmo decisões históricas como a "Paramount Communications, Inc. vs. Time, Inc." (*Time Warner*),[18] onde se permitiu de forma expressa que a administração considerasse outros interesses, não parecem ter influenciado de forma profunda e duradoura o pensamento americano e a forma de agir das empresas americanas.[19]

O modelo é criticado com a apresentação da seguinte comparação. Se uma empresa muda de país e extingue vários postos de trabalho, há uma reação generalizada contra tal atitude. Entretanto, se uma empresa sucumbe em razão de um concorrente, os mesmos postos de trabalhos serão extintos, mas não haverá tal reação. O modelo institucionalista só serviria, assim, para prejudicar a lógica da alocação natural e eficiente de recursos determinada pelo mercado.[20]

Tal discurso quase que monocromático da doutrina americana não tardou, todavia, a ser confrontado com outras posturas, especialmente encontradas no Continente Europeu e no Japão do período pós-guerra, que

16. Robert W. Hamilton, *Corporations Including Partnerships and Limited Liability Companies, Cases and Materials*, cit., p. 615.

17. Robert W. Hamilton, *Corporations Including Partnerships and Limited Liability Companies, Cases and Materials*, cit., p. 617, o qual salienta que, dos 30 Estados com *other constituency statutes*, não ocorreram casos publicados em 21 deles e que somente 11 casos foram publicados desde 1985, e tudo indica que relacionados sempre à defesa contra tomadas de controle (!).

18. Cf. 571 A.2d 1140 (Del. 1989), *apud* Robert W. Hamilton, *Corporations Including Partnerships and Limited Liability Companies, Cases and Materials*, cit., p. 613, nota 9.

19. Henry Hansmann/Reinier Kraakman, "The end of history for corporate law", *89 Gerogetown L. J. 439*, 2001, pp. 441 e ss., *apud* Robert W. Hamilton, *Corporations Including Partnerships and Limited Liability Companies, Cases and Materials*, cit., pp. 614 e ss., especialmente p. 615, com diversas indicações do ceticismo americano.

20. Daniel Fischel, "The corporate governance movement", *35 Vand. L. Rev. 1259*, 1268 s.s (1982), *apud* Robert W. Hamilton, *Corporations Including Partnerships and Limited Liability Companies, Cases and Materials*, cit., p. 610.

sofreram de forma concreta a influência de uma concepção institucional da empresa, especialmente na Alemanha, com a estrutura da co-participação dos trabalhadores nas decisões das empresas, como já acentuado aqui. É possível notar a reação quase que escatológica da doutrina americana na redação esfíngica da responsabilidade social dada pelo *American Law Institut*.[21] Toda a curiosidade e a empolgação iniciais sobre esta postura diferenciada com relação à empresa, especialmente quando a economia alemã apresentava sinais inquestionáveis de vigor, transformou-se em profundo ceticismo.[22]

Tal entonação da doutrina americana não deve, porém, ser confundida com ausência de uma postura crítica, especialmente após os escândalos financeiros de 2002 e o SOA, que colocaram em questão muitos dos pressupostos de tal sistema.[23] Pode-se, agora, melhor entender as críticas e a outra postura.

1.2 Empresa como palco de interesses diversos: o institucionalismo

O desenvolvimento das empresas – especialmente das grandes empresas – na Europa em geral e na Alemanha em especial, marcado inicialmente por uma concepção mais democrática do capital, considerada até excessiva, mas que determinava o poder dos acionistas sobre a administração – tal como descrito com muito realismo e cor por um intelectual e empresário alemão do início do século XX, Walther Rathenau, em obra que influencia até hoje o pensamento alemão –, não seguiu a preocupação histórica do mercado americano, pela dicotomia entre propriedade e con-

---

21. Cf., *in verbis*: "§ 2.01 The Objective and Conduct of the Corporation. (a) Subject to the provisions of Subsection (b) and § 6.02 (Action of Directors that has the Foreseeable Effect of Blocking Unsolicited Tender Offers), a corporation should have as its objective the conduct of business activities with a view to enhancing corporate profit and shareholder gain. (c) Even if corporate profit and shareholder gain *are not thereby enhanced*, the corporation, in the conduct of its business: (1) Is obliged, to the same extent as a natural person, to act within the boundaries set by law; (2) May take into account *ethical considerations* that are reasonably regarded as appropriate to the responsible conduct to business; and (3) May devote a *reasonable amount of resources to public welfare*, humanitarian, educational, and philanthropic purposes" (grifos nossos).

22. Edward B. Rock, "America's fascination with German corporate governance", *AG* 1995, pp. 291 e ss.

23. Cf. sobretudo Margareth M. Blair, "Shareholder value, corporate governance and corporate performance: a post-Enron reassessment of the conventional wisdom", *Working Paper* 334240 da Geotgetown University Law Center, 2002 (disponível em: *http://papers.ssrn.com/paper.taf?abstract_id 334240*, acesso em abril/2003).

trole, cujo fenômeno também era percebido pelos teóricos europeus, até mesmo antes de Bearle e Means, como estritamente contratual.[24]

O modelo europeu de empresa caminhou para uma construção que visualizava na grande empresa – quase que em continuidade à compreensão dos grandes empreendimentos marítimos do século XVIII, e que determinou o interesse público das companhias de navegação – a expressão de uma instituição social. Não era a empresa um arranjo contratual destinado tão-somente a regular interesses privados. Era mais. Fazia parte da sociedade, e deveria atender aos interesses da mesma. Não seria a relação entre propriedade e controle tão simples, pois que não se trata a empresa de um contrato de mandato com muitas partes, onde há que se indagar sobre os interesses do mandante e do mandatário. É mais complexa, e os interesses da empresa não resultam necessariamente do conjunto de interesses dos acionistas em oposição aos interesses de um único ou um grupo de acionistas; a empresa representaria um ente social que deveria ser considerado em si (*Unternehmen an sich*), pois que seria a titular de um mandato político-econômico (*wirtschaftspolitisches Mandat*).[25] O que deveria ser ponderado no processo decisório seria, portanto, o interesse da empresa (*Unternehmensinteresse*), e não necessariamente o dos seus acionistas. Tal doutrina, que se desenvolveu a partir das ponderações de Walther Rathenau sobre o sistema acionário alemão do período de guerra, com os estímulos dados por reflexões anteriores da doutrina alemã – em especial aquela da existência real da empresa, defendida por Otto v. Gierke[26] –, gerou reflexos já na lei acionária alemã de 1937, cujo § 70, I, determinava que a administração há de gerir a companhia tal como exigem o bem-estar da empresa e dos funcionários e o bem comum do povo e do Império,[27] e culminou com o processo, já descrito aqui, de criação do modelo de co-participação operária na empresas alemãs – o que levou

---

24. Walther Rathenau, *Vom Aktienwesen – Eine geschäfliche Betrachtung*, cit.; Hausmann, *Vom Aktienwesen*, pp. 27 e ss.

25. Herbert Wiedemann, *Gesellschaftsrecht – Ein Lehrbuch des Unternehmens- und Verbandsrechts*, cit., § 6 II 2, p. 321; cf., ainda, Calixto Salomão Filho, *O Novo Direito Societário*, cit., p. 35, que distingue um institucionalismo "integracionista" daquele "publicístico" de Rathenau, embora seja tal separação somente uma questão de perspectiva e grau do institucionalismo, que, aqui, não afeta a discussão.

26. Otto v. Gierke, *Das Wesen der menschlichen Verbände*, cit., pp. 5 e ss. Cf., para o entendimento do interesse da empresa como interesse de todos os acionistas, Eddy Wymeersch, *A Status Report on Corporate Governance in some Continental European States*, cit., p. 1.079.

27. Cf. § 70, I, AktG de 1937, *apud* Karsten Schmidt, *Gesellschaftsrecht*, cit., § 28, II 1, p. 813.

a teoria a ser criticada até mesmo de ser nada mais que a influência da economia marxista no direito privado.[28]

O processo decisório seria, portanto, representado pela ponderação de interesses diversos, e não pelo respeito inarredável dos interesses da propriedade, encontrando seus limites no interesse de existência da empresa e, com isto, de sua rentabilidade duradoura.[29] Outros interesses devem ser passíveis de ponderação – como, por exemplo, aqueles dos trabalhadores, dos credores e da comunidade. Tais diferenciações, muitas vezes ignoradas, podem ser de grande importância para decisões estruturais da companhia, como fusões ou incorporações.

Não se pode deixar, aqui, de apontar para duas conotações históricas deste conceito da função social da empresa sob a perspectiva alemã. Primeiramente, seu contexto histórico, marcado pela economia de guerra em sua formação e pela economia de reconstrução pós-guerra em sua concretização. O quanto isto responde pelo curso institucional alemão não se pode avaliar com precisão, nem mesmo pela aceitação de sua constitucionalidade; mas é certo que é uma de suas componentes históricas. Outro elemento representativo do sistema alemão é a determinação não só por setores da economia, como também pelo tamanho da empresa, da obrigatoriedade da co-participação, conferindo (ou buscando conferir), assim, maior legitimidade ao sistema, evidenciando que o interesse não é o da sociedade (*Unternehmensträger*), mas o da empresa.[30]

Um interessante conflito entre tais concepções ocorreu por ocasião da finalização do relatório preparado por uma comissão organizada por entidades privadas e agências de regulação do Governo Holandês lideradas por J. Peters, conhecido líder empresarial aposentado, publicado em 1997 como *Corporate Governance in the Netherlands, the Forty Recommenda-*

---

28. Wolfgang Zöllner, *Die Schranken mitgliedschaftlicher Stimmrechtsmacht bei den privatrechtlichen Personenverbänden*, cit., pp. 70 e 73 e ss.

29. Hüffer, *Aktiengesetz*, § 76, II, margem 12. Cf., para crítica do modelo alemão e a colocação do princípio do *shareholders' value* como princípio para o Direito Alemão, Peter O. Mülbert, "Shareholder value aus rechtlicher Sicht", ZGR 1/1997, pp. 129-172; cf., para a mesma ponderação no sistema holandês, Eddy Wymeersch, *A Status Report on Corporate Governance in some Continental European States*, cit., p. 1.082.

30. Comparato, *O Poder de Controle*, em seu epílogo, p. 389, o qual sentencia que: "Ora, a finalidade última desse poder, [*o poder econômico*] do qual todos nós dependemos, não pode ser apenas, nem principalmente, a produção e a partilha de lucros entre proprietários ou capitalistas; não deve ser, tampouco, assegurar ao empresário um nível de elevada retribuição econômica e social. O poder econômico é uma função social, de serviço à coletividade".

tions, ou *Peters Report*. O texto proposto pelo consultor J. Peters para o relatório era marcado pela entonação dos interesses dos acionistas; seu texto final, porém, adotou o princípio da preservação da empresa como diretriz para a administração.[31] Tal perspectiva não é uma exceção no Continente Europeu. Pelo contrário; pode ser detectada não só nas leis societárias dos vários países europeus, como também em códigos de governança.

Sendo o interesse o da empresa, e não da sociedade, torna-se realmente evidente que o modelo que pressupõe a função social da empresa de acordo com o tipo societário seria inadequado, pois que uma limitada que tenha 5.000 mil empregados não tem situação social diferente daquela de uma sociedade por ações com 5.000 mil empregados. Também não se apresenta como útil para tal a divisão entre sociedade abertas e fechadas, pois que o elemento de conexão seria o capital, e não é obrigatório. Com isto, percebemos que, embora a teoria institucionalista defenda com obviedade a função social da empresa, sua concretização exigirá muito mais que simples teorizações – o que, de resto, é o único conteúdo da discussão em grande parte dos países e que, em certa medida, justifica o ceticismo americano com a imprecisão do pensamento institucionalista, que fere o sentimento pragmático e utilitarista do *homo economicus*. Tal concretização do princípio de função exigirá, assim, a atividade legislativa do Estado.[32]

Cabe, ainda, notar que o institucionalismo coloca o debate sobre a função social da empresa em uma plataforma que se diferencia do debate da responsabilidade social, pois que, diferente deste, não se limita ao processo decisório e à solução do processo decisório, mas sim à questão da solução de conflitos sociais através da organização empresarial, isto é, a empresa como catalisador social de conflitos. Tal concepção pode ser notada até mesmo na existência de sistemas jurídicos que admitem, por exemplo, a representação de outros interesses, como os de credores ou da comunidade, que não o dos acionistas nos órgãos de administração, como na Dinamarca, Finlândia e Suécia.[33]

Com distância do debate convencional, e impondo uma postura absolutamente distinta, encontra-se, ainda, o modelo japonês de gover-

---

31. Eddy Wymeersch, *A Status Report on Corporate Governance in some Continental European States*, cit., p. 1.083.

32. Comparato, *O Poder de Controle*, cit., p. 389.

33. Eddy Wymeersch, *A Status Report on Corporate Governance in some Continental European States*, cit., p. 1.132, nota 373, com remissões aos dispositivos legais.

nança corporativa, que, inobstante não estar inscrito nos seus códigos ou leis, encontra no interesse dos trabalhadores o real sentido e interesse da empresa.[34] Mesmo aqueles que contestam uma posição de dominância dos interesses dos trabalhadores nas empresas japonesas não negam sua grande importância para a conformação do modelo japonês.[35] Também aqui, tal como no modelo alemão, não resta claro o quanto a questão do pós-guerra possa ter influenciado tal forma de organização empresarial; mas fato é que representa uma contestação histórica e muito instigante para o debate da governança corporativa e para a questão da função social da empresa.

Com isto, não se poderia, antes de concluir, deixar de apontar o grau de relativização de tais entendimentos, tanto do institucionalismo quanto da doutrina do *shareholders' value*, perante as especificidades concretas da organização empresarial de cada país, especialmente quando a recente crise do mercado de capitais americano tem colocado em questão a sustentabilidade da doutrina do *shareholders' value*.[36]

2. Função social como regra de governança corporativa?

Pode-se, com isto, verificar que a questão da responsabilidade social, tal como decorrente do debate sobre a governança corporativa nos EUA, não tem a mesma extensão que a discussão sobre a função social da empresa, que não se limita à questão do processo decisório empresarial e inclui a própria organização da empresa. Trata-se, portanto, a responsabilidade social, em seu contexto do atual debate na governança corporativa,

---

34. Hideki Kanda, "Notes on corporate governance in Japan", in Klaus J. Hopt et al., *Comparative Corporate Governance – The State of the Art*, p. 893, o qual salienta que: "While employees are not the owners of their company under the Japanese legal system, a traditional oft-made statement ist that *Japanese companies are run for the best interest of employees* and not the best interest of shareholders" (grifos do autor, e não do original).

35. Harald Baum, "Discussion report", in Klaus J. Hopt et al., *Comparative Corporate Governance – The State of the Art*, p. 898. Cf. Takeo Hoshi, "Japanese corporate governance as a system", in Klaus J. Hopt et al., *Comparative Corporate Governance – The State of the Art*, p. 861, o qual, embora não acredite em uma posição dominante, pondera que "they [*os trabalhadores*] are considered to be important stakeholders, and consideration of workers' welfare influences major decisions relating to corporate governance, such as mergers and rescue operations of financially troubled firms led bz their main banks".

36. John Coffee Jr., *What Caused Enron? A Capsule Social and Economic History of the 1990's*, cit.

muito mais de um predicado da administração, que lhe impõe limites de atuação, e não um questionamento sobre a natureza da empresa e sua função social, que extrapola a simples questão da eficiência econômica. Cabe notar, aqui, ademais, que os movimentos de responsabilidade social têm sido colocados ainda sob a premissa da maximização de lucros, pois que com a postura socialmente responsável o que se procura, em realidade, também é uma promoção da empresa entre os consumidores, em uma espécie de legitimação econômica, que determine um aumento da lucratividade. Esta componente do movimento não pode ser esquecida. Como indicativo internacional pode-se, assim, notar que a OECD, ao dispor, em seu código, que outros interesses devem ser ponderados pela administração da companhia,[37] contrapõe-se à orientação de outras organizações, como a própria IGCN, que diz que a principal função é a geração de lucros, ainda que para alcançar tal objetivo a companhia possa procurar assegurar a viabilidade longeva do negócio e gerenciar de forma efetiva suas relações com os demais interessados.[38]

Entretanto, o debate sobre a responsabilidade social mostra que as mesmas dificuldades que a definição de interesse público oferece para a decisão sobre os limites da decisão empresarial estarão presentes no debate sobre a função social da empresa e a organização empresarial, pois que não basta o reconhecimento do poder e sua disciplina. É necessária a criação de mecanismos que limitem e delimitem o poder. Esta delimitação está intimamente ligada, porém, à sua legitimidade política e social – o que os regimes alemão e japonês deixam como lição.

§ *10. O PROCESSO DA GOVERNANÇA CORPORATIVA:*
  ENTRE CONVERGÊNCIA E COMPETIÇÃO LEGAL

Como postulado repetidamente, o debate da governança corporativa traz como traço diferencial a confrontação real de regimes, distanciando-

---

37. Peter Hommelhoff, *OECD – Principles on Corporate Governance – ihre Chancen und Risiken aus dem Blickwinckel der deuschen corporate governance-Bewegung*, cit., p. 265.

38. "The overriding objective of the corporation should be to optimize over time the returns to its shareholders. Where other considerations affect this objective, they should be clearly stated and disclosed. To achieve this objective, the corporation should endeavor to ensure the long-term viability of its business, and to manage effectively its relationships with stakeholders" (*ICGN Statement on Global Corporate Governance Principles*, adotados em 9 de Julho de 1999, na Conferência Annual, em Frankfurt).

se, assim, de uma concepção tradicional de comparação de sistemas, tal como postulada pelo Direito Comparado.[39] Tal confrontação pode ser observada de forma muito concreta, por exemplo, no mercado de capitais brasileiro, onde há uma forte tendência à introdução de dispositivos legais e regras que desfrutam de reconhecimento internacional, ao menos supostamente, tais como aqueles coibindo o uso privilegiado de informações, incentivando a independência da administração, a disciplina da ampla informação, regulando a remuneração indireta dos administradores por meio de planos de opção de compra de ações, entre outros tantos.

Com a introdução de institutos e estruturas que estão presentes quase que invariavelmente no mercado de capitais americano, a internacionalização dos mercados de capitais, o aumento da importância dos investidores estrangeiros – que parece não ser um fato só no Brasil, mas geral, como na Europa, por exemplo – e a incrível mobilidade da sociedade moderna, não tardou para que os rumos de tais interações fossem indagados, e, com isto, se tal confrontação seria caracterizada e deveria se manter como uma concorrência de sistemas ou haveria muito mais uma convergência de regimes de governança corporativa. Trata-se de uma perspectiva imposta pela confrontação real da governança corporativa, mas que fascina, pela sua abertura a uma ocorrência do Direito atual que avança – e muito – as fronteiras da governança corporativa: a interatividade entre os sistemas legais.

Sob a insígnia da competição ou convergência de regimes há um sem-número de questões que serão tratadas somente em parte aqui, mas que parecem ser suficientes para criar uma postura mais crítica. Entre elas destacam-se a imposição e o uso da eficiência econômica como critério – muitas vezes exclusivo – de análise da adequação das regras de governança corporativa, que termina por ocultar ou impedir que as diferenças estruturais dos países sejam consideradas no contexto da governança corporativa, tais como a concentração de propriedade, as relações entre o sistema financeiro e o setor produtivo, as relações entre as empresas, o poder dos sindicatos na sociedade, entre tantas outras.

Com tais considerações gerais, pode-se avançar com as reflexões.

1. *Eficiência econômica como razão da governança corporativa*

O debate sobre governança corporativa também seguiu – como não poderia deixar de ser – análises sob o enfoque econômico. Sob tal

---

39. Hein Kötz/Konrad Zweigert, *Einführung in die Rechtsvergleichung*, cit.

perspectiva, algumas instituições já realizaram até mesmo pesquisas de campo nas quais detectaram que haveria um grande número de investidores dispostos a investir um maior volume de recursos em companhias comprometidas com princípios de governança corporativa.[40] Em que pese à importância de tais pesquisas, não há como deixar de apontar para o fato de que o ponto de partida das mesmas não é questionado – isto é, quais regras de governança corporativa estariam aptas a produzir tal efeito, por exemplo. Criam-se, assim, em realidade, jargões e lugares-comuns que podem conduzir ao equívoco. Para um debate aberto e crítico sobre as regras de governança corporativa, portanto, é preciso ter claras tais regras, sua origem e adequação.

Não se exige grande esforço para constatar que grande parte ou praticamente a totalidade das regras de governança corporativa, tal como postas no debate internacional atual, têm sua origem histórica nos países de tradição anglo-americana,[41] o que se explica não só pelo longo histórico do debate sobre a governança corporativa como instrumento de competição nestes países, como nos EUA, por exemplo, desde a publicação da obra de Berle & Means em 1932, com a questão da separação de propriedade e controle,[42] mas também pela preponderância econômica dos mesmos. O contexto dos debates estreita-se e, como decorrência de uma posição privilegiada na economia mundial, torna-se uma obviedade associar às regras de governança americanas ou inglesas, por exemplo, um padrão inquestionável de qualidade, chegando-se mesmo a uma postura de reverência que não mais reconhece o tom da crítica. Caminha-se, assim, de forma quase que imperceptível, para um estreitamento muito grande das questões relacionadas à governança corporativa nos diversos

---

40. Cf. informação disponível em *www.ibgc.org.br*: "Em junho de 2000, a McKinsey & Co., em parceria com o Banco Mundial, conduziu uma pesquisa (*Investors Opinion Survey*) junto a investidores, representando um total de carteira superior a US$ 1.650 bilhões, destinada a detectar e medir eventuais acréscimos de valor às companhias que adotassem boas práticas de governança corporativa. Apurou-se que os investidores pagariam entre 18% e 28% a mais por ações de empresas que adotam melhores práticas de administração e transparência" (acesso em abril/2003). Cf. Paulo F. C. Salles de Toledo, *Modificações Introduzidas na Lei das Sociedade por Ações quanto à Disciplina da Administração das Companhias*, cit., p. 426; crítico a respeito, Eddy Wymeersch, *Factors and Trends of Change in Company Law*, cit., p. 496, especialmente nota 41.

41. Cf., sob a perspectiva alemã, Thomas Raiser, *Recht der Kapitalgesellschaften*, cit., § 13, V, margem 28.

42. Adolf A. Berle/Gardiner C. Means, *The Modern Corporation & Private Property*, cit.

países. Parte-se para uma associação quase que óbvia entre eficiência econômica e adequação de normas, chegando alguns a afirmar, em tom quase arrogante, que a história do direito societário havia terminado, e os países anglo-saxônios, com um sistema baseado no mercado e orientado para o acionista, haviam provado ser o único sistema capaz de produzir crescimento econômico sustentado.[43] Coloca-se a eficiência econômica, dentro de uma postura exclusivamente utilitarista, como único parâmetro de análise.

1.1 Dispersão da propriedade e proteção das minorias: a rota da eficiência?

Um exemplo muito ilustrativo deste pensamento encontra-se formulado em argumentos pelos quais a supremacia econômica e a pujança dos mercados de capitais americano e inglês permitiriam concluir que (i) os países continentais e pertencentes à família do Direito Românico em geral possuem uma estrutura de propriedade acionária extremamente concentrada, oferecem claramente menor proteção aos acionistas minoritários e, por isso, seus mercados de capitais não apresentam o mesmo desenvolvimento que aqueles localizados nos EUA ou na Inglaterra, evidenciando-se, com isto, que (ii) a resposta pode estar no próprio sistema jurídico destes países, e, portanto, que o sistema de direito consuetudinário seria mais apropriado para o desenvolvimento de mercados de capitais.[44]

Tais argumentos tornaram-se ainda mais divulgados e debatidos quando da realização de pesquisas que sustentam haver uma associação entre a expressividade do mercado de capitais e a concentração de propriedade nos respectivos países. Os mercados americano e inglês, considerados como modelos de mercado de capitais desenvolvido, apresentam, assim, cifras de concentração de capital muito inferiores aos países especialmente da Euro-

---

43. Cf. Margareth M. Blair, "Shareholder value, corporate governance and corporate performance: a post-Enron reassessment of the conventional wisdom", *Working Paper* 334240 da Georgetown University Law Center, 2002 (disponível em *http://papers.ssrn.com/paper.taf?abstract_id 334240*, acesso em abril/2003, p. 2 – lembrando as colocações dos professores de Yale, Henry Hansmann, e Harward, Reinier Kraakman, seguidas por grande parte da doutrina americana).

44. Rafael La Porta/Florencio Lopez-de-Silanes/Andrei Shleifer, *Corporate Governance around the World*, cit. (não faltam críticas às premissas de tal pesquisa, que está baseada nas 20 maiores empresas listadas nos 27 países escolhidos entre os com maior renda *per capita* em 1993 – o Brasil não está incluído na pesquisa!); Rafael La Porta/Florencio Lopez-de-Silanes/Andrei Shleifer/Robert W. Vishny, *Law and Finance*, cit., e *Legal Determinants of External Finance*, cit.

pa Continental (sendo o Japão um caso intermediário), onde os mercados de capitais estão longe de ter a expressividade que os mercados americano e inglês apresentam. E que não fique sem ser notado que tais constatações sempre foram recepcionadas pela doutrina anglo-saxônia com ares de surpresa, pois que no período de pujança do mercado europeu a constatação de que o modelo Berle & Means de empresa era muito menos universal do que imaginado causava naturais contrações acadêmicas.[45]

A concentração de controle nas empresas européias tornou-se fato comprovado com os estudos que puderam ser realizados após a publicação da Diretiva 86/627/EEC, que exigia a divulgação de informações mínimas sobre as participações acionárias das empresas, visando a uma maior transparência do mercado de capitais europeu em formação.[46] Os números não traem: 80% das 170 maiores companhias listadas possuem um único controlador com mais de 25% das ações e em mais de 50% das companhias um único acionista controlador.[47] Em 50% das companhias não-financeiras da Áustria, Bélgica, Alemanha e Itália um único controlador detém mais de 50% dos direitos de voto. Holanda, Espanha e Suécia apresentam cifras menores, 43,5%, 34,5% e 34,9% respectivamente, mas não menos significativas de concentração. Um dado interessante refere-se à França, onde, quanto maior a expressividade da companhia no mercado de capitais, menor a concentração.[48] Não é somente esta a questão, porém, pois que em tais análises não puderam ser registrados acordos outros de controle e influência nas companhias, bem como as intersecções entre as empresas, tal como o sistema alemão e o sistema japonês (*keiretsu*).

O mercado japonês apresenta uma concentração menor que o sistema europeu, porém ainda distante da dispersão do mercado americano ou

---

45. Cf. Brian R. Cheffins, *Comparative Corporate Governance and the Australian Experience: a Research Agenda* (disponível em *http://ssrn.com*, acesso em abril/2003, p. 8).

46. Cf. estudo realizado em 27 países por Rafael La Porta/Florencio Lopez-de-Silanes/Andrei Shleifer, *Corporate Ownership around the World*, cit.; em especial para a Europa, o estudo intitulado *The Control of Corporate Europe*, do European Corporate Governance Institut, *apud* Theodor Baums, "Changing patterns of corporate disclosure in Continental Europe: the exemple of Germany", *Law Working Paper* 4/2002 (disponível em: *http://papers.ssrn.com/paper.taf?abstract_id=345020*, acesso em abril/2003, p. 2). Para maiores referências, ainda John Coffee Jr., *The Future as History: the Prospects for Global Convergence in Corporate Governance and its Implications*, cit., p. 9.

47. Barca/Becht, *Corporate Europe*, p. 2.

48. Laurence Bloch/Elizabeth Kremp, "Ownership and voting power in France", in Barca/Becht, *Corporate Europe*, cit., p. 116.

inglês.[49] Estudos indicam que há uma concentração média de 33% dos 5 maiores acionistas das grandes empresas japonesas contra 25% das grandes empresas americanas.[50] Uma menor concentração de propriedade em relação aos países da Europa Continental não importa, entretanto, uma dispersão entre as pessoas físicas, pois se estima que 43% das participações das empresas listadas em Bolsa estejam com instituições financeiras (bancos 22%, seguradoras 11% e fundos de investimento 2%), 24% com empresas não-financeiras e somente 24% com pessoas físicas.[51]

Contrapondo-se a tal realidade de concentração de controle, nos EUA praticamente a metade das empresas não-financeiras listadas na NASDAQ ou na NYSE não tem nem ao menos um acionista com mais de 5% de ações com direito de voto, sendo que 92,2% das empresas da NYSE e 82,3% das empresas da NASDAQ não têm controlador algum com mais de 25% das ações com direito de voto.[52]

Tais dados levam a doutrina americana a distinguir entre um sistema de controle em bloco (*blockholder system*) – como existente, assim, nos países europeus e a grande maioria dos demais países que já foram objeto de pesquisas, entre os quais o Brasil –, no qual o controle seria preponderantemente interno (*insider system of control*), e um sistema de mercado (*marketholder system*) – existente basicamente nos EUA e na Inglaterra –, onde o controle seria preponderantemente externo (*outsider system of control*) e o papel de estruturas como um mercado de controle e um mercado de administradores passa a representar elemento que indica a qualidade do sistema. Como característica comum do sistema de controle de bloco identificou-se, ainda, que as distribuições públicas iniciais de ações ocorrem em regra com a preservação de um bloco expressivo de controle. Com maior abstração ainda, identifica-se nos sistemas de controle de bloco tendência a uma maior preocupação não com a delimitação do exercício dos direitos, mas sim com o controle, com a limitação de tais direitos, isto é, com a responsa-

---

49. Rafael La Porta/Florencio Lopez-de-Silanes/Andrei Shleifer, *Corporate Governance around the World*, cit., pp. 20 e ss. – os quais entendem que o modelo japonês se aproxima mais dos regimes americano e inglês (!).

50. Dados de 1996, *apud* Takeo Hoshi, "Japanese corporate governance as a system", cit., p. 860.

51. Cf. Hideki Kanda, "Comparative corporate governance – Country report: Japan", in Klaus J. Hopt *et al.*, *Comparative Corporate Governance – The State of the Art*, cit., p. 928.

52. Marco Becht, "Beneficial ownership in the United States", in Barca/Becht, *Corporate Europe*, cit., p. 285.

bilidade decorrente do seu exercício (*liability rule*); enquanto nos países com controle de mercado há uma preocupação maior com a delimitação do poder, com a predominância da proteção direta da propriedade dos acionistas (*property rule*).[53]

Sem um questionamento maior sobre as reais causas e circunstâncias que determinaram tais evoluções dos mercados torna-se mais e mais recorrente nas discussões sobre governança corporativa a evidência de que os países caracterizados pelo controle de bloco, apresentando um mercado de capitais em regra menos desenvolvido, estariam condenados a equalizar seus mercados e regras ao sistema anglo-americano, como que desafiando a passagem pelo Cabo das Tormentas como única rota para o sucesso.[54] É a morte anunciada do direito societário, que no embate darwinista teria encontrado a espécie societária melhor adaptada às condições de mercado.[55]

Não são poucas as críticas dirigidas a tais estudos, especialmente com relação às razões e conseqüências da concentração de controle.[56] Não faltam, porém, os que tentam explicar tais diferenças, mas sem perder a perspectiva da superioridade de um determinado sistema em detrimento de outro, apontando, assim, para uma dependência da trajetória histórica.[57]

Não resta, aqui, qualquer ponderação valorativa. O que se quer é instigar a uma análise que coloque tais argumentos de forma clara e crítica. Para tanto, é necessário insuflar no leitor a dúvida sobre se tal eficiência econômica seria o único argumento; um argumento que permaneceria inconcusso e injustamente livre de questionamento. É o que se pretende, a seguir.

---

53. Julian Franks/Colin Mayer/Stefano Rossi, "The origination and evolution of ownership and control", *Finance Working Paper* 09/2003 (disponível em *http://ssrn.com/abstract_id=354381*, acesso em abril/2003, p. 2).

54. Cf., por exemplo, no Brasil: Antônio Kandir, "A nova CVM e a modernização da Lei das S/A", in Lobo, *Reforma da LSA*, p. 3.

55. John Coffee Jr., "The rise of dispersed ownership: the role of law in the separation of ownership and control", *Working Paper* 182, 2001 (disponível em *http://papers.ssrn.com/paper.taf?abstract_id=254097*, acesso em abril/2003).

56. Barca/Becht, *Corporate Europe*, cit., pp. 4 e ss.

57. Mark J. Roe/Lucian A. Bebchuk, "A theory of path dependence in corporate governance and ownership", Columbia Law School/The Center for Law and Economic Studies, *Working Paper* 131, 1999 (disponível em *http://papers.ssrn.com/paper.taf?abstract_id=192414*, acesso em abril/2003).

1.2 Exclusividade da eficiência?

É de longa data o debate na doutrina americana sobre a análise econômica das instituições, da vida social e até mesmo do homem. Tal postura está naturalmente arraigada na tradição utilitarista dos países anglo-saxônios – o que não pode impedir que se atente para a existência de estruturas econômicas e sociais extremamente diferenciadas nos diversos países, e para outros fatores que compõem e dão suporte à sua estrutura legal, como, no caso do mercado de capitais e da governança corporativa, seu mercado financeiro e respectiva composição de endividamento das empresas, a importância do mercado de capitais para o financiamento industrial, a concentração de controle, poder e legitimidade de atores sociais, como os sindicatos, entre outros fatores. Uma perspectiva utilitarista, em que pese à sua importância especialmente para as políticas legislativas, não pode compor o único parâmetro de análise das questões de governança corporativa.[58] Se isto fosse real, a participação dos trabalhadores nos conselhos de supervisão alemães ou o controle das empresas japonesas por trabalhadores de carreira não poderiam, talvez, ser explicados. Outros elementos, como as implicações sociais de uma estrutura, não podem ser simplesmente ignorados. Não faltam, assim, críticas, como de alguns teóricos japoneses que questionam o império da governança corporativa baseada somente na profissionalização e, portanto, independência dos administradores, tal como o modelo americano, e põem em relevo que o modelo japonês, embora não seguindo tal estrutura, mas sim a da chamada "companhia comunidade", obteve sucesso por muito tempo.[59]

Com tais colocações poderia o leitor – e com razão – pensar que se está propugnando, aqui, uma postura conservadora e de rejeição com relação aos esquemas e expedientes do sistema anglo-saxônio, a qual, porém, não condiz com a realidade econômica, que demonstra serem de grande valia. Todavia, não é isto que se está propondo. Muito ao contrário. O que se busca com tais reflexões é muito mais a conscientização do processo de recepção de tais instituições, seja no exterior, seja no Direito Brasileiro, por exemplo, para, assim, haver uma adaptação e introdução adequadas e críticas. O debate sobre a eficiência de um sistema ou regime limita sua compreensão e, assim, a identificação dos reais problemas que podem estar associados com o processo de confrontação de sistemas

---

58. Horst Eidenmüller, *Effizienz als Rechtsprinzip: Möglichkeiten und Grenzen der ökonomischen Analyse des Rechts*, pp. 414 e 490.

59. Zenichi Shishido, *Japanese Corporate Governance: the Hidden Problems of Corporate Law and Their Solutions*, cit., pp. 189 e ss.

– processo, este, que passa a ser reduzido a uma questão de extrema relevância para o debate sobre os aspectos jurídicos da governança corporativa, a concorrência contraposta à convergência sistêmica, mas que não tem seus pressupostos questionados.

Como não poderia deixar de ser, o debate encontra-se dividido em opiniões diferenciadas, e muitas inconciliáveis. Com risco de haver algum tipo de reducionismo teórico, mas em benefício da melhor compreensão pragmática de tal debate, serão indicadas suas principais linhas de argumentação. Com o entendimento de tais concepções será mais fácil, acredita-se, o questionamento do ponto de partida, a eficiência econômica como exclusiva medida de análise.

2. *Competição como pressuposto de eficiência*

Pode-se resumir o conceito da competição de forma bruta na afirmação de que os países que não adotarem regras adequadas de governança corporativa irão perder potencial parcela do mercado internacional de capitais, como decorrência do processo de globalização.[60] Os propugnadores de uma visão de competição sistêmica entendem em grande parte que o sistema anglo-americano tem demonstrado sua eficiência ao longo dos anos pela existência de um mercado de capitais sólido e estável. Tal proeminência de sua eficiência econômica resultaria na melhor adequação de sua estrutura normativa, que terminará por dominar o mercado internacional. Tal visão aponta, em caráter extremo, que não se trata somente de uma questão relativa às regras de governança corporativa, mas sim a todo o sistema jurídico, onde, em realidade, os países de tradição jurídica consuetudinária dariam maior proteção aos minoritários, e isto levaria a uma maior dispersão de participações e, portanto, a uma maior eficiência do mercado de capitais.

O que suporta toda a concepção de concorrência de sistemas é o entendimento de que o mercado é o melhor instrumento para alinhar interesses e criar regras e instituições apropriadas. Tal regra de mercado somente poderia, porém, expandir sua força reguladora em um ambiente de competição – a qual, portanto, deixaria de ser vista como algo pernicioso,

---

60. Gabriela Romano, "Law as a product: some pieces of the incorporation puzzle", *Journal of Law & Organization* 225, pp. 280-281 (1985), *apud* Marcel Kahan/Ehud Kamar, "The myth of State competition in corporate law", *Stanford Law Review* 55, 679, p. 682, com outras referências na nota 4; cf., para outras referências de literatura: Mark J. Roe/Lucian Arye Bebchuk, "A theory of path dependence in corporate governance and ownership", cit., p. 6.

mas sim absolutamente salutar e indispensável a um sistema otimizado. Tal visão é ainda complementada pelo entendimento de que somente em razão das forças políticas dos grupos de controle existentes nos países de tradição jurídica romanística impede-se que mudanças permitam a adoção de regras que venham a modificar tal estrutura de capital nestes países, criando-se, assim, uma dependência histórica (*path dependency*) incontornável, onde os pontos de partida importam (*initial starting points matter*).[61] Também há os que pleiteiem uma convergência funcional realizada através dos mercados de capitais, e que pode ser visualizada com muita facilidade nos esforços de harmonização da UE.[62]

Tal perspectiva é significativamente influenciada pela experiência americana, com a mundialmente conhecida competição entre seus Estados Federados no campo da legislação societária, que não se encontra na competência da Federação. Conveniente, assim, perquirir-se um pouco mais os detalhes de tal experiência potencialmente úteis para se entender o contexto de competição entre os regimes e se tal experiência realmente aponta para uma perspectiva absolutamente aplicável a uma competição sistêmica internacional, em que pese às diferenças históricas, sociais e culturais.

3. *Governança corporativa como fator de competição: a experiência americana*

Com base especialmente na experiência americana sobre o direito societário, a competição entre sistemas jurídicos (*legal arbitrage*) ou competição entre sistemas de governança é entendida por parte da doutrina americana como salutar para a criação de um sistema que melhor corresponda às necessidades de mercado.[63] O mercado seria, aqui, o indi-

---

61. Lucien Arye Bebchuk/Mark J. Roe, "A theory of path dependence in corporate ownership and governance", in Larry Catá Backer, *Comparative Corporate Law – United States, European Union, China and Japan (Cases and Materials)*, p. 23; interessante a resistência alemã: Peter Hommelhoff, *OECD – Principles on Corporate Governance – ihre Chancen und Risiken aus dem Blickwinkel der deuschen corporate governance-Bewegung*, cit., p. 263, o qual relata isto como razão para não haver na União Européia um código geral sobre governança corporativa; John Coffee Jr., *The Future as History: the Prospects for Global Convergence in Corporate Governance and its Implications*, cit., p. 41.

62. John Coffee Jr., *Convergence and its Critics: what are the Preconditions to the Separation of Ownership and Control?*, cit., p. 1.052.

63. Lucien Arye Bebchuk/Mark J. Roe, "A theory of path dependence in corporate ownership and governance", in Larry Catá Backer, *Comparative Corporate Law*, cit., pp. 19 e ss.

cador adequado para a determinação das melhores regras de governança corporativa.[64] Sob esta perspectiva, a governança corporativa passaria a ser uma questão de sobrevivência para os tomadores de capital, pois que, num ambiente de escassez de capital para investimento, as empresas que estivessem cumprindo os preceitos competitivos de governança corporativa estariam mais aptas a captar os recursos.

Como conseqüência direta de sua estrutura constitucional, que delega ampla competência legislativa, como na área societária, para os Estados-membros da Federação, permitiu-se, em teoria, o surgimento de uma real pândega legal na área societária. Cada Estado Americano pode, assim, em tese, ter suas próprias leis societárias tratando das formas e requisitos de constituição e organização das empresas, pois que impera a teoria da incorporação, pela qual, independentemente do Estado onde a empresa opera, submete-se às leis do Estado onde foi constituída. Tal situação teria levado a uma corrida das empresas para os Estados que oferecessem as melhores regras (a conhecida *charter mongering*, ou *charter shopping*) para sua constituição e ao estabelecimento de alguns Estados, ou, mais precisamente, de um estado, Delaware, como referência nacional para a constituição de empresas, por sua eficiência regulatória e preparo de seus tribunais, que têm experiência muito superior à dos demais Estados.[65]

Com isto, criou-se solo fecundo para que parte da literatura americana procurasse justificar tal posição de destaque que o Estado de Delaware alcançou de Norte a Sul nos EUA como referência para a incorporação das sociedades por ações (*corporations*) com capital aberto (estimativas apontam para o fato de que mais de 50% das sociedades de capital aberto nos EUA tenham sido constituídas pelas leis do Estado de Delaware),[66] com adequação e atualidade de suas normas às necessidades das empresas e conseqüente triunfo na concorrência entre os Estados, pela constituição de empresas em seus territórios. Procurou-se dar suporte para tal tese concorrencial até mesmo pela análise das taxas e emolumentos recebidos pelos Estados, mostrando-se que as mesmas seriam uma disputada fonte de recursos para os Estado, e isto criaria o necessário interesse pela instituição das melhores regras.[67]

---

64. Cf. proposta para o mercado de capitais in Roberta Romano, "The need for competition in international securities regulation", Yale ICF, *Working Paper* 49 (disponível em *http://papers.ssrn.com/abstract=278728*, acesso em abril/2003).
65. Peter Hay, *US-Amerikanisches Recht*, 2ª ed., p. 235, margem 603, o qual fala sobre o "efeito Delaware".
66. Bernard Black, "Is corporate law trivial? A political and economic analysis", *Northwestern University Review* 84/2, p. 591.
67. Marcel Kahan/Ehud Kamar, "The myth of State competition in corporate law", cit., p. 681.

Não é uníssono o pensamento, entretanto, sobre a questão da necessidade e adequação de competição entre sistemas jurídicos ou regulatórios para a otimização do direito societário ou corporativo nos EUA. Com base em tal percepção da existência de um ambiente de concorrência, desdobrou-se a literatura americana entre os que consideram tal concorrência produtiva para o desenvolvimento do direito societário e corporativo (a denominada *race to the top*), sugerindo até mesmo sua adoção para a regulamentação do mercado de capitais, e aqueles que simplesmente consideram tal competição perniciosa para o direito societário americano (a denominada *race to the bottom*), o qual, em sua percepção, favorecendo os interesses dos administradores que têm muita influência sobre a política estadual, tem-se deteriorado mais e mais, restando somente regras triviais e praticamente nada cogente, pois o interessado sempre pode escolher o que quer aplicar.[68]

Tal posição tem sofrido, entretanto, mais e mais críticas, considerando-se tal competição até mesmo muito mais um mito que realidade.[69] Não faltam críticas, assim, à análise que pretende ver a experiência americana sobre a concorrência entre seus Estados Federados como prova do caráter salutar da concorrência para o ambiente regulatório. O trivialismo das regras societárias americanas e a falta de um conteúdo realmente cogente, pois que é possível sempre encontrar uma lei que melhor se adapte aos interesses de uma parte ou outra, compõem uma destas críticas.[70] Foi demonstrado, ainda, que a proeminência de Delaware se deve muito mais a fatores históricos e políticos que ao interesse pelas taxas e emolumentos. Também se mostra que, na realidade, existe um sistema mais próximo do dual entre os Estados que seguem o modelo federal de lei de sociedades por ações (o *Model Business Corportation Act*) e os que seguem as regras

---

68. Bernard Black, "Is corporate law trivial? A political and economic analysis", cit., p. 549; cf. também Marcel Kahan/Ehud Kamar, "The myth of State competition in corporate law", cit., pp. 681 e ss., especialmente notas 3 e 4; Eddy Wymeersch, "The transfer of the company's seat in european company law", *Law Working Paper* 08/2003, do European Corporate Governance Institute (disponível em *http://ssrn.com/abstract=384802*, acesso em abril/2003, p. 4, nota 5, com maiores referências); sobre a aplicação da competição regulatória para o mercado de capitais, cf. Roberta Romano, "Empowering investors: a market approach to securities regulation", in Klaus J. Hopt *et al.*, *Comparative Corporate Governance – The State of the Art*, cit.

69. Marcel Kahan/Ehud Kamar, "The myth of State competition in corporate law", cit., pp. 679 e ss.

70. Bernard Black, "Is corporate law trivial? A political and economic analysis", cit., pp. 542 e ss.

de Delaware, e não uma competição entre todos os Estados Federados Americanos.[71]

O fato é que a massiva atividade legiferante federal no campo do mercado de capitais serviu para esvaziar, e muito, a importância das regras estaduais, as quais ou estão em sintonia com as de Delaware ou com o *Model Business Corporation Act*, e, por fim, como já mencionado, a inexistência de um real incentivo para tal competição e o caráter histórico da evolução das legislações nos Estados que apontam não para uma concorrência geral, mas sim para uma harmonização de sistemas.

4. Reflexos da experiência americana na Europa

Enquanto o debate nos EUA sobre as vantagens de tal concorrência de sistemas regulatórios permanece, interessante notar que o mesmo tem sido mais e mais objeto de discussões no âmbito da União Européia, especialmente logo após a conhecida decisão "Centros" de 1999,[72] e ainda mais recentemente com a decisão no caso "Überseering", de 2002,[73] pelas quais o Tribunal de Justiça Europeu evidenciou seu entendimento no sentido de que a legislação interna dos países-membros da União Européia não poderia impor restrições que limitassem o princípio da liberdade de estabelecimento.

Não se trata, evidentemente, dos primeiros casos, pois que desde o caso "Segers", em 1985, e com exceção do caso "Daily Mail", de 1988, onde houve entendimento não muito favorável à liberdade de estabelecimento, tem havido uma clara entonação do Tribunal de Justiça Europeu no sentido de considerar as restrições relacionadas ao estabelecimento de uma empresa em um outro membro da União Européia contrárias ao Tratado de Roma (art. 48).[74] O caso "Überseering" pode ser aqui descrito

---

71. Marcel Kahan/Ehud Kamar, "The myth of State competition in corporate law", cit., p. 702, nota 66, os quais falam de 24 Estados que seguem em grande medida o *Model Business Corporation Act* de 1999. Cf., ainda, o *Model Business Corporation Act* editado pela *American Bar Association*, revisão de 2002, onde se aponta para 25 Estados que adotam quase que integralmente a lei-modelo e 6 outros Estados com legislações baseadas na versão de 1965 da lei-modelo.

72. Caso C-212/97, ECJ, 9 de março de 1999; Hanno Merkt, "Centros and its consequences for member State legislatures", *International and Comparative Corporate Law Journal* 3/1, 2001, pp. 119 e ss.

73. Caso 208/00, ECJ, 5 de novembro de 2002, impresso em diversas revistas alemãs, *DB* 2002, 2425; *AG* 2003, 37; *ZIP* 2002, 75.

74. Eddy Wymeersch, "The transfer of the company's seat in european company law", cit., p. 6.

brevemente, somente para melhor ilustrar a questão: uma empresa holandesa que havia adquirido um terreno na Alemanha e contratou empreiteiros alemães para realizarem uma reforma ou reconstrução do prédio existente em tal terreno foi acionada em solo alemão pelos empreiteiros, por motivos que não interessam aqui. Como as ações de tal empresa haviam sido adquiridas por alemães e as principais atividades e negócios da empresa estavam ocorrendo em território alemão, alegou-se a transferência de fato da sede da empresa para a Alemanha – e, como conseqüência disto, estaria sujeita à lei alemã. Como a empresa, entretanto, não havia sido formalmente constituída na Alemanha, não teria personalidade jurídica para ser acionada em território alemão. O caso foi assim submetido pela Corte Superior Alemã ao Tribunal de Justiça Europeu, o qual entendeu que tal determinação da lei alemã violaria o Tratado de Roma, pois que denegaria o reconhecimento da personalidade jurídica da empresa – e, conseqüentemente, sua capacidade processual.[75]

Os reais efeitos de tais decisões para a legislação societária dos países-membros da UE ainda não são claros, pois se, por um lado, há uma evidente aproximação da teoria da constituição[76] – o que estimularia uma concorrência legislativa –, por outro lado, estariam limitados aos países-membros, e de forma diferenciada de acordo com o país em referência, já que as regras de conflito de leis apresentam, aqui, características muito heterogêneas de país para país. Trata-se, assim, de questão que avança as fronteiras da tradicional dicotomia entre a teoria da constituição e a teoria do estabelecimento, as quais podem estar reguladas de forma muito diferenciada e dependem da perspectiva de análise: se de uma empresa estrangeira em solo do país em referência (*immigration, Zuzug*) ou da perspectiva de uma empresa deste país em referência no estrangeiro (*emmigration, Wegzug*). Tal diferenciação pode ser vista com clareza, por exemplo, na Itália, onde é reconhecida a transferência da sede de empresas italianas para o exterior sem que haja a extinção de sua personalidade jurídica ou interrupção da aplicação das leis de constituição – leia-se a lei italiana (art. 2.509 *Codice Civile*). Entretanto, para empresas estrangeiras que decidem transferir sua sede para solo italiano há a aplicação da teoria da sede, e a empresa deve se submeter às leis italianas, adaptando-se às mesmas.[77]

---

75. Eddy Wymeersch, "The transfer of the company's seat in european company law", cit., pp. 15 e ss.
76. Mathias Habersack, *Europäisches Gesellschaftsrecht – Einführung für Studium und Praxis*, pp. 10 e ss., margens 17 e ss.
77. Eddy Wymeersch, "The transfer of the company's seat in european company law", cit., pp. 10 e ss.

Fato é que tais decisões têm causado muito temor aos países-membros com legislação societária mais rígida e que adotam a teoria do estabelecimento. O caso "Centros" causou, assim, tamanha incerteza, que se chegou a falar na doutrina alemã, por exemplo, em uma invasão das limitadas inglesas em solo alemão.[78] Assim, o embate de argumentos sobre a competição entre os ordenamentos na Europa parece estar por ocorrer com mais intensidade – e, com isto, o questionamento de todo o esforço de harmonização que a União Européia tem encetado há décadas na área do direito societário, e que culminou com conclusão em Nizza, em outubro/2001,[79] após muitos anos de debate exatamente sobre questões que se referiam às peculiaridades de alguns membros da UE, em particular a Alemanha, com relação à participação de empregados no conselho de administração da empresa, do estatuto da *societas europea*.

Fica, naturalmente, o questionamento sobre a extensão de tal competição e da intervenção da UE no campo do direito societário, pois que, inobstante o princípio da subsidiariedade ou da necessidade de harmonização, há uma grande margem de discricionariedade para a determinação dos padrões mínimos necessários, o que pode efetivamente alterar a própria lógica ou concepção de concorrência, que estaria, assim, limitada somente a determinadas questões que ainda não foram objeto de harmonização ou somente se encontram além dos parâmetros de harmonização.[80] Para ilustrarmos, pode-se citar a Diretiva 77/91/CEE, sobre capital mínimo. Para os países-membros há uma nítida delimitação da concorrência, pois que não pode haver sistema que não exija capital mínimo, e isto é válido até mesmo no Reino Unido, onde tradicionalmente, como nos EUA, nunca houve a preocupação com a determinação de capital mínimo para as empresas.

É questionável, assim, se o uso desta experiência para a questão atual da governança, mesmo sob a perspectiva mais atual da questão européia, seria de proveito, pois não há uma clara concorrência, e, se houvesse, haveria o risco de uma tendência às regras que oferecem menor proteção a acionistas minoritários e credores, por exemplo.

78. Hanno Merkt, "Centros and its consequences for member State legislatures", cit., p. 127.
79. Regulamento UE 2.157/2001 do Conselho, de 8 de outubro de 2001, sobre o estatuto da sociedade européia.
80. Mathias Habersack, *Europäisches Gesellschaftsrecht – Einführung für Studium und Praxis*, cit., p. 10, margens 15 e ss., o qual entende haver claro propósito de harmonização como antídoto contra uma concorrência entre os sistemas europeus que seria considerada por si uma *race to the bottom*.

5. Os regimes de governança como questão histórica

Tais deficiências de um modelo de competição de regras societárias em solo americano somadas às peculiaridades do desenvolvimento continental europeu indicam que os argumentos que sustentam a relação de superioridade dos sistemas consuetudinários com base em uma eficiência econômica não ponderam todos os fatores que afetam o desenvolvimento do mercado de capitais e os regimes de governança dos diversos países sob uma perspectiva histórica, pois procuram explicar ou encontrar as causas pelas externalidades dos efeitos e limitam de forma inaceitável o complexo arcabouço social, político e econômico que estrutura tais diferenças. Explica-se uma diferenciação com traços complexos com base em uma análise simplista, ainda que revestida do suporte pseudocientífico de dados de mercado e tabelas; uma análise lastreada exclusivamente na eficiência econômica, mesmo havendo pesquisas indicando inexistir relação direta entre a estrutura de governança e a eficiência econômica das empresas.[81]

Não fosse a deficiência do modelo de concorrência apontada, os dados históricos também indicam outro cenário. O sistema de proteção aos acionistas minoritários ingleses, por exemplo, tem uma longa história de formação, e não pode ser considerado como resultado certo da *Common Law*, pois é fato da história inglesa que uma decisão de 1843 ("Foss *vs.* Harbottle"), no Reino Unido, contrária aos interesses de minoritários influenciou grande parte do século XX.[82] Tratava-se de um ambiente nada favorável aos interesses dos acionistas minoritários. Contra as expectativas, pois, o controle de propriedade nas empresas inglesas permanecia disperso.[83] Evidências produzidas com base em dados oficiais apontam, assim, que a história corporativa inglesa não dá razão para a literatura que sustenta haver uma conexão entre a concentração de controle e a proteção de acionistas minoritários.[84] E não é somente isto.

O sistema de controle americano do início do século XX apresentava claros traços de extrema concentração, provocada em grande parte

---

81. Cf. Brian R. Cheffins, *Corporate Law and Ownership Structure: a Darwinian Link?*, 2002 (disponível em *http://ssrn.com*, acesso em abril/2003).

82. Julian Franks/Colin Mayer/Stefano Rossi, "The origination and evolution of ownership and control", cit., pp. 1 e ss.

83. Brian R. Cheffins, *Comparative Corporate Governance and the Australian Experience: a Research Agenda* (disponível em *http://ssrn.com*, acesso em abril/2003, p. 31).

84. Julian Franks/Colin Mayer/Stefano Rossi, "The origination and evolution of ownership and control", cit., p. 4.

pelas fusões que eram utilizadas como forma de evitar o rígido controle sobre cartéis. Muito citado, aqui, é o caso da *Pennsylvania Railroad*, que controlava muitas outras empresas; e não era um caso isolado na economia americana daquele período.[85] Tal cenário era ainda corroborado por um controle claramente maior de determinados grupos que se valiam da evolução prematura da plutocracia acionária americana para, através de um sistema de limitação de votos, um voto censitário reverso, conservar o poder de controle sem um investimento maior, permitindo-se, assim, uma expansão prematura da concentração empresarial.[86] Tal cenário de proteção "primitiva" dos acionistas minoritários não impediu, todavia, que os EUA caminhassem para um sistema de controle disperso de propriedade na rota de sua *corporate revolution* entre 1880 e 1930, o qual permitiria já em 1932 que Bearle & Means falassem da separação entre controle e propriedade.[87] O interessante, aqui, é que as assembléias-gerais européias, especialmente alemãs, francesas e inglesas, do início do século XX eram – ao contrário daquelas nas empresas americanas – marcadas de forma preponderante por uma ampla democracia,[88] que chegava, mesmo, a comprometer a capacidade de administração das companhias alemãs, como pode ser extraído, por exemplo, do colorido relato de Walther Rathenau, o qual era membro do conselho de muitas empresas alemãs no período, sobre o sistema acionário no início do século XX.[89]

Causam impressão, ainda, os dados de pesquisa realizada sobre o mercado de capitais italiano.[90] O estudo indica que no início do século XX as 10 maiores empresas italianas listadas em Bolsa, incluindo *Banco Commerciale*, *Montecatini* e *Edison*, estavam sob controle bastante

85. Colleen A. Dunlavy, "Corporate governance in late 19th century Europe and the US – The case of shareholder voting rights", in Klaus J. Hopt *et al.*, *Comparative Corporate Governance – The State of the Art*, cit., pp. 8 e ss.

86. Colleen A. Dunlavy, "Corporate governance in late 19th century Europe and the US – The case of shareholder voting rights", cit., pp. 35 e ss.

87. Brian R. Cheffins, *Comparative Corporate Governance and the Australian Experience: a Research Agenda* (disponível em *http://ssrn.com*, acesso em abril/2003, pp. 30 e ss.); John Coffee Jr., "The rise of dispersed ownership: the role of law in the separation of ownership and control", *Working Paper* 182, 2001 (disponível em *http://papers.ssrn.com/paper.taf?abstract_id=254097*, acesso em abril/2003, pp. 5 e ss.).

88. Colleen A. Dunlavy, "Corporate governance in late 19th century Europe and the US – The case of shareholder voting rights", cit., pp. 11 e ss.

89. Walther Rathenau, *Vom Aktienwesen – Eine geschäftliche Betrachtung*, cit.

90. Alexander Aganin/Paolo Volpin, "History of corporate ownership in Italy", *Finance Working Paper* 17/2003, do *European Corporate Governance Institute* (disponível em *http://ssrn.com/abstract=391180*, acesso em abril/2003).

disperso e seus administradores tinham amplos poderes. Somente uma empresa dentro deste grupo de 10 era controlada por uma família, a FIAT (controlada pela família Agnelli), não obstante o cenário extremamente árido de proteção de direitos das minorias, marcado por emissões de ações com votos múltiplos, participações cruzadas na economia, permissão aos bancos para agirem como instituições de crédito e investimento dentro de um sistema de banco universal, inexistência de regras de transparência das informações para os acionistas. Tal situação mudou radicalmente com a Crise de 1929, que permitiu que o Governo Italiano, já sob a influência do regime fascista, aproveitasse a quebra de diversas grandes empresas italianas para intervir e interagir na economia e mercado de capitais italianos, intervenção simbolizada especialmente pela criação, em 1933, do *Istituto per la Ricostruzione Industriale*. Tal intervenção é tomada como a causa para um definhamento expressivo do mercado de capitais italiano a partir da década de 1930, não obstante a criação de regras que buscavam aumentar a proteção dos minoritários, com a intenção de reverter tal cenário. Tais tentativas culminaram, em 1974, com a reformulação total do mercado de capitais italiano e a criação da Consob – o órgão de regulação e fiscalização do mercado de capitais italiano – e as modernizações introduzidas por influência direta da UE. Não obstante a evolução recente do mercado de capitais italiano aponte para certa relação entre proteção de minorias e dispersão de controle, sua história também não suporta a premissa de que a proteção de acionistas minoritários sempre importa um mercado de capitais disperso.

Um dado recente da história da economia mundial também evidencia o equívoco. O processo de privatização a partir de 1989 criou na República Checa um mercado de capitais com propriedade efetivamente dispersa. Conforme estatísticas, 80% dos cidadãos daquele país se tornaram acionistas nas 1.849 empresas privatizadas. Contudo, tal dispersão não garantiu um eficiente controle das empresas, em razão da estrutura do sistema financeiro e de investimentos daquele país.[91]

Tais indicações históricas apontam, portanto, para uma evidência. Não parece que há, na realidade, um mercado cujos produtos sejam as regras de governança corporativa e onde o regime mais eficiente sob o aspecto econômico venha a prevalecer, pois que os regimes são formados por diversas variantes, que conformam um sistema amplo de regras e

---

91. Cf. John Coffee Jr., *Inventing a Corporate Monitor for Transitional Economies: the Uncertain Lessons from the Czech and Polish Experiences*, cit., pp. 69 e ss. (dados de 1997).

contrapesos que deve ser sempre considerado no seu conjunto. Não basta a eficiência econômica. Para uma reflexão ainda mais crítica, pode-se apontar para dois regimes que apresentam características bastante diferenciadas do regime americano e que não podem ser condenados de maneira direta pela ineficiência econômica de suas economias. Trata-se dos regimes alemão e japonês, que apresentam uma organização empresarial bastante diferenciada e, portanto, a existência de muitas regras que não poderiam ser compreendidas pela lógica pura e simples da eficiência.

5.1 Dois exemplos de estruturas de governança diferenciados: os sistemas alemão e japonês

Foi possível ao longo destas reflexões apontar para detalhes esparsos relacionados aos regimes japonês e alemão de governança. O que se pretende, aqui, é oferecer um breve panorama destes modelos, para tornar mais evidente como a estrutura social e econômica pode servir de determinante do regime de governança de um país. Estes dois modelos foram utilizados como exemplo para não haver dúvida sobre competência econômica e as especificidades de um determinado regime considerado independentemente do sucesso, ou não, de uma economia.

5.2 O regime japonês de governança

O sistema japonês é, aqui, de especial interesse, pois, de um universo de cerca 1,2 milhões de sociedades por ações, há 9.000 sociedades por ações (*kabushikigaisha*) de porte (500 milhões de ienes de capital ou 20 bilhões de passivo), aproximadamente 2.300 estão listadas nas oito Bolsas japonesas (75% aproximadamente em Tóquio).[92] O sistema empresarial japonês tem uma estrutura de propriedade altamente institucionalizada e é marcado por duas características fundamentais, que têm atraído a atenção nos debates de governança corporativa. Uma relacionada à interação da empresa na comunidade – e, com isto, à perpetuação do ente "empresa" quase que como uma família, onde os empregados são vistos como elementos indissociáveis da empresa e sua intervenção na administração da companhia é quase que natural. Tal característica explica, assim, a razão de haver nos postos de administração muitos empregados antigos da empresa e uma preocupação constante com a preservação ou garantia de

---

92. Cf. dados de 1997 em Hideki Kanda, "Comparative corporate governance – Country report: Japan", cit., p. 923.

existência de postos de trabalho pelo tempo de vida dos trabalhadores.[93] Uma outra característica de relevo é a forma de interação entre as empresas do ciclo produtivo e o sistema financeiro.

5.2.1 Os interesses dos trabalhadores no modelo japonês

Não há qualquer regra de co-participação dos trabalhadores na administração japonesa. Entretanto, é comum serem destacadas como típicas constatações da realidade empresarial japonesa a grande divulgação dos planos de opção para trabalhadores,[94] a expectativa social de garantia vitalícia de emprego (*sustaining lifetime employment*) e a participação dos empregados na administração como parte última de uma carreira profissional dentro da empresa.[95]

É tamanha a influência dos trabalhadores na administração das empresas japonesas que se permite falar de um regime administrativo orientado pelo empregado (*employee-dominated board*). Talvez como resultado de tal caráter voltado para os empregados se possa explicar o tamanho dos órgãos de administração das companhias japonesas, que seriam considerados inacreditavelmente exagerados para os padrões europeu – onde o número de 20 já causa incômodo – e americano.[96]

Trata-se de sistema extremamente interessante, pelo elemento cultural que implica. Os acionistas controladores não controlam de fato a empresa, pois acreditam que o controle real pela administração formada por empregados resulta de um processo de amadurecimento da própria empresa e lhe confere estabilidade. O real poder de controle da companhia encontra-se não somente de fato nas mãos dos empregados, como é assim legitimado.[97] Tal estrutura da governança corporativa japonesa talvez explique em certa medida por que a onda de aquisições e fusões não obteve tanto sucesso em solo japonês.

---

93. Yoshiro Miwa, "The economics of corporate governance in Japan", in Klaus J. Hopt *et al.*, *Comparative Corporate Governance – The State of the Art*, cit., p. 881.

94. Conforme estatísticas, 80% das empresas listadas na primeira seção da Bolsa de Tóquio tinham planos em 1980 (*apud* Takeo Hoshi, "Japanese corporate governance as a system", cit., p. 861).

95. Yoshiro Miwa, "The economics of corporate governance in Japan", cit., p. 882, o qual relata que em 1993 todos os 55 diretores da Toyota eram antigos empregados e 31, de 33, da Honda.

96. Yoshiro Miwa, "The economics of corporate governance in Japan", cit., p. 887.

97. Hideki Kanda, "Notes on corporate governance in Japan", cit., p. 892.

É comum, ainda, apontar-se para uma outra característica muito clara do regime: a relação amistosa existente entre os proprietários e a administração, que é conhecida como *antei-kabunushi* – isto é, o acionista amigo (*friendly shareholders*). Tal relação permite a perenidade da administração e se contrapõe aos eternos conflitos entre propriedade e gestão, do modelo americano.[98]

5.2.2 O relacionamento empresarial japonês

É prática corrente na administração japonesa haver a participação recíproca entre empresas que se encontram em uma relação fornecedor/ cliente, ainda que sempre em proporções modestas, de forma a garantir um elo de integração maior entre as companhias, conhecido como *keiretsu*, que não se limita à participação recíproca e é compreendido como uma forma de integração produtiva com relações contratuais de longo prazo.[99] Também é comum a presença de administradores representantes da casa bancária que mantém negócios com a empresa, especialmente em períodos de crise. Muitos acionistas japoneses detêm participações não para obter rentabilidade, mas sim para estabelecer relações empresariais e comerciais estáveis. Com isto evidencia-se na prática empresarial japonesa que os maiores acionistas sejam, assim, interessados diretos na empresa, na qualidade de clientes, fornecedores ou credores.[100]

Muito interessante, ainda, o sistema de monitoramento das instituições financeiras, que interagem de forma preventiva para evitar crises nas empresas e sempre têm um banco-líder (*main bank system*), no qual as demais instituições financeiras se apóiam para tomar decisões com relação a determinada empresa.

Comumente se estabelece um sistema de relacionamento com o Governo por meio da prática de se incluir funcionários públicos aposentados nos quadros de administração das empresas – o chamado *amakudari*.

---

98. Yoshiro Miwa, "The economics of corporate governance in Japan", cit., p. 881, o qual destaca que o termo em Japonês *antei* tem o significa de "estável", porém com dupla simbologia – como resultado, a situação estável, e como contribuição para tal estabilidade, de forma que o termo "amigo" lhe pareceu mais apropriado.

99. Muito comentados são os sistemas *keiretsu* da Toyota, Matsushita e Hitachi (*apud* Takeo Hoshi, "Japanese corporate governance as a system", cit., p. 862, nota 15).

100. Takeo Hoshi, "Japanese corporate governance as a system", cit., p. 860; Yoshiro Miwa, "The economics of corporate governance in Japan", cit., p. 881.

5.2.3 Outras particularidades

O regime japonês de governança corporativa torna o debate ainda mais provocativo quando se atenta para mais dois fatos típicos do comportamento e Direito japoneses. O produto das indenizações pagas em ações de acionistas individuais contra administradores é direcionado à empresa, e os advogados japoneses têm um sistema de remuneração que está muito aquém de um sistema de incentivo, como o americano. Em situações de crise, a redução dos dividendos antes do corte de funcionários é entendida como que óbvia e absolutamente natural, pois que as empresas são administradas, como já apontado anteriormente, no interesse dos trabalhadores, e não dos seus acionistas.[101]

Os escândalos ocorridos no final da década de 1990 nas empresas japonesas não parecem ter abalado o regime japonês, que entende tais crises como indicação para a criação de mecanismos que coíbam abusos, e não para a reforma do regime japonês de governança corporativa.[102]

Torna-se evidente, assim, que regras de governança corporativa como aquelas relativas ao tamanho da administração, independência e controle de informações tornam-se muito relativas para o empresariado japonês, pois que as estruturas de controle e legitimação de poder encontram uma estruturação que não permite a aplicação de esquemas gerais para sua otimização. Muito pelo contrário. Tais regras, se introduzidas, podem até mesmo pôr em risco o equilíbrio das instituições.

5.3 O regime alemão de governança

O regime alemão de governança já foi observado sob diversas perspectivas aqui, especialmente a influência dos interesses dos trabalhadores para a estruturação da administração das empresas alemãs.[103] Não se cuidou, porém, das questões relacionadas ao sistema como um todo, que permitam um panorama do seu regime. É o que se propõe, aqui.

O regime alemão de governança encontra-se estruturado em um ambiente de concentração da propriedade, participações cruzadas entre as empresas, com expressiva presença de instituições financeiras e a integração dos interesses dos trabalhadores no processo decisório da

---

101. Hideki Kanda, "Notes on corporate governance in Japan", cit., p. 893.
102. Hideki Kanda, "Notes on corporate governance in Japan", cit., p. 894.
103. Toma-se a liberdade de remeter o leitor aos §§ 4 e 5 do ensaio, onde vários detalhes do sistema são tratados de forma específica.

empresa. Conveniente ter-se um panorama destas estruturas. Também há que salientar que o mercado de capitais alemão tem importância reduzida para o financiamento das suas empresas e para sua economia como um todo, frente a outros mercados de países desenvolvidos como EUA, Reino Unido e Japão. Enquanto, por exemplo, no Reino Unido as empresas listadas contribuem com 35% do PIB, tal figura não passa de 10% para as empresas listadas alemãs.[104]

5.3.1 Os interesses dos trabalhadores e o modelo da co-participação

Como notamos, o modelo de participação dos trabalhadores em um órgão de supervisão dos executivos é característica típica e muito discutida nos foros de governança corporativa. Os detalhes de tal conformação já foram apontados aqui, mas é de interesse notarmos que a concepção da participação dos trabalhadores nas empresas não se limita à sociedade por ações. Trata-se de uma concepção da organização empresarial relacionada à limitação de responsabilidade. Não parece ser, portanto, uma concepção da empresa (*Unternehmen*), mas sim do empresário (*Unternehmer* ou *Unternehmensträger*). Para melhor entendermos tal colocação basta apontarmos para o fato de que 36% das empresas com participação paritária e 44% das empresas sujeitas à participação quase-paritária dos trabalhadores estão constituídas sob a forma de sociedades limitadas (*GmbH*), e não de sociedade por ações (*Aktiengesellschaften*).[105] Também não podemos deixar de apontar para o fato de que, embora as sociedades em comandita não estejam sujeitas à participação dos empregados, as formas mistas, que têm o mesmo efeito econômico da limitação total de responsabilidade, pois o sócio complementar, que é ilimitadamente responsável, é uma sociedade com responsabilidade limitada, tal como a *GmbH & Co. KG* e a *AG & Co. KG*, estão sujeitas às regras de co-determinação dos trabalhadores.[106]

É muito controversa a avaliação do papel real dos trabalhadores na organização empresarial alemã. Fato é que não há unanimidade com relação aos reais efeitos do órgão de administração com assento de trabalha-

---

104. Cf. Ekkerhard Wenger/Christoph Kaserer, "German banks and corporate governance: a critical view", in Klaus J. Hopt *et al.*, *Comparative Corporate Governance – The State of the Art*, cit., p. 523, nota 57.

105. Stefan Prigge, "A survey of German corporate governance", in Klaus J. Hopt *et al.*, *Comparative Corporate Governance – The State of the Art*, cit., p. 951.

106. Stefan Prigge, "A survey of German corporate governance", cit., p. 952, especialmente nota 30.

dores. Estudos de campo realizados na Alemanha com o intuito de obter um panorama mais próximo da realidade de tal modelo concentram-se na forma de organização das reuniões, preparo e remuneração dos conselheiros trabalhadores. Podem ser apontadas, aqui, algumas das conclusões extraídas de tais estudos.

Foi possível, assim, determinar que, na prática, reuniões são comumente realizadas não como um órgão único, mas sim com duas comissões, inclusive com reuniões prévias em separado, compostas por representantes dos trabalhadores, de um lado, e os demais, do outro. Os assuntos que geralmente contam com uma posição mais sólida dos membros representantes dos trabalhadores referem-se aos trabalhadores; não se envolvem muito com as questões estratégicas das empresas. Com relação à remuneração aponta-se para a prática muito comum de os representantes dos trabalhadores membros de sindicatos doarem toda a remuneração que exceda a € 3000 por ano para a fundação da federação sindical alemã (*Deutsche Gewerkschaftsbund*, ou simplesmente *DGB*), a *Hans-Böckler-Stiftung* tem sido apontada como um fator de neutralização de um possível impacto negativo na remuneração como um todo do órgão.[107]

Com base nos resultados de tais estudos, embora não pareça ser possível uma ponderação definitiva sobre tal estruturação da administração alemã, encontram-se com freqüência críticas ao modelo sob a perspectiva da eficiência econômica. Fica evidente a perplexidade de tais opiniões com o fato de que, à revelia de tais críticas, há um julgamento preponderantemente positivo em favor da co-determinação. Os críticos, em tom de irritação, defendem-se com a acusação de que o debate sobre a co-determinação nas empresas alemãs, como tema extremamente político, é dominado por opiniões, e não por fatos.[108]

Tais análises mostram que toda e qualquer análise de governança corporativa que se limite aos aspectos da eficiência econômica não pode prosperar, pois que o elemento histórico ou político, como se pode denominar numa perspectiva mais contemporânea do problema, não é passível de ser excluído.

---

107. Stefan Prigge, "A survey of German corporate governance", cit., pp. 1.004 e ss., especialmente pp. 1.009-1.010.

108. Stefan Prigge, "A survey of German corporate governance", cit., p. 1.012, o qual diz que: "To recap, the analysis of co-determination, a highly political issue, is dominated by opinions, not by facts. The judgment of co-determination in general is positive, whereas its positive effect on corporate governance is doubted".

5.3.2 Concentração de capital e participações cruzadas na Alemanha: o sistema financeiro e o modelo da Alemanha S.A.

Não é fácil, em absoluto, compreender a estrutura acionária das empresas alemãs. O nível de concentração é evidente, mas o papel das instituições financeiras, bem como do próprio mercado de capitais, parece que está longe de oferecer alguma evidência que seja aceita de forma razoavelmente uníssona.

O controle das 500 maiores empresas alemãs, conforme dados de 1992, indica que o controle de 65% das empresas tem concentração de capital superior a 25% de participação, 51% das empresas com concentração superior a 50% de participação e 38% das empresas com mais que 75% de participação! Para o universo das empresas listadas os números indicam concentração ainda maior: 39% com controle acima de 75%, 62% com controle acima de 50% e 78% com controle acima de 25%, contabilizados para o controle de um único acionista. Considerando-se os cinco maiores acionistas, os números são ainda mais impressionantes: 60% com controle acima de 75%, 81% com controle acima de 50% e 93% com controle acima de 25%. O grau de participações recíprocas é enorme. Somente para exemplificar, pode-se mencionar que o grupo de instituições composto por *Allianz, Bayerische Hypotheken- und Wechselbank, Dresdner Bank* e *Münchner Rückversicherung* tem participações, em base agregada, recíprocas variando entre 28% e 42% e representa o centro de uma rede de conexões no setor financeiro e não-financeiro alemão.[109] É comumente ressaltado em estudos econômicos que os grupos *Allianz* e *Deutsche Bank*, por exemplo, que têm, naturalmente, participações recíprocas diretas e indiretas, representavam sozinhos, em 1994, 8,4% da capitalização total do mercado de capitais alemão.[110]

Tais participações cruzadas, tão criticadas pela doutrina americana, que as denomina de *German desease*, porém permitidas pela lei alemã (§ 328 *AktG*) e muito criticadas,[111] dificultam não só a avaliação do mer-

---

109. Stefan Prigge, "A survey of German corporate governance", cit., pp. 971 e 973; cf. também Peter O. Mülbert, "Bank equity holdings in non-financial firms and corporate governance", in Klaus J. Hopt *et al.*, *Comparative Corporate Governance – The State of the Art*, cit., *Appendix* B, tabelas 1 e 2, p. 494.

110. Ekkerhard Wenger/Christoph Kaserer, "German banks and corporate governance: a critical view", in Klaus J. Hopt *et al.*, *Comparative Corporate Governance – The State of the Art*, cit., p. 506.

111. Hüffer, *Aktiengesetz*, § 328, pp. 1.489 e ss.; cf. também EkkerhardWenger/Christoph Kaserer, "German banks and corporate governance: a critical view", cit., p.

cado de capitais alemão, cujo valor agregado real de capitalização em razão das participações cruzadas é 73% do valor nominal em 1994, contra 50% apontado em 1985, mas também das reais regras que determinam a governança das empresas alemãs. Com a reforma de 1998 pela *KonTraG* ficou vedado o uso de tais participações cruzadas para a eleição de membros do *Aufsichtsrat* em sociedades abertas; mas a questão está longe de ter uma solução simples.

5.3.3 Os temidos (ou desconhecidos?) bancos alemães
        e seu papel na governança corporativa alemã

Outra característica mundialmente comentada é o sistema bancário universal alemão (*Allfinanz*), que permite – ao contrário, por exemplo, do sistema americano instituído pelo *Glass-Steagall-Act* – que os bancos tenham participação em empresas não-financeiras. Contrariamente à *communis opinio*, os críticos alemães esforçam-se para mostrar que as participações dos bancos nas empresas não-financeiras não é tão expressiva quanto se poderia pensar.

Conforme dados estatísticos de 1996, os bancos, com exclusão das companhias de investimentos controladas pelos mesmos, detêm participações acima de 5% em 18% das empresas não-financeiras listadas, sendo que as participações entre 10% e 25% representam 9% das companhias e as participações entre 25% e 50% representam 4% das companhias. Tais números não são, evidentemente, absolutamente claros, em razão do fato de que a lei alemã obriga as empresas abertas a divulgar participações somente a partir de 5% – o que torna as análises estatísticas difíceis e não-absolutamente confiáveis. Também não evidenciam as participações cruzadas.[112]

Não obstante tais números, não há consenso absoluto sobre as razões do poder dos bancos. Parece que tal poder não se realiza só pelas participações acionárias, mas é, em realidade, a somatória de vários fatores, como o exercício de voto pelos bancos com base nas ações que lhes são confiadas em depósito pelos clientes (*Depotaktien*), a existência de uma cultura das ações ao portador, baixa presença nas assembléias, complementação de operações com redução dos custos de informação, alinhamento de interesses entre os bancos e os representantes dos trabalhadores

---

502; Heribert Hirte, "Einleitung", in Köln *et al.*, *Kölner Kommentar zum WpÜG*; Carl Heymanns, 2003, p. 18, margem 37.

112. Peter O. Mülbert, "Bank equity holdings in non-financial firms and corporate governance", cit., pp. 450 e ss. e 494 e ss.

no órgão de supervisão por uma política empresarial de menor risco, entre outros. Há também os que reconhecem uma razão histórica para tal posição dos bancos na organização empresarial alemã.[113]

Em oposição a uma percepção de predominância dos bancos, há quem entenda que nada passa de um mal-entendido e que, na realidade, a posição dos bancos nas empresas alemãs não tem a importância que parece ter, pois, como se pode perceber, os bancos detêm, por exemplo, nas 100 maiores empresas alemãs somente 6% dos mandatos do órgão de supervisão, enquanto os sindicatos 14% e a indústria 27%. Os conselheiros representantes dos bancos passaram, ademais, a servir como simples consultores, pois que a co-determinação teria levado o órgão de supervisão alemão, o *Aufsichtsrat*, a não participar dos negócios diários das companhias.[114]

Tal posição dos bancos no sistema alemão é, entretanto, vista pelo legislador alemão como efetivo instrumento de poder, sendo esta a razão pela qual em 1998 houve a alteração das regras pela *KonTraG* sobre o voto por mandato pelas instituições financeiras na Alemanha. A principal alteração refere-se à necessidade de ordem específica dos clientes sobre decisões em assembléias de companhias em que a instituição tenha participação de 5% ou maioria (§ 135 I 3 *AktG*).[115]

6. Convergência ou recepção?
Entre "ius commune americanorum" e "ius proprium"

Tendo em vista as deficiências de uma concepção de concorrência sistêmica e as especificidades históricas e políticas que determinam alguns regimes, como se pôde ilustrar brevemente aqui, houve, então, os que defendessem que a internacionalização dos mercados iria obrigar a uma convergência de sistemas. Tal convergência pode, assim, até mesmo ter um caráter funcional, se atentarmos para o mercado de capitais e a

---

113. Rolf-E. Breuer, "The role of financial intermediaries and capital markets", in Klaus J. Hopt *et al.*, *Comparative Corporate Governance – The State of the Art*, cit., p. 538; dados que podem causar insegurança para uma avaliação mais objetiva estão indicados em Eddy Wymeersch, *A Status Report on Corporate Governance in some Continental European States*, cit., p. 1.143, onde aponta-se para uma ocupação, em 1994, de 33,6% dos assentos das 30 maiores empresas que compõem o índice DAX do mercado de capitais alemão.

114. Rolf-E. Breuer, "The role of financial intermediaries and capital markets", cit., p. 539.

115. Hüffer, *Aktiengesetz*, § 135, II 3, margens 9-12.

necessidade de sua internacionalização.[116] Com isto, não foi incomum, especialmente no final da década de 1990, ouvir-se falar em "americanização" do direito societário europeu, a grande revolução corporativa e até mesmo do fim da história do direito societário, como já apontado aqui.[117] Não resta claro, entretanto, se tal concepção se distancia muito daquela da concorrência, pois se, em efeito, um único sistema predomina, não há qualquer diferença no resultado, mas tão-somente na concepção do processo.[118]

Com o passar das crises econômicas que atingiram os EUA, Europa e o Japão, porém, torna-se evidente que as peculiaridades dos chamados sistemas de mercado, marcados especialmente pela ampla dispersão de controle, e dos sistemas de controle de bloco, sustentados por um complexo quadro de pesos e contrapesos, não poderiam ser facilmente reestruturadas para uma conversão unilateral. Não é possível sustentar a superioridade ou a inferioridade de regras com base nos números do PIB, pois que isto levaria a execrar o sistema americano da década de 1980 e atual, bem como a execrar o sistema europeu, especialmente alemão, e japonês da década de 1990, sem uma reflexão maior.[119]

O que parece ocorrer é muito mais uma recepção intensa de instituições com a criação de sistemas híbridos otimizados; e, ao se lançar olhos para parte da doutrina americana, por exemplo, do final dos anos 1980 e início dos anos 1990, não surpreende o fato de que estruturas dos países continentais, especialmente aquelas dos bancos, estavam sendo consideradas como parâmetro para mudança do seu sistema.[120]

---

116. John Coffee Jr., *The Future as History: the Prospects for Global Convergence in Corporate Governance and its Implications*, cit., p. 134.

117. Brian R. Cheffins, *Comparative Corporate Governance and the Australian Experience: a Research Agenda* (disponível em *http://ssrn.com*, acesso em abril/2003, pp. 9 e ss.).

118. Cf. para a aceitação de diferenças, inclusive culturais, sem, porém, haver mudança de entendimento sobre a eficiência: Mark J. Roe, "Can culture ever constrain the economic model of corporate law?", *Discussion Paper* 381 da Harward Law School, 2003 (disponível em *http://ssrn.com/abstract_id=320882*, acesso em abril/2003, *passim*).

119. Cf. Margareth M. Blair, "Shareholder value, corporate governance and corporate performance: a post-Enron reassessment of the conventional wisdom", *Working Paper* 334240 da Georgetown University Law Center, 2002 (disponível em *http://papers.ssrn.com/paper.taf?abstract_id 334240*, acesso em abril/2003, p. 6, nota 9, indicando os PIBs relevantes de cada período, para comparação).

120. McCahery *et al.*, *Comparative Corporate Governance*, pp. 23 e ss.; Brian R. Cheffins, *Comparative Corporate Governance and the Australian Experience: a*

Não é possível discutir sobre a recepção de institutos por ordenamentos jurídicos diferentes sem que o processo de recepção do Direito Romano nas diversas regiões da Europa Continental a partir do século XII, conhecido como o "século jurídico", seja recobrado à lembrança. O processo de recepção do Direito Romano foi marcado exatamente pelo seu caráter acadêmico (daí sua insígnia de Direito acadêmico e o famoso provérbio *chi non ha Azzo non vada in palazzo*, em alusão ao renomado glosador de Bolonha, *Azo Portius*, cujo *Manual* foi considerado por séculos como referência para o Direito Romano e cuja posse era, até mesmo, condição para adentrar a carreira de juiz em determinadas cidades ainda nos séculos XV e XVI) e gradual, pois em nenhuma região o Direito Romano processado pelos glosadores, pós-glosadores, comentaristas (tanto do *mos italicus*, quando do *mos gallicus*), revogou de forma direta e totalitária os direitos locais (*ius proprium*).[121] Também, a influência dos direitos locais diferenciou-se, por certo, entre os diversos povos e regiões (para ilustrar, basta lembrarmos que a famosa divisão entre obrigação – *Schuld* – e responsabilidade – *Haftung* –, produto do Direito Germânico, foi por muito tempo ignorada pela doutrina francesa).[122] Tal fato, porém, não impede que hoje no Direito Comparado se fale da existência de uma família jurídica de tradição românica, ainda que alguns autores prefiram mencionar, com razão, a existência de uma família romano-germânica ou alemã, exatamente em conseqüência desta maior influência dos direitos locais.[123]

Não é propósito, aqui, realizar uma reflexão mais profunda deste processo de recepção do Direito Romano no Direito Continental Europeu, principalmente sobre o *usus modernus*, do movimento iluminista e seus princípios racionais, entre outros detalhes.[124] É de interesse, porém,

---

Research Agenda (disponível em *http://ssrn.com*, acesso em abril/2003, pp. 10 e ss., especialmente nota 39, onde lista alguns autores que olharam para as experiências japonesa e européia com o intuito de adaptá-las para o contexto americano).

121. Hans Schlosser, *Grundzüge der Neueren Privatrechtsgeschichte – Rechtsentwicklungen im europäischen Kontext*, 9ª ed., Heidelberg, C. F. Müller, 2001, pp. 1, 35, 39 e 52.

122. Otto v. Gierke, *Deutsches Privatrecht*, cit., vol. 2, §§ 174 e ss., pp. 8 e ss.; cf. sobre tal dicotomia no direito privado: Fábio Konder Comparato, *Essai d'Analyse Dualiste de l'Obligation en Droit Privé*, cit.

123. Hein Kötz/Konrad Zweigert, *Einführung in die Rechtsvergleichung*, cit., pp. 130 e ss., o qual separa a família jurídica alemã da família românica, que inclui principalmente os ordenamentos francês e italiano.

124. Cf., para panorama histórico: Franz Wieacker, *Privatrechtsgeschichte der Neuzeit (unter besonderer Berücksichtigung der deutschen Entwicklung)*, 2ª reimpr. da 2ª ed. de 1967, pp. 204 e ss.

notar que as duas características fundamentais de tal processo – como dito, o caráter acadêmico e gradual –, apontam para uma enorme semelhança com o atual processo de "recepção" do Direito Anglo-Americano em diversos países. Mesmo detalhes – como a onda de fundações de universidades nos séculos XIII e XV[125] e a perpetuação do Latim como idioma jurídico – não impedem uma comparação com a atual recepção do Direito Americano. Não é por menos que o fluxo de juristas com formação nos países de tradição continental com especialização nas universidades americanas, inglesas e até mesmo australianas aumenta dia a dia, e os negócios internacionais estão repletos de expressões que em alguns sistemas sequer encontraram tradução. Não é por menos, outrossim, que algumas universidades européias já consideram até a possibilidade de inclusão de uma disciplina obrigatória voltada à introdução ao Direito Anglo-Americano. Para ilustrar tal situação basta a lembrança de uma das epopéias lingüísticas que todos conhecem: o batizado do *leasing* no Brasil como "arrendamento mercantil".[126] Encontram-se ainda hoje baluartes do idioma castiço. Não sabemos, porém, até quando isto perdurará quando atentamos para alguns normativos da CVM ou do BACEN.[127]

Claro que tal comparação deve ser mantida em suas reais proporções, pois que diferentes em sua forma e extensão. Entretanto, é útil para tornar evidente dentro do processo histórico a lição de que a recepção de regras de um determinado ordenamento não se perfaz pela revogação total de um sistema ou pela predominância, mas sim de forma gradual, permitindo o amálgama de forma diferenciada nos diversos países, em razão das regras e tradições locais, e a criação de uma síntese que irá diferenciar-se de seus modelos. Os países de tradição românica não têm ou tiveram, assim, um sistema idêntico ao Direito Romano, dada a influencia dos direitos locais durante a vigência do *ius commune*; e, ainda mais, diferenciam-se entre si, em diversas questões – como os sistemas germânico e francês –, embora ambos tenham passado pelo processo de recepção. O poderio do Direito Romano renascido e sua recepção também indicam duas características presentes no processo de interação com os países de

---

125. Hans Schlosser, *Grundzüge der Neueren Privatrechtsgeschichte – Rechtsentwicklungen im europäischen Kontext*, cit., pp. 53 e ss.

126. Cf. Fábio Konder Comparato, "Contrato de *leasing*", in *Ensaios e Pareceres de Direito Empresarial*, pp. 319 e ss., o qual fala da consagração do termo *leasing* na Língua Latina.

127. Há notícia de projeto de lei tornando o uso da linguagem castiça como obrigatória em documentos oficiais.

tradição jurídica consuetudinária: seu significado de elemento cultural e, em particular, a necessidade de assimilação.[128]

O processo de recepção no direito corporativo, em geral, e das regras de governança corporativa, em particular, tem nuanças mais complexas, evidentemente, pois que implica um processo de interação mais amplo e marcado pela reciprocidade (não mais possível para o Direito Romano), ainda que talvez não-simétrica; mas não deixa de indicar um sem-número de correlações com o tradicional processo de recepção. Não só os países de tradição continental, pois, têm recepcionado regras e institutos do Direito Anglo-Americano; os países com tradição lastreada no direito consuetudinário também estão experimentando – em especial os EUA – a recepção da forma de legislar dos países de tradição de direito continental. O processo legislativo federal americano – sem contarmos as compilações de normas feitas pelas câmaras de advogados, os *restatements*,[129] por exemplo – indica um aumento significativo do processo legislativo, naquele país, típico dos países de tradição continental.

Pouco notada também é a recepção estrutural que ocorre nos países de tradição continental com relação à formatação das leis. O estilo germânico de legislar, com forte entonação no detalhe e precisão, tem sido mais e mais abandonado, inclusive na própria Alemanha, pela introdução ou reforço de um estilo mais geral e aberto, como o francês, e muitas cláusulas gerais, não só nas áreas tradicionais do Direito, como na responsabilidade civil – tanto por atos ilícitos como contratual –, quanto em áreas de preocupação mais moderna, como o direito empresarial, onde a eterna questão dos conflitos de interesses parece estar legada ao juízo de eqüidade dos tribunais, tal como nos EUA! Tais cláusulas gerais, como da boa-fé, da lesão, dos bons costumes, entre outras, obrigam o Judiciário, muitas vezes, a se pautar somente no juízo de eqüidade ou nas chamadas regras de experiência, permitindo ainda que as regras legais sejam somente utilizadas em momento posterior para justificar uma decisão já tomada pelo juiz.[130] Não faltam exemplos no Brasil destas cláusulas gerais,

---

128. Rudolph v. Jhering, *Geist des römischen Recht auf den verschiedenen Stufen seiner Entwicklung*, 9ª ed., vol. 1, pp. 3 e 8, onde diz, entre muitos outros trechos repletos de cor e sonoridade, ao combater a Escola Histórica, que: "A questão da recepção de instituições alienígenas não é uma questão da nacionalidade, mas uma simples questão da adequação, da necessidade" (tradução livre pelo autor).

129. Mathias Reimann, *Einführung in das US-amerikanische Privatrecht*, cit., pp. 8 e ss.

130. Kazuo Watanabe, *Da Cognição no Processo Civil*, p. 43; cf., ainda, sobre os problemas de regras gerais na responsabilidade civil: Nilson Lautenschleger Jr.,

especialmente após a publicação do novo Código Civil, com o qual tais cláusulas assumiram a posição de elemento estrutural do Direito pátrio Brasileiro.[131] Contra os riscos de uma disseminação exagerada de tais recursos, aliás, em casos mais complexos do processo legislativo, e tendo o prejuízo à regra da autonomia da vontade como fator de ponderação, já podemos detectar vozes, por exemplo, no sistema alemão, onde inclusive é proposta a utilização do raciocínio jurídico funcional como instrumento para reduzir o recurso às cláusulas gerais.[132] É exatamente em tais entalhes do processo de recepção de institutos que se torna evidente que se trata de um processo de síntese ou assimilação, e não de predominância de um sistema.

Não exige esforço maior, portanto, a identificação de uma série de institutos que hoje temos como que óbvios para o direito societário brasileiro, mas que encontram sua origem nos EUA – como, por exemplo, a regra da ampla informação sobre a estrutura de propriedade para as empresas listadas, conhecida como "*Rule* 13e-3", introduzida em muitos países, com maior ou menor rigor, e no Brasil estabelecida na Instrução Normativa CVM 358/2002 (art. 12).[133] Tal processo de recepção ocorre não somente como medida regulatória, mas também no âmbito legislativo, como vários institutos da LSA de 1976 deixam transparecer – em particular, por exemplo, a disciplina do uso de informação privilegiada e, até mesmo, sua conversão em crime pelo art. 27 da LMC, introduzido pela reforma de 2001. Muitos outros exemplos poderiam ser aqui alinhados. Cabe notar, entretanto, que as modificações das regras relativas aos mercados de capitais de muitos países, especialmente da Europa Conti-

"Limitação de responsabilidade na prática contratual brasileira – Permite-se no Brasil a racionalização dos riscos do negócio empresarial?", *RDM* 125/7 e ss.

131. Cf., a respeito do controle de conteúdo, Lorenz Fastrich, *Richterliche Inhaltskontrolle im Privatrecht*.

132. Lorenz Fastrich, *Funktionales Rechtsdenken am Beispiel des Gesellschaftsrecht*, cit.

133. Cf. *Section 13 (e) of the Securities Exchanges Act of 1934 (as amended)*; John Coffee Jr., *The Future as History: the Prospects for Global Convergence in Corporate Governance and its Implications*, cit., p. 99; sobre sua introdução no contexto europeu: Marco Becht, "Beneficial ownership in the United States", cit., p. 285, especialmente nota 2; em praticamente todos os países europeus é possível identificar a introdução de regras sobre a informação das variações de propriedade das empresas listadas, cabendo destacar reforma de 1998 que introduziu regra no mercado de capitais italiano, pela qual as mudanças de capital a partir de 5% devem ser informadas. Cf., ainda, normativos anteriores (Instruções Normativas CVM-20/1982 e CVM-69/1987).

nental e do próprio Brasil, não tem sido acompanhada de uma mudança estrutural de propriedade em tais mercados segundo o modelo para o qual as regras tomadas como parâmetro ou modelo foram histórica e funcionalmente elaboradas – ou seja, um mercado disperso e com alta liquidez. Não parece que seja possível, portanto, criar um sistema econômico novo tão-somente através de alterações legislativas e regulatórias, e os insucessos com tais tentativas nos países do Leste Europeu constituem prova disto. É necessário dar legitimidade sócio-política e econômica a tais mudanças, como, por exemplo, a necessidade de integração econômica de mercados.[134]

Se existe, assim, por um lado, a percepção de que a adequação e o aperfeiçoamento das regras de governança corporativa sejam fatores de aumento da competitividade sistêmica para as empresas brasileiras no mercado internacional, por outro lado, não desponta a compreensão de que os diversos empecilhos decorrentes das diferenças estruturais tornam-se desafios muito mais prementes, pois de nada servem as mudanças das regras de governança corporativa quando as empresas brasileiras nos últimos anos obtiveram menos de 10% dos investimentos realizados no mercado de capitais, circundado por um sistema financeiro dominante e por empresas com estruturas patrimonialistas.[135]

O Direito é muito mais que as regras escritas. Para uma ponderação crítica e uma recepção responsável, é necessário que se conheça o espírito do sistema jurídico do qual deriva um determinado instituto.[136] Com isto, não há como acreditar de forma séria em um resultado do embate ou confrontação de tais sistemas no mundo que implique a liquidação darwinista de um deles. Não é o futuro que fará história, pois a História é senhora do tempo e se repete por meio de um processo de recepção que encontrará seus limites na necessidade sócio-econômica e na legitimidade política das suas normas.[137]

---

134. Jeffrey N. Gordon, "An international relations perspective on the convergence of corporate governance: german shareholder capitalism and the European Union, 1990-2000", *Law Working Paper* 6/2003 (disponível em *http://ssrn.com/abstract_id=374620*, acesso em abril/2003, pp. 58 e 63 e ss.).

135. Antônio Kandir, "A nova CVM e a modernização da Lei das S/A", cit., pp. 3 e ss.

136. Rudolf v. Jhering, *Geist des römischen Recht auf den verschiedenen Stufen seiner Entwicklung*, cit., vol 1, p. 33.

137. John Coffee Jr., *The Future as History: the Prospects for Global Convergence in Corporate Governance and its Implications*, cit., p. 99.

§ 11. O CARÁTER DISPONÍVEL E GERAL DA GOVERNANÇA CORPORATIVA

Sob o aspecto jurídico, outro assunto não poderia ter mais importância: afinal, as regras de governança corporativa são obrigatórias, ou não? E, não sendo, para quê se preocupar? O jurista que se depara com todas estas discussões sobre as regras de governança corporativa – muitas delas provocadas não por juristas, mas pelos próprios administradores com base na prática – não pode deixar a questão de lado, e indaga com naturalidade sobre o caráter cogente ou dispositivo das regras de governança corporativa.

Para o jurista ortodoxo parece que a solução não seria de difícil identificação, pois não haveria muitas alternativas: ou as regras de governança corporativa estão revestidas de caráter cogente e inscritas na lei, ainda que sua legitimidade seja dada por auto-regulação ou existam flexibilizações baseadas na abertura ou não do capital, no tamanho da empresa ou em seu número de empregados; ou têm um caráter disponível e seu descumprimento permaneceria impune.[138] É fato que podem ser identificadas tentativas de concretização das regras de governança corporativa não só em ambas as direções aqui indicadas, mas também em outras. Em vista disso, convém uma análise, ainda que só panorâmica, de tais postulações da prática, sem que, todavia, se deixe de lado o fato de que o debate da governança corporativa impôs, aqui, outro tom para a questão.

1. Governança corporativa através de reforma legislativa?

Em regra as intervenções legislativas na área do direito acionário resultam ou (i) da necessidade de combater situações de crises do mercado de capitais ou da economia como um todo, como o *Bubble Act* de 1720 na Inglaterra, as leis americanas de 1933 e 1934 sobre o mercado de capitais, que seguiram como resposta à Crise de 1929, ou mesmo a reforma de 1997 do direito acionário brasileiro, com restrições aos direitos dos acionistas minoritários que tencionavam viabilizar um modelo de privatização; ou (ii) podem ser realizadas de forma preventiva, especialmente quando há a necessidade de uma reestruturação mais profunda do regime existente, para sua adaptação às novas condições da economia, como as reformas legislativas do direito acionário na Alemanha em 1965, na França em 1966, no Brasil em 1976. Mostras mais recentes de tais reações também existem: como exemplo de medida preventiva, a reforma alemã

---

138. Cf. sobre o conceito de regulação no Brasil: Alexandre Santos Aragão, "O conceito jurídico de regulação da economia", *RDM* 122/38 e ss.

com a *KonTraG* de 1998; e de medida corretiva, entre tantas outras, o *Sarbanes-Oxley Act 2002*. Tal constatação somente confirma o fato de que a modificação da estrutura econômica termina, em geral, por impulsionar ou mesmo obrigar à revisão das leis, especialmente da lei acionária, em um movimento permanente ou talvez até mesmo cíclico.[139]

Não é diferente com as regras de governança corporativa, dada sua relação direta com a vida econômica. Muitas das suas regras estão incluídas na legislação ordinária, como pudemos ver para algumas questões relacionadas à estrutura e organização dos órgãos da administração, por exemplo, na regulamentação dos órgãos de fiscalização e regulamentação de mercado, ou mesmo na forma de regras auto-regulatórias. Tal divisão entre lei, regulamento e auto-regulação, que se expressa de forma distinta entre os vários países – ora com maior entonação na lei, ora com maior entonação na regulamentação por tais órgãos de mercado –, também se reflete na legitimação legal das regras de governança corporativa. Trata-se de uma ponderação que possivelmente extrapola a questão da eficiência e encontra muitos de seus motivos na própria tradição legislativa de cada país.

É possível, assim, notar que o Governo Alemão viu-se obrigado a reconhecer em lei muitas regras de governança como conseqüência da tradição legislativa alemã, pois o caráter cogente do direito acionário alemão (§ 23, V, *AktG*) não deveria impedir, em princípio, uma atitude voltada mais para a regulação ou auto-regulação, já que poderia ser alterado.[140] O modelo alemão de governança corporativa oferece, assim, um bom exemplo de como as peculiaridades de um país podem afetar a forma de aplicação e validade das regras de governança corporativa.[141]

É notória, de qualquer forma – e independentemente do equilíbrio entre regulação, auto-regulação e lei –, a preocupação recente de vários países europeus com a modernização de suas legislações perante as regras de governança corporativa, e não faltam comissões que foram instauradas com o objetivo precípuo de analisar e identificar possíveis reformas

---

139. Eddy Wymeersch, *Factors and Trends of Change in Company Law*, cit., p. 481, o qual fala de movimentos cíclicos de 30 a 40 anos com base na história legislativa européia, e o que poderia até ser confirmado com a evolução brasileira recente (1940, 1976).

140. Hüffer, *Aktiengesetz*, § 76, itens 15a-15c.

141. Peter Hommelhoff, *OECD – Principles on Corporate Governance – ihre Chancen und Risiken aus dem Blickwinckel der deuschen corporate governance-Bewegung*, cit., pp. 241 e ss. e 264 e ss.

necessárias. Pode-se, assim, apontar para processos de reformas, entre outros, na França (*Nouvelles Régulations Economiques* de 2001), Itália (*Testo Unico* de 1998 e Comissões *Mirone* e *Vietti*), Alemanha (Comissão *Baums*) e Reino Unido (*UK Government's White Paper, Modernising Company Law*, julho/2002, CM 5553-I, II).[142] Não é muito fácil identificar as reais razões de tal movimento, mas fato é que a possível concorrência entre os regimes, que se torna mais real com o entendimento expresso pelo Tribunal de Justiça Europeu nos casos "Centros" e "Überseering", como visto, e que se aproxima mais e mais da teoria do local da constituição, pode ter influenciado a tomada de tais medidas.

Não só os países europeus individualmente apontam para uma preocupação com a modernização legislativa tendo em vista as regras de governança. Como reação aos escândalos financeiros ocorridos nos EUA, liderados pelo caso "Enron", a Comissão Européia também entendeu ser necessária sua intervenção no plano do mercado comum, e resolveu encarregar, em junho/2002, um Grupo de Especialistas de Alto Nível (*High Level Group of Company Law Experts*), responsável inicialmente pela análise da questão das transferências de controle de empresas no mercado europeu, para tratar também das questões relativas à governança corporativa e auditoria, em especial sobre o papel de administradores independentes (*non-executive directors*) e órgãos de supervisão (*supervisory boards*), remuneração, responsabilidade dos administradores pelas informações financeiras e práticas de auditoria, sob a perspectiva européia e do Mercado Comum Europeu.[143]

Pode-se elencar algumas das principais conclusões do grupo, as quais foram divulgadas em setembro/2002 no *Report of the High Level Group of Company Law Experts on a Modern Regulatory Framework for Company Law in Europe*,[144] as quais têm sido divididas em regras de direito societário ou corporativo e regras do mercado de capitais: (i) incentivo a regras contra a possibilidade de a administração frustrar a transferência de controle por oferta pública; (ii) disciplina pelos acionistas dos limites da remuneração da administração; (iii) possibilidade de

---

142. Department of Trade and Industry, *Modern Company Law for a Competitive Economy: Final Report (2001)* (disponível em www.dti.gov.uk/cld/finalreport/index.htm, acesso em abril/2003); cf. Theodor Baums, *Aktienrecht für globalisierte Kapitalmärkte – Greneralbericht*, cit., p. 15, nota 8.

143. Klaus J. Hopt, *Modern Company and Capital Market Problems – Improving European Corporate Governance after Enron*, cit., pp. 3 e ss.

144. Disponível em http://europa.eu.int/comm/internal_market/en/company/company/modern/consult/report_en.pdf, acesso em abril/2003.

opção pelos sistemas dual ou unitário de administração; (iv) criação em companhias abertas de comitês de auditoria responsáveis pela indicação, remuneração e fiscalização do trabalho dos auditores e compostos por membros em maioria independentes; (v) proibição de remuneração de administradores independentes por meio de planos de opção, embora a aquisição de ações da companhia permaneça possível; (vi) transparência de informações sobre sistema de governança, incluindo sistemas de defesa contra transferências de controle, remuneração, competência e independência dos membros da administração; (vii) responsabilidade da administração por falta ou informação falha, incluindo perda de eventuais bônus ou participação nos lucros; (viii) facilitar ações de responsabilidade contra os administradores; (ix) regras de responsabilidade sobre prospectos de emissão; (x) regras de controle e responsabilidade para os agentes de intermediação; (xi) controle do mercado de transferência de controle. Não resta ainda claro como tais princípios serão implementados, mas certo é que irão servir de base para uma possível harmonização intentada pela União Européia no plano legislativo.

Tais exemplos denotam que os debates de governança corporativa têm efetivamente levado alguns países não só a refletir sobre as situações dos códigos de boas práticas como, também, a realizar incisões legislativas para adaptar suas legislações a tais práticas. Tais incisões, porém, não são as únicas.

2. *O mercado como auto-regulador?*

Uma outra alternativa para o processo legislado de introdução de regras de governança corporativa, muito criticado, pela morosidade e dificuldade de sua implementação, ainda que com base na capacitação dos órgãos reguladores (*empowerment*) já testada na prática em alguns países, é a auto-regulação de mercado. Existem inclusive pesquisas indicando no sentido de que a implementação de regras de governança corporativa em nível não-regulatório, mas das empresas, é ainda mais importante e de maior efeito na valoração da companhia nos países onde a proteção regulatória é menor e o sistema judicial mais problemático.[145]

Pela discussão que gerou sobre a auto-regulação, apresenta-se aqui muito interessante o relatório da Comissão *Baums*, que pode ser brevemente resenhado. O Governo Alemão instaurou, no ano de 2000, Comissão para trabalhar em um projeto de reforma legislativa frente às regras

---

145. Klapper/Love, *Corporate Governance and Performance*, pp. 21 e ss.

de governança corporativa. O relatório de tal Comissão foi apresentado em julho/2001.[146] A Comissão foi marcada pela objetividade do trabalho, pois se concentrou no direito das sociedades por ações e, em especial, nas companhias abertas. O mercado de capitais e a questão da co-participação no *Aufsichtsrat* não foram tratados na Comissão, em razão dos trabalhos simultâneo de outras Comissões sobre o assunto e que resultaram em reformas da legislação alemã em tais áreas. Formaram o objeto de trabalho da Comissão os seguintes temas: (i) regulamentação ou introdução de código de comportamento; (ii) órgãos da administração; (iii) assembléia geral, direito dos acionistas e proteção dos investidores; (iv) financiamento empresarial; (v) tecnologia da informação; e (vi) contabilização e auditoria das demonstrações financeiras.[147] Como resultado, o relatório apresentou no âmbito destas áreas mais de 130 sugestões de reforma, sendo aproximadamente 100 dirigidas ao legislador alemão.[148] Uma das sugestões mais interessantes da Comissão foi exatamente a implantação de uma nova relação entre o ordenamento estatal e instrumentos de auto-regulação, pleiteando, assim, maior atividade auto-regulatória para disciplinar as questões relativas à governança corporativa.[149] Tal sugestão não tem sido, porém, vista com muita receptividade na doutrina alemã, que entende ser tal mudança somente uma desoneração para o Legislativo, sem implicar melhoria direta ou indireta para aqueles a quem as regras se endereçam.

Cabe notar, ainda, que nem sempre a experiência internacional aponta para os efeitos promissores de uma regulamentação baseada na liberdade de escolha e na auto-regulação. Contradizendo experiências bem-sucedidas do princípio da auto-regulamentação como na Inglaterra (*e.g.*, o *City Code on Takeovers and Mergers*, ou *City Code*), exemplos de experiências pouco promissoras com uma regulamentação baseada na liberdade disciplinar oferece a experiência alemã[150] sobre a questão da

---

146. Theodor Baums (org.), *Bericht der Regierungskommission Corporate Governance – Unternehmensführung, Unternehmenskontrolle, Modernisierung des Aktienrechts*, 2001; cf. debate sobre tal relatório em Hommelhoff *et al.*, *Gemeinschaftssymposion der Zeitschriften ZHR/ZGR*.

147. Theodor Baums, *Aktienrecht für globalisierte Kapitalmärkte – Generalbericht*, cit., p. 17.

148. Klaus J. Hopt, *Unternehmensführung, Unternehmenskontrolle, Modernisierung des Aktienrechts – Zum Bericht der Regierungskommission Corporate Governance*, cit., pp. 28 e ss.

149. Hüffer, *Aktiengesetz*, § 76, itens 15b e 15c.

150. Klaus J. Hopt, *Unternehmensführung, Unternehmenskontrolle, Modernisierung des Aktienrechts – Zum Bericht der Regierungskommission Corporate Governance*, cit., pp. 47 e ss.

punição do uso de informação privilegiada (publicada inicialmente na forma de uma Diretriz da Comunidade Européia em 1970), sobre as ofertas de aquisição de controle (desde 1979 e o Código de Transferência de Controle de 1995)[151] e a regulamentação em outros setores da economia, especialmente no setor financeiro. Somente para ilustrar, mencione-se o Código de Transferência de Controle (*Übernahmekodex*), cujo principal regulamento era a obrigação do controlador de oferecer também as ações dos minoritários em eventual transferência de controle, e que simplesmente foi ignorado pelas maiores empresas alemãs listadas na Bolsa de Frankfurt. Em todos os casos mencionados o legislador foi obrigado a atuar após notar a resistência do setor privado em cumprir de forma espontânea as regras. Também não obteve o sucesso esperado, em razão da falta de adesão das empresas destinatárias, a experiência portuguesa com as Recomendações sobre o Governo das Sociedades Cotadas de 1999, expedidas pela CMVM, como admitido no Regulamento CMVM 07/2001. Mesmo no seu berço de origem a auto-regulação mostrou seus limites na área da auditoria, como a reforma proposta pelo SOA nos EUA demonstra.

O modelo de auto-regulação, baseado em uma matriz de competição, não funcionou, portanto, em todas as localidades, e a tendência de funcionar nos países onde o mercado de capitais não opera como real instrumento de financiamento das empresas é menor, pois que a concorrência pelo investidor é menor.

3. Transparência e a regra do "cumprir ou explicar"

Em razão das dificuldades de aplicação das regras de governança corporativa ou da dificuldade de transpor um processo legislativo mais amplo, como mencionado, caminhou-se em alguns países para a aplicação de uma regra inovadora e muito interessante, a regra do "cumprir ou explicar" (*comply or explain*), que encontra seu fundamento no princípio geral da ampla informação ao mercado e da transparência (*accountability*). Por esta regra, as empresas que não cumprirem com determinações de governança corporativa deverão identificar nas suas publicações tal descumprimento e as razões para tanto. Parece que o princípio de decisão de mercado impera aqui, pois não há punição estatal: a punição é a falta de capital para o empresário que descumpre de forma ostensiva. Exemplo

---

151. Heribert Hirte, "Einleitung", in Köln *et al.*, *Kölner Kommentar zum WpÜG*, p. 19, margens 42 e ss., especialmente 44.

clássico deste modelo, mas não mais o único, é o *Combined Code* da Bolsa de Londres, que é aplicado de acordo com tal princípio.[152] É recorrente na doutrina atribuir-se ao *Cadbury Code* o mérito de ter introduzido pela primeira vez tal expediente.[153]

Tal expediente já pode ser encontrado, aliás, na Itália, com o Relatório *Preda*, na Irlanda e na Alemanha.[154] O Regulamento CMVM 07/2001 do órgão de regulação português também tornou obrigatória a informação, como visto, sobre o cumprimento, ou não, das regras de governança corporativa expedidas em suas Recomendações sobre o Governo das Sociedades Cotadas de 1999.

Tal modelo de controle baseado na informação, noticiado desde sua introdução em forma rudimentar no mercado de capitais americano em 1933 – cuja percepção, porém, já existia desde o início do século XIX para as empresas ferroviárias alemãs[155] –, foi reconhecido pela União Européia como instrumento fundamental e indispensável da melhoria da governança corporativa.[156]

Os segmentos de mercado instituídos pela Bovespa não parecem estar longe deste princípio, embora não haja uma declaração expressa do mesmo, pois que os segmentos com um respeito maior a regras reconhecidas de governança corporativa implicam um reconhecimento, *a contrario sensu*, para as empresas que não estão ali listadas, de uma preocupação menor com o respeito de tais regras. Fica, porém, a indagação sobre a conveniência de impor a obrigatoriedade sobre o cumprimento de um determinado código ou não.

152. Disponível em *www.fsa.gov.uk/pubs/ukla/lr_comcode.pdf*, acesso em abril/2003.

153. Cf. *Report of the High Level Group of Company Law Experts on a Modern Regulatory Framework for Company Law in Europe*, cit., p. 69.

154. Cf. *Report of the High Level Group of Company Law Experts on a Modern Regulatory Framework for Company Law in Europe*, cit., p. 70.

155. D. Hansemann, *Die Eisenbahnen und deren Aktionäre in ihrem Verhältniß zum Staat*, § 109, p. 104, apud Klaus J. Hopt, *Modern Company and Capital Market Problems – Improving European Corporate Governance after Enron*, cit., p. 17, nota 64.

156. Klaus J. Hopt, *Modern Company and Capital Market Problems – Improving European Corporate Governance after Enron*, cit., p. 18.; cf. ainda o *Report of the High Level Group of Company Law Experts on a Modern Regulatory Framework for Company Law in Europe*, cit., p. 47, que recomenda que o relatório anual das empresas abertas européias deva fazer referência ao cumprimento de um código nacional de governança corporativa, ou explicar as razões pelas quais não o cumpre.

4. Regras de governança corporativa como costume comercial?

Não é possível também deixar de notar que as regras de governança corporativa, independentemente de sua legitimação pelo legislador ou pelos agentes de mercado, podem ter efeito na atividade das empresas se forem consideradas como parâmetro de interpretação de regras sujeitas a controle de conteúdo. Somente para aguçar o senso crítico, podemos citar caso ocorrido em Tribunal Belga[157] onde regras de governança corporativa, ainda que não dotadas de legitimidade legislativa, regulatória ou autorregulatória, foram aplicadas pelo juiz como elemento de fundamentação da decisão.

Não parece fácil, entretanto, o enquadramento de tais regras. Costumes comerciais? Qual costume, se as regras variam de país para país? O IBGC, por exemplo, estaria legitimando regras que poderiam ser utilizadas como parâmetro de comportamento? O art. 130 do Código Comercial Brasileiro encontra-se revogado pelo novo Código Civil. Não faltam, todavia, regras no novo Código Civil que permitiriam um controle de conteúdo, de forma que com base, por exemplo, nos arts. 421 e 422, c/c o art. 981, do novo Código Civil seria possível a utilização de regras de governança como parâmetro de interpretação, tal como já noticiado no Judiciário Belga.

Este não é, porém, o único efeito imediato das regras de governança corporativa. Um dos fatores da governança corporativa – a competição para atrair investidores – também tem apresentado sanções indiretas para o descumprimento das regras, muito semelhantes às sanções do direito internacional público, onde somente de forma indireta é possível vincular um Estado a uma determinada regra. Expedientes como embargo financeiro do direito internacional público parecem encontrar seu paralelo no direito privado. Tal poder de sanção do mercado deve ser, porém, obtemperado. Os investidores de grande porte exercem tal controle sem a menor dúvida (quase todos os grandes investidores internacionais já apresentaram suas próprias regras ou indicaram regras que consideram necessárias; no caso brasileiro, basta citar a já mencionada Petros e os programas de financiamento do BNDES) e são, em contrapartida, beneficiários do esforço das companhias pelos seus recursos.

Tal simbiose de mercado não alcança, entretanto, pequenos acionistas investidores, pois que estes não têm poder para impor tais regras. Poder-

---

157. Eddy Wymeersch, *Factors and Trends of Change in Company Law*, cit., p. 496, nota 40, onde menciona o caso do Tribunal de Bruxelas, aos 21 de dezembro de 1998, publicado na *Revue de Droit Commercial Belge* 2000, p. 401.

se-ia, porém, contra-argumentar e dizer que o mercado de capitais do pequeno investidor deverá submergir em favor do minoritário profissional, que não só tem tempo como experiência no assunto. Se o modelo idealizado para o futuro é o do investidor profissional, tal controle pode ser eficaz, o que não significa que especificidades de mercado, como baixa capitalização por meio do mercado de capitais, não devam ser ponderadas.

Não é intenção, aqui, obviamente, apontar para uma resposta definitiva, até mesmo em razão das diversas questões a que tal aplicação haverá de responder para poder se legitimar; mas tal eficácia imediata das regras de governança não pode ser desconsiderada pelo jurista.

5. *O modelo brasileiro de implementação das regras de governança corporativa*

Não é necessário longa explanação para explicitarmos que o mercado de capitais no Brasil está sofrendo, e muito, com os custos de introdução e manutenção de uma empresa com o capital aberto. Os fechamentos de capital que ocorreram nos últimos anos falam por si.

Como mencionado no início de nossas reflexões, a governança corporativa está intimamente ligada às condições e determinantes econômicas de cada país. Exatamente em razão disto, as discussões teóricas da análise econômica do Direito[158] que permeiam de forma indissociável os debates sobre governança corporativa podem levar a políticas legislativas equivocadas.

Um país com uma estrutura de controle concentrado tão exacerbada como a brasileira não poderia exigir uma aplicação imediata e completa de muitas regras de governança encontradas no sistema americano ou abertas no debate internacional. Se o objetivo é um mercado de capitais desenvolvido, porém, a possibilidade de aplicação das regras deve ser aberta e estimulada – com o quê merece aplauso, aqui, a estrutura gradual de mercados proposta pela Bovespa. Tendo em vista as experiências negativas de outros países com o modelo de auto-regulação, entretanto, cujos mercados de capitais se aproximam mais da estrutura brasileira,

---

158. Cf. Richard Posner, *Economic Analysis of Law*, cit.; Nicholas Mercuro/Steven Medema, *Economics and the Law – From Posner to Post-modernism*, cit.; sobre a visão de um país de tradição continental: Horst Eidenmüller, *Effizienz als Rechtsprinzip: Möglichkeiten und Grenzen der ökonomischen Analyse des Rechts*, cit., que conclui, sob a perspectiva alemã, não ser a análise econômica um instrumento para a interpretação legal, mas somente para a atividade legislativa.

restaria o alerta para a eventual funcionalidade de uma política de divulgação obrigatória de informações sobre o cumprimento de regras de governança corporativa, uma aceitação definitiva da regra do "cumprir ou explicar", como alternativa regulatória.

§ 12. GOVERNANÇA CORPORATIVA COMO INSTRUMENTO DE HARMONIZAÇÃO DOS ORDENAMENTOS: O MERCOSUL

O processo de harmonização de legislações – diferentemente do processo de recepção, que ocorre como resultado de um processo não-planejado – é, em geral, produto do objetivo político de construção de um mercado comum ou da eliminação de todo e qualquer tipo de barreiras existentes entre um determinado conjunto de países que almejam sua integração econômica ou até mesmo política. Tal harmonização pode ocorrer tanto no campo do direito público como no do direito privado. Como exemplo histórico concreto de tal processo pode-se citar aquele que ocorre no seio da União Européia.

Trata-se tal harmonização, sobretudo, de uma opção política de amenizar ou mesmo eliminar diferenças legislativas com o intuito de retirar possíveis obstáculos a um processo de integração econômica. Como toda opção política, entretanto, não está a salvo das críticas. Uma destas críticas dirige-se exatamente à necessidade de concorrência entre sistemas normativos, para que aqueles mais aptos às necessidades do mercado possam prevalecer. Não há intenção, aqui, de esgotar os argumentos dados à harmonização, mas seus principais elementos podem ao menos ser alertados com base na experiência européia.

1. Existe a necessidade de harmonização dos códigos de governança?

Como instrumento para reduzir custos e otimizar sistemas, a harmonização tem sido utilizada em larga escala na Europa para criar um mercado de capitais europeu unificado, tornando-se mais evidentes, desta feita, suas incisões nos aspectos externos do direito societário, do mercado de capitais e dos serviços financeiros.[159] Como percebemos, os blocos comerciais regionais passaram a exercer não só um papel de fundamental importância na economia dos países-membros frente à concorrência

---

159. Eddy Wymeersch, *A Status Report on Corporate Governance in some Continental European States*, cit., p. 1.050, com excelente panorama da disciplina européia.

internacional, como também na definição dos ordenamentos jurídicos internos. O objetivo de criação de um mercado comum exigiu, tal como na Idade Média ocorreu com vários institutos do direito comercial, a harmonização de instituições, de forma a propiciar maior segurança e previsibilidade das conseqüências das diversas atividades exercidas em outros países. O processo de harmonização é visto, portanto, como decorrência natural das necessidades de mercado, do mercado comum.

O exemplo europeu demonstra quão profundo pode ser tal processo. O direito societário europeu sofreu, por exemplo, especialmente a partir da década de 1970, profunda influência do direito comunitário, exercida não na forma de padronização total, isto é, sob a forma de unificação legislativa, mas sim como plataforma mínima de normas. O uso preponderante das diretivas a despeito dos regulamentos, os quais teriam aplicação imediata nos respectivos países-membros e não estariam sujeitos a assimetrias de internalização das regras, comprova tais perspectiva e objetivo. Os esforços de harmonização da UE, sob as críticas dos interesses locais, direcionaram-se, portanto, para o estabelecimento de padrões mínimos, e não para a unificação legislativa, embora o sonho da criação de *ius civilis* europeu permaneça.

Mesmo dando tal ênfase ao processo de harmonização, as dificuldades não são pequenas quando a matéria a ser tratada está relacionada de forma muito íntima com o desenvolvimento sócio-político de um país-membro. Maior exemplo destas dificuldades foi a criação da *societas europea*, que, como já mencionado aqui, necessitou de aproximadamente 30 anos para encontrar apoio nos países que lutavam pela manutenção de um sistema muito próprio de administração, a administração participativa.[160] Outro elemento diferenciador do processo de harmonização europeu é o fato de contar com países-membros com tradições jurídicas completamente distintas, como a Inglaterra e os demais membros continentais. Tal embate sistêmico obriga não somente a discussões mais profundas sobre as regras nacionais, como propicia uma interação muito rica e proveitosa para a evolução do direito privado em geral e para o direito societário em específico na Europa.

O processo de harmonização na área do direito societário, de longa data na UE – contando-se os primeiros esforços concretos já na década de 1960 – tem por um de seus principais fundamentos o princípio da

---

160. Jeffrey N. Gordon, "An international relations perspective on the convergence of corporate governance: german shareholder capitalism and the European Union, 1990-2000", cit., p. 49.

liberdade de estabelecimento[161] e é marcado pela subsidiariedade de suas normas, isto é, somente na medida da necessidade da harmonização para a consecução do mercado comum tal como estabelecido no arts. 54, 100 e 100a do Tratado de Roma.[162] Como principal instrumento para implementar a harmonização foram utilizadas, como dito, as diretivas, que não possuem eficácia imediata nos países-membros, mas exigem sua internalização dentro um determinado prazo, passado o qual poderão ser aplicadas penalidades.

Com base em tais princípios já foram publicadas dentro da UE, somente no campo do direito societário, nove diretrizes, sem contar muitas outras para o mercado de capitais e financeiro.[163] Tais dados não devem impressionar, porém, pois que refletem somente situação temporal de um processo muito dinâmico e que muda com muita rapidez, tornando as contabilizações efêmeras. Também a governança corporativa não ficou, dentro deste contexto, alheia à preocupação dos órgãos da UE. Com olhos voltados para o processo de harmonização e percepção de que algumas diferenças nas estruturas de governança corporativa poderiam realmente afetar a integração dos mercados,[164] especialmente para a criação do sonhado mercado de capitais europeu, não demorou para que alguns trabalhos fossem encomendados para a análise das principais problemáticas da governança corporativa em solo europeu. Entre tais iniciativas podem ser citadas duas de grande relevância, pela profundidade das análises e extensão dos trabalhos de pesquisa, ambas encomendadas pela Comissão Européia: uma primeira consolidada no *Comparative Study of Corporate Governance Codes Relevant to the European Union and its Member States*, publicado em janeiro/2002, e uma segunda no *Report of the High Level Group of Company Law Experts on a Modern Regulatory Framework for Company Law in Europe*, publicado em novembro/2002, ambos já mencionados, aqui, algumas vezes.[165]

---

161. Cf. arts. 43 e 48 do Tratado de Roma (arts. 52 e 58 antiga versão); cf. Mathias Habersack, *Europäisches Gesellschaftsrecht – Einführung für Studium und Praxis*, cit., pp. 5 e ss.

162. Marcus Lutter, *Europäisches Unternehmensrecht*, pp. 10 e ss. No Brasil, com uma breve explicitação de tais normas: Haroldo Pabst, *Mercosul – Direito da Integração*.

163. Cf., para uma visão ampla, Marcus Lutter, *Europäisches Unternehmensrecht*, cit.

164. Peter O. Mülbert/Stefan Grundmann, "Corporate governance: european perspectives", *International and Comparative Corporate Law Journal* 2/4, 2001, p. 419.

165. Cabe salientar que o segundo relatório limitou-se, de forma expressa, aos aspectos internos da governança corporativa, não havendo uma análise de questões

O primeiro estudo dirigiu-se muito mais a uma comparação entre os diversos códigos de governança corporativa existentes nos países da UE. Foram analisados 35 códigos, que puderam ser incluídos no conceito de conjunto de princípios não-vinculantes expedidos por órgãos coletivos e relacionados à gestão das empresas. Os principais resultados de tal investigação indicam que as maiores diferenças existentes nas regras de governança corporativa referem-se não aos princípios existentes nos códigos, para os quais detectou-se uma convergência muito grande, mas sim nas próprias legislações de direito societário. Os códigos não representam, assim, impedimento algum para o mercado comum. Pelo contrário. Podem servir como monitores para a melhoria e aperfeiçoamento das normas de direito societário e do mercado de capitais dos países-membros individualmente. Com isto, entendeu-se não ser necessário que a UE encetasse esforços para a criação de um código de governança europeu, pois que tal código, para ter ampla receptividade, haveria que se concentrar em princípios gerais, o que já estaria suprido pelo código da OECD. Os esforços da UE deverão, portanto, concentrar-se na legislação societária e do mercado de capitais, especialmente com vistas à participação e informação dos acionistas com relação às regras de governança das empresas.[166]

Das principais recomendações do *High Level Group of Company Law Experts*, parte já foi indicada aqui,[167] mas mostra-se interessante destacar que a recomendada transparência das regras de governança, como aqui indicado, inclui a divulgação anual nos relatórios da administração da estrutura interna de governança da companhia, contendo informações básicas, a serem reguladas em diretiva da UE, como (i) os procedimentos relacionados à assembléia-geral e os direitos dos acionistas; (ii) o funcionamento dos órgãos da administração, incluindo a forma de eleição, as qualificações e funções dos seus membros, o relacionamento direto ou indireto dos membros da administração com a companhia, além da participação na sua administração; (iii) a estrutura de propriedade e maiores participações, incluindo os eventuais acordos de voto; (iv) o relacionamento direto ou indireto entre o controladores e a companhia, além da participação no seu capital; (v) transações relevantes com partes relacionadas; (vi) a estratégia de administração de risco da companhia;

---

externas, como a participação de trabalhadores na administração (disponível em http://europa.eu.int/comm/internal_market/en/company/company/news/corp-gov-codes-rpt-part1_en.pdf e http://europa.eu.int/comm/internal_market/en/company/company/modern/consult/report_en.pdf, respectivamente; acesso em abril/2003).

166. Cf. conclusões do estudo, pp. 6 e ss. e 81 e ss.
167. Cf. § 11, *infra*.

(vii) a referência a um código de governança corporativa nacional, que a companhia cumpre, ou as explicações pelas quais não o cumpre.[168]

Tais relatórios parecem apontar para uma constatação comum: embora não haja a pretensão de criar um código europeu de governança corporativa – dadas as diferenças históricas e políticas existentes nos diversos países-membros da UE –, há o interesse evidente em criar uma plataforma comum, tão própria do processo de harmonização como um todo da UE, para as regras de governança corporativa. Tal plataforma irá se basear muito mais em regras procedimentais da governança, como da ampla transparência do cumprimento de um código de governança, ainda que nacional, consagrando, assim, o princípio contido na regra do *comply or explain*.

2. *Governança corporativa no Mercosul*

O Brasil percebeu em tempo adequado a necessidade de criação de um mercado local fortalecido para poder enfrentar a concorrência externa, para a qual estava abrindo suas portas; e iniciou o processo de formação do Mercado do Cone Sul, o Mercosul (ou *Mercosur*, como os demais países-membros o denominam em Espanhol). O Mercosul baseia-se em grande parte na experiência européia, não obstante as enormes diferenças políticas, sociais e econômicas de ambos os projetos.[169] Tal influência histórica da Comunidade e hoje União Européia justifica em parte a existência logo no primeiro artigo do tratado de criação do Mercosul – o Tratado de Assunção – do compromisso dos Estados-membros de harmonizarem suas legislações nas áreas pertinentes, para lograr o fortalecimento do processo de integração.[170]

Como decorrência de sua estrutura mais simples que aquela da União Européia, os esforços de harmonização no contexto do Mercosul concentraram-se nas decisões do Conselho de Mercado Comum e resolu-

---

168. Cf. *Report of the High Level Group of Company Law Experts on a Modern Regulatory Framework for Company Law in Europe*, cit., p. 47.

169. Luiz O. Baptista, "Impacto do Mercosul sobre o sistema legislativo brasileiro", in Luiz O. Baptista/Araminta de A. Mercadante/Paulo B. Casella (orgs.), *Mercosul: das Negociações à Implantação*, 2ª ed., p. 19 – que fala de uma influência maior do modelo da BENELUX.

170. Werter R. Faria, "Métodos de harmonização aplicáveis no Mercosul e incorporação das normas correspondentes nas ordens jurídicas internas", in Maristela Basso (org.), *Mercosul: seus Efeitos Jurídicos, Econômicos e Políticos nos Estados-Membros*, 2ª ed., p. 143.

ções do Grupo Mercado Comum – os principais órgãos da estrutura organizacional do Mercosul. Entretanto, por faltar qualquer caráter supranacional ao Mercosul, pois determina o art. 42 do Protocolo de Ouro Preto que as decisões dos órgãos decisórios do Mercosul – assim, do Conselho de Mercado Comum, formado pelos Ministros das Relações Exteriores e da Economia (ou equivalentes) dos Estados-membros – são obrigatórias mas, para adquirirem eficácia nos Estados-membros, deverão ser incorporadas conforme as exigências constitucionais de cada Estado,[171] os instrumentos de harmonização do Mercosul constituem simples e tradicionais instrumentos de direito público internacional, como um tratado ou convenção.[172] Tal estruturação política e institucional do grupo do Cone Sul torna sua premissa de harmonização não só árdua como, também, questionável sob a perspectiva da sua realização concreta.

Não houve, assim, até hoje – quase 15 anos após a criação do Mercosul –, uma preocupação direta com a legislação interna de direito privado dos países-membros. Podemos, aqui, mencionar o direito comercial, em geral, e o direito societário, em especial.[173] Não houve maior preocupação com a harmonização de algumas regras básicas do direito societário – como, por exemplo, o estabelecimento, ou não, de capital mínimo ou regras de proteção dos credores para as sociedades de capital (especialmente as limitadas e as sociedades por ações), o reconhecimento de empresas de outros países-membros, proteção de minorias em operações de fusões, cisões ou incorporações e regras de publicação de balanços que não estejam presas exclusivamente ao tipo de sociedade. Não faltam propostas para a harmonização de regras, pois o número de questões que poderiam ser objeto de aproximação legislativa é imenso, mas pouco avançou o processo no Mercosul.[174]

---

171. Cf. sobre a questão da supranacionalidade: Martha Lúcia Olivar Jimenez, "La comprensión de la noción de derecho comunitario para una verdadera integración en el Cono Sur", in Maristela Basso (org.), *Mercosul: seus Efeitos Jurídicos, Econômicos e Políticos nos Estados-Membros*, cit., pp. 33 e ss.

172. Werter R. Faria, "Métodos de harmonização aplicáveis no Mercosul e incorporação das normas correspondentes nas ordens jurídicas internas", cit., p. 147; Haroldo Pabst, *Mercosul – Direito da Integração*, cit., p. 107.

173. Cf. crítica no mesmo sentido: Haroldo Pabst, *Unificação do Direito Comercial no Mercosul* (disponível em *www.mre.gov.br/unir/webunir/BILA/08/notas/nota03.htm*, acesso em abril/2003, p. 3).

174. Cf. uma listagem muito interessante, ainda que incerta quanto à real necessidade ou adequação de algumas questões, in Haroldo Pabst, *Mercosul – Direito da Integração*, cit., pp. 125 e ss., em especial p. 126, sobre a administração.

O novo Código Civil Brasileiro foi outro exemplo de tal despreocupação com o curso de harmonização da legislação entre os países-membros do Mercosul. Não houve qualquer revisão do projeto de 1975, e muitos menos alguma revisão que buscasse de forma objetiva a harmonização com a legislação dos demais países-membros do Mercosul ou, ao menos, com a legislação argentina. O debate sobre as formas de administração ou mesmo sobre a participação de empregados na administração das empresas ou sobre regras de governança corporativa das empresas sequer foram objeto de discussão. Cabe ainda notar que não parece bastar a unificação de regras de conflito, propugnada por parte da doutrina, como aquelas introduzidas nas Convenções Interamericanas de Direito Internacional Privado, pois que não atingem questões materiais da atividade empresarial. Tais esforços seriam úteis, mas estão longe de constituir um efetivo avanço na direção de uma integração real.[175]

Não parece que tal conformação do processo de harmonização do Mercosul seja reflexo da integração comercial entre os países-membros, pois o crescimento do relacionamento comercial entre principais parceiros do Mercosul é digno de menção. Somente entre 1990 e 1994 o comércio intramercosul quase triplicou, passando de 3,6 bilhões de dólares para 10 bilhões.[176] Os resultados concretos dos esforços de harmonização das regras societárias no Mercosul estão, porém, limitados, basicamente, a dois corpos legislativos. O primeiro refere-se às Decisões 8/1993 e 13/1994 do Conselho de Mercado Comum, que adotou uma regulamentação mínima para os mercados de capitais dos países-membros. O segundo corpo de medidas encontra-se na criação das empresas binacionais, o que, de fato, limita-se, porém, ao contexto Brasil/Argentina (!)

2.1 O mercado de capitais do Cone Sul

O processo de harmonização do direito societário limitou-se, como dito, a alguma poucas regras para o mercado de capitais. Ocorre, en-

---

175. Cf. sugestão neste sentido: Paulo B. Casella, "Pequenas e médias empresas e integração no Mercosul", in Maristela Basso (org.), *Mercosul: seus Efeitos Jurídicos, Econômicos e Políticos nos Estados-Membros*, p. 259.; cf. ainda crítica sobre os efeitos de tais tratados para o processo de integração do Mercosul: Elisa de A. Ribeiro Álvares, "Direito societário no Mercosul: os agrupamentos de sociedades comerciais", in Maristela Basso (org.), *Mercosul: seus Efeitos Jurídicos, Econômicos e Políticos nos Estados-Membros*, p. 269.

176. Fábio Pugliese, "A livre circulação de mercadorias no Mercosul", in Luiz O. Baptista/Araminta de A. Mercadante/Paulo B. Casella (orgs.), *Mercosul: das Negociações à Implantação*, cit., p. 174.

tretanto, que as Decisões 8/1993 e – seu complemento – 13/1994, ao determinarem regras sobre o mercado de capitais, terminaram por impor algumas regras gerais de direito societário aplicáveis, claro, somente às sociedades que possam emitir ações. Trata-se, portanto, quase que de uma harmonização cirúrgica do direito societário, e que se pauta no modelo europeu de regulamentação mínima.

Pode-se apresentar como exemplo de tal intervenção cirúrgica a determinação de normas mínimas de proteção dos acionistas minoritários (art. 1.4 da Decisão 8/1993 CMC), qualificadas pela obrigação de imposição nas ordenamentos nacionais de regras que garantam o respeito ao direito de informação (que o órgão competente determine!), ao direito de preferência para novas emissões, salvo casos excepcionais (aqui se nota a generalidade das regras!), e de recesso para decisões especiais, tais como fusão, cisão, mudança material de objeto (somente exemplificativa). Como podemos perceber, tais regras, além de aplicação restrita para as sociedades de capital aberto, não são detalhadas o suficiente para garantir uma real harmonização.

Pode-se, ainda, notar, em um contexto mais abrangente, a introdução de regras para o mercado de capitais que se relacionam com o caráter externo da governança corporativa. Trata-se das regras relativas aos fundos ou entidades coletivas de investimento (art. 2 da Decisão 8/1993 CMC), para os quais há determinação de inclusão de regras de separação patrimonial, para minimizar problemas de conflito de interesses, bem como de dispersão da carteira.

Todas as regras apontadas, porém, estão profundamente marcadas pela generalidade, de forma que encontramos dificuldade para falar sobre uma real harmonização, aqui.

2.2 Empresa Binacional Brasileiro-Argentina ("EBBA" ou "EBAB")

O projeto de permitir a constituição de empresas que pudessem operar de forma livre em quaisquer dos países parece que obteve espaço no mundo da burocracia, mas não da realidade comercial dos países do Mercosul, ou mais precisamente no comércio bilateral entre Brasil e Argentina. As empresas binacionais não possuem, por assim, dizer um estatuto próprio, e são regidas pelas leis internas de um ou outro país (que não estão harmonizadas!), gozando, porém, de tratamento não-discriminatório no outro país.

Não há qualquer referência mais direta à composição dos órgãos de administração ou a regras gerais de governança corporativa. Muito pelo contrário. Criaram-se regras que encontram dificuldades de aplicação perante as respectivas leis nacionais – como, por exemplo, a exigência pelo art. I, 2, "c", de o conjunto de investidores nacionais de cada país ter o direito de eleger, no mínimo, um membro em cada um dos órgãos da administração e um membro do órgão de fiscalização perante a LSA.[177] O caráter geral e pouco estruturado das normas que disciplinam a EBBA são evidências claras do seu insucesso como instrumento de integração para o Mercosul. Como dissemos, há a necessidade de uma reflexão mais ampla do direito societário e empresarial nos países-membros, que propicie a efetiva aplicação de tais instrumentos de harmonização.

Pode-se, assim, somente constatar que a governança corporativa ainda não ocupa espaço de importância no contexto do processo de harmonização das legislações dos países-membros do Mercosul, o qual ainda luta com questões estruturais como a questão da supranacionalidade de suas instituições.

---

177. Haroldo Pabst, *Unificação do Direito Comercial no Mercosul*, cit., p. 4.

SEXTA PARTE
PARA O DEBATE SOBRE A GOVERNANÇA CORPORATIVA NO BRASIL

§ 13. Prólogo de um debate aberto e crítico sobre a governança corporativa

Não se poderiam encerrar estas reflexões com um epílogo, com conclusões ou considerações finais. E o motivo é que isto trairia a intenção preambular de, sem uma preocupação maior com o rigor acadêmico, propor-se um debate mais crítico nos meios jurídicos sobre a governança corporativa no Brasil. Trata-se aqui, portanto, de um prólogo das discussões que poderão circundar o debate da governança corporativa sob a perspectiva do profissional do direito, que não precisa ser necessariamente jurídica.[1]

1. O caráter normativo da governança corporativa como preocupação imediata do jurista

Como observamos, a tendência preponderante com relação às regras de governança corporativa, com pesar dos casos específicos de intervenção legislativa, está na sua introdução em forma de recomendações de comportamento ou, quando muito, como no Brasil, como pressupostos para alcançar determinado mercado. Tais regras possuem um caráter

---

1. Arnoldo Wald, *A Evolução do Direito Societário*, cit., p. 58, o qual recorda que já no Brasil das décadas de 50 e 60 do século XX sentiu-se "que era preciso criar, em nosso país, o diálogo entre o economista e o jurista e construir as pontes entre o direito e a economia".

dispositivo na linguagem jurídica, ou seja, não são obrigatórias, mas podem exercer um efeito imediato como elemento de interpretação ou de mercado.

É, sobretudo, precipitada, portanto, a conclusão de que não há necessidade de análise de tais regras da governança corporativa pelo jurista, ao menos até o momento em que sejam convertidas em lei ou atos regulatórios. É fato que as regras de governança corporativa não são, em regra, obrigatórias, porém devemos atentar aqui para dois fatos muito concretos também na experiência jurídica brasileira. Refere-se a primeira aos efeitos de tais regras de governança corporativa sobre a interpretação dos tribunais para os casos de controle de conteúdo (*Inhaltskontrolle*), isto é, aqueles casos em que, dado o caráter geral e amplo da norma, o juiz é aclamado a julgar uma regra (que pode ser um princípio ou um dispositivo legal) segundo critérios que estão muito mais ligados, dada a amplitude do conceito, à sua experiência profissional e pessoal do que a regras legisladas. Exemplos destes tipos de normas ou princípios encontram-se com abundância no sistema jurídico brasileiro, especialmente após a promulgação do novo Código Civil, cuja comissão de elaboração utilizou tal generalidade até mesmo como técnica legislativa para conferir, bem à feição do método francês de legislar, maior longevidade ao novo estatuto. Princípios e regras como a da boa-fé, da função social da propriedade e da empresa ou do dever de lealdade do administrador (art. 155, LSA), entre outros, permitem este controle de conteúdo pelo juiz. Ora, não resta muita dúvida que, no caso concreto, poderá o juiz lançar mão de uma regra de governança corporativa como elemento formador de sua decisão, como diretriz do que a sociedade entende ser o comportamento desejável no caso ou, mesmo, como a própria doutrina alemã chega a mencionar,[2] como costume comercial.

O segundo fato que se deve considerar é a potencial pena aplicada a tais regras de governança corporativa de forma indireta pelo mercado, como já comentamos. Pensamos aqui, por exemplo, nas restrições para ter a ação incluída em índice de bolsa, a concessão de financiamento ou a realização de investimentos. Exemplos para ilustrar tais situações não faltam. O mencionado permissivo que o CMN emitiu com relação aos fundos previdenciários brasileiros e o programa de investimentos do BNDES. Estes não são os únicos exemplos. Poderíamos ainda citar

---

2. Klaus Hopt, *Unternehmensführung, Unternehmenskontrolle, Modernisierung des Aktienrechts – Zum Bericht der Regierungskommission Corporate Governance*, cit., pp. 52 s.; cf. §§ 346, 347 HGB ou § 276 BGB.

regras como aquelas instituídas pelos entes financeiros internacionais, como o *International Finance Corporation* (IFC) ou *Kreditanstalt für die Wiederaufbau* (KfW) para concessão de financiamentos, que se dirigem especialmente às questões ambientais e à responsabilidade ambiental. Também há fundos de investimento que passaram a buscar no mercado sua diferenciação através da aplicação somente em empresas que respeitam determinadas regras de governança corporativa, como o fundo americano CalPERS, ou até mesmo regras de responsabilidade social, os chamados fundos éticos.[3]

2. Política legislativa e a empresa na sociedade

Com a entrada em vigor do novo Código Civil, a função social da empresa ocupará, ao certo, o centro das preocupações da doutrina brasileira por algum tempo.[4] Tal debate não pode, entretanto, estar limitado à questão da propriedade e da responsabilidade social, pois que a real extensão da função social não deve ser buscada em regras programáticas e aduzidas por interpretações lastreadas em preceitos constitucionais gerais, mas regulada de forma precisa e objetiva. Não bastam lugares comuns, regras vazias, como o novo parágrafo único do art. 140, LSA, e expressões de efeito. É necessário muito mais para garantir um ambiente de certeza jurídica e democracia plena.

O debate sobre o *shareholders' value* mostra que é necessária uma ponderação muito alentada sobre os reais benefícios da representação de interesses na sociedade como substituto para a obrigação legislativa sobre o cumprimento de leis que sejam efetivamente do interesse da coletividade. É no Legislativo, apoiado por um poder de polícia eficiente, que tal comando deve ser respaldado.

Tal ponderação é ainda mais válida para desmistificar esta função. Somente a decisão democrática poderá definir se há uma preocupação com a função social da macroempresa ou da empresa, como ente ontológico.[5] O desenvolvimento da legislação alemã mostra que não há uma função social ontológica da empresa, quando retirou a obrigatoriedade da

---

3. Conhecido no mercado brasileiro é o fundo operado pelo ABN-Amro, denominado *EthicalFund*.

4. Cf. para o debate no Brasil, sob a perspectiva do conceito de empresa Fernando Netto Boiteux, "A Função Social da Empresa e o Novo Código Civil", *RDM* 125/48 ss.

5. Idem, p. 56.

co-determinação nas empresas com menos de 500 empregados. O que há, isto sim, é o esforço democrático de concretização do interesse público pela e na macroempresa.

3. Eficiência como único instrumento de análise?

Uma das características do debate sobre a governança corporativa é a confrontação entre sistemas, a qual impõe um raciocínio primeiro de concorrência e que não deve, porém, ofuscar o legislador para os elementos de composição histórica do regime local, bem como a visualização dos sistemas como um todo e não como um mosaico de institutos não relacionados.

Também não deve ser ignorada a possibilidade de utilização das regras de governança corporativa como elemento de harmonização de sistemas, assim, a confrontação sendo tratada não como fim, mas sim instrumento.

4. Rumos da governança: os serviços financeiros

Uma análise completa das questões de governança corporativa não pode prescindir da discussão das questões relacionadas à disciplina e ao controle dos serviços financeiros, pois que estes representam uma parcela efetivamente importante na organização e futura estruturação do mercado de capitais.

5. Ponderações finais

Não basta reconhecer a existência do poder e, partindo-se de tal constatação, impor regras que controlem o seu exercício. Tal perspectiva se apóia em um controle sempre *a posteriori* e impõe o risco dos prejuízos causados não poderem ser mais recuperados.[6] É necessário criar instituições que procurem neutralizar ou, ao menos, reduzir tal poder de

---

6. Cf. mesmo sentido, Calixto Salomão Filho, *O novo Direito Societário*, cit., p. 73, em especial nota 12, o qual diz que "[O] sistema de repartição de poderes levou em conta tal realidade. Não tentou criar um contra tendência, mas sim regulamentar a realidade existente. Com isso sem dúvida aprofundou, nesses mais de 25 anos de vigência da Lei 6.404, a dependência do próprio modelo concentracionista. Pode-se criticar o legislador brasileiro pela falta de idealismo, mas não pela ausência de realismo. O sistema foi elaborado em torno da figura do acionista controlador, verdadeiro centro decisório da sociedade".

influência. O exercício, por exemplo, pelos bancos da função de administradores de recursos cria um contexto de conflito de interesses que, embora reconhecido, seu controle somente com regras de ética de investimentos não parece ser suficiente para garantir o pleno funcionamento de um mercado de capitais. O poder tem a tendência inexorável à aglomeração e à acumulação, o direito e o dever de criar instuições que gerem um efetivo equilíbrio, instituições que representem o ponto arquimediano e não o seu simples controle. Não corresponde a postura pura e simples de controle a uma convicção de ser o direito instrumento de mudanças.

Fica a sensação, após estas reflexões sobre alguns pontos específicos da governança corporativa selecionados para estimular o debate, que muito pouco foi tratado. Fato é que ao menos se espera poder contribuir com o início de um debate que deverá estender-se por muito tempo, haja vista as constantes modificações das regras de governança, que por razões ontológicas necessitam se adaptar rapidamente ao contexto econômico. Como já ponderado, com muita propriedade e em uma formulação de todo feliz, "a limitação é sempre da capacidade do autor, não da criatividade humana".[7] Não foi outra a intenção deste ensaio, portanto, que a de semear o debate, a antítese. Trata-se, assim, de um trabalho aberto às críticas e ao tempo.

---

7. Comparato, *O Poder de Controle*, p. 384.

BIBLIOGRAFIA

AGANIN, Alexander; VOLPIN, Paolo. "History of Corporate Ownership in Italy". *Finance Working Paper 17/2003*, European Corporate Governance Institute. Disponível em: http://ssrn.com/abstract=391180. Acesso em 4.2003.

ARAGÃO, Alexandre Santos. "O Conceito Jurídico de Regulação da Economia", *Revista de Direito Mercantil* 122, 2001.

BACKER, Larry Catá. *Comparative Corporate Law – United States, European Union, China and Japan (Cases and Materials)*. Durham, North Carolina, Carolina Academic Press, 2002.

BAPTISTA, Luiz O. "Impacto do Mercosul sobre o Sistema Legislativo Brasileiro". In BAPTISTA, Luiz O.; MERCADANTE, Araminta de A.; CASELLA, Paulo B. (Orgs.). *Mercosul: das Negociações à Implantação*. 2ª ed., São Paulo, LTr, 1998.

BARCA, Fabrizio; BECHT, Marco. *The Control of Corporate Europe*. Oxford, Oxford Press, 2001.

BAUM, Harald. "Discussion Report". In HOPT, *et al. Comparative Corporate Governance – The State of the Art*.

BAUMBACH, Adolph; HOPT, Klaus J. *Handelsgesetzbuch*. München, C. H. Beck Verlag, 2000.

BAUMS, Theodor (Org.). *Bericht der Regierungskommission Corporate Governance – Unternehmensführung, Unternehmenskontrolle, Modernisierung des Aktienrechts*. Köln, Dr. Otto Schmidt, 2001.

_____. "Changing Patterns of Corporate Disclosure in Continental Europe: the example of Germany". *Law Working Paper 4/2002*. Disponível em: http://papers.ssrn.com/paper.taf?abstract_id=345020. Acesso em 20 4.2003.

_____. "Aktienrecht für globalisierte Kapitalmärkte – Generalbericht". In HOMMELHOFF, *et al. Gemeinschaftssymposion der Zeitschriften ZHR/ZGR*.

BEARLE, Adolf A.; MEANS, Gardiner C. *The Modern Corporation & Private Property* (with a new introduction by Murray Weidenbaum & Mark Jensen). New Brunswick (EUA)/London, Transaction Publishers, 2002. 1ª ed., 1932.

BEBCHUK, Lucian Arye; ROE, Mark J. "A Theory of Path Dependence in Corporate Ownership and Governance". In BACKER. *Comparative Corporate Law*.

BECHT, Marco. "Beneficial Ownership in the United States". In BARCA/BECHT. *Corporate Europe*.

BHAGAT, Sanjai; BLACK, Bernard. "The Relationship between Board Composition and Firm Performance". In HOPT, *et al. Comparative Corporate Governance – The State of the Art*.

BLACK, Bernard. "Is Corporate Law Trivial? A Political and Economic Analysis". *Northwestern University Review* 84/2.

BLAIR, Margaret M. "Shareholder Value, Corporate Governance and Corporate Performance: A Post-Enron Reassessment of the Conventional Wisdom". *Working Paper 334240 da Georgetown University Law Center*, 2002. Disponível em: http://papers.ssrn.com/paper.taf?abstract_id 334240. Acesso em 4.2003.

BLIESENER, Dirk H. "Discussion Report". In HOPT, *et al. Comparative Corporate Governance – The State of the Art*.

BLOCH, Laurence; KREMP, Elizabeth. "Ownership and Voting Power in France". In BARCA/BECHT. *Corporate Europe*.

BOITEUX, Fernando Netto. "A Função Social da Empresa e o Novo Código Civil". *Revista de Direito Mercantil* 125, 2002.

BRAUN, Johann. *Rechtsphilosophie im 20. Jahrhundert – Die Rückkehr der Gerechtigkeit*. München, Verlag C. H. Beck, 2001.

BREUER, Rolf-E. "The Role of Financial Intermediaries and Capital Markets". In HOPT, *et al. Comparative Corporate Governance – The State of the Art*.

BUNGERT, Hartwin. *Gesellschaftsrecht in den USA – Eine Einführung mit vergleichenden Tabellen*. 2ª ed., München/Berlin, Rehm, 1999.

CAMPOS BATALHA, W. de S. *Comentários à Lei das SA*. Rio de Janeiro, Forense, 1977.

CAÑIZARES, Felipe de Sola. *Tratado de Derecho Comercial Comparado*. Barcelona, Montaner y Simón, vol. 3, 1963.

CAPAUL, Mierta; FREMOND, Olivier. "The State of Corporate Governance – Experience from Country Assessments". *Policy Research Working Paper 2858*, The World Bank/Private Sector Advisory Services Department/Corporate Governance Unit, June 2002.

CARVALHOSA, Modesto. *Comentários à Lei de Sociedades Anônimas*. São Paulo, Saraiva, 1998, 4 volumes.

_____; EIZIRIK, Nelson. *A Nova Lei das S A*. São Paulo, Saraiva, 2002.

CASELLA, Paulo B. "Pequenas e médias empresas e integração no MERCOSUL". In BASSO, Maristela (Org.). *Mercosul: seus efeitos jurídicos, econômicos e políticos nos Estados-Membros*. 2ª ed., Porto Alegre, Livraria do Advogado, 1997.

CHEFFINS, Brian R. *Comparative Corporate Governance and the Australian Experience: a Research Agenda*. Disponível em: http://ssrn.com. Acesso em 4.2003.

_____. *Corporate Law and Ownership Structure: a Darwinian Link?*, 2002. Disponível em: http://ssrn.com. Acesso em 4.2003.

COFFEE JR., John; KLEIN, William A. *Business Organization and Finance – Legal and Economic Principles*. 8ª ed., New York, Foundation Press, 2002.

COFFEE JR., John. *Convergence and its Critics: What are the Preconditions to the Separation of Ownership and Control?* Setembro 2000. Disponível em: http://papers.ssrn.com/sol3/delivery.cfm/SSRN_ID241782_code000914520.pdf?abstractid=241782. Acesso em 20 4.2003.

_____. *The Future as History: The Prospects for Global Convergence in Corporate Governance and its implications*. Outubro 1999. Disponível em: http://papers.ssrn.com/paper.taf?abstract_id=14233. Acesso em 20 4.2003.

_____. "Inventing a Corporate Monitor for Transitional Economies: The Uncertain Lessons from the Czech and Polish Experiences". In HOPT, *et al. Comparative Corporate Governance – The State of the Art*.

_____. "What Caused Enron? A Capsule Social and Economic History of the 1990's". *Working Paper 214, Columbia Law School*, The Center for Law and Economic Studies. Disponível em: http://ssrn.com/abstract_id=373581 ou http://www.law.columbia.edu/law-economicstudies. Acesso em 20 4.2003.

_____. "The Rise of Dispersed Ownership: The Role of Law in the Separation of Ownership and Control". *Working Paper 182*, 2001. Disponível em: http://papers.ssrn.com/paper.taf?abstract_id=254097. Acesso em 4.2003.

COMPARATO, Fábio K. "Contrato de *leasing*". In *Ensaios e Pareceres de Direito Empresarial*. Rio de Janeiro, Forense, 1978.

_____. *O Poder de Controle na Sociedade Anônima*. São Paulo, Ed. RT, 1977.

_____. "O indispensável direito econômico". In *Ensaios e Pareceres de Direito Empresarial*. Rio de Janeiro, Forense, 1978.

_____. "A Proteção do Consumidor: importante Capítulo do Direito Econômico". In *Ensaios e Pareceres de Direito Empresarial*.

_____. *Essai d'analyse dualiste de l'obligation en droit privé*. Paris, Librairie Dalloz, 1964.

_____. "Venda em bolsa de ações da União Federal no capital de Sociedade de Economia Mista e desrespeito às normas disciplinares do mercado de capitais". In *Novos Ensaios e Pareceres de Direito Empresarial*, Rio de Janeiro, Forense, 1981.

COZIAN, Maurice; VIANDIER, Alain; DEBOISSY, Florence. *Droit des Sociétés*. 14ª ed., Paris, Litec, 2001.

DINIZ, Maria Helena. *Código Civil Anotado*. São Paulo, Saraiva, 2002.

DUNLAVY, Colleen A. "Corporate Governance in Late 19th Century Europe and the U. S. - The Case of Shareholder Voting Rights". In HOPT, *et al. Comparative Corporate Governance - The State of the Art.*

EASTERBROOK, Frank H.; FISCHEL, Daniel R. *The Economic Structure of Corporate Law*. Cambridge/Massachussetts/London, Harvard University Press, 1991.

EIDENMÜLLER, Horst. *Effizienz als Rechtsprinzip: Möglichkeiten und Grenzen der ökonomischen Analyse des Rechts*, Tübingen, Mohr Siebeck, 1998.

EISENBERG, Melvin A. *Corporation and Other Business Organizations - Cases and Materials*. 8ª ed., New York, NY Foundation Press, 2000.

FARIA, Werter R. "Métodos de harmonização aplicáveis no MERCOSUL e incorporação das normas correspondentes nas ordens jurídicas internas". In BASSO, Maristela (Org.). *Mercosul: seus efeitos jurídicos, econômicos e políticos nos Estados-Membros*. 2ª ed., Porto Alegre, Livraria do Advogado, 1997.

FASTRICH, Lorenz. *Richterliche Inhaltskontrolle im Privatrecht*. München, C. H. Beck Verlag, 1992.

_____. *Funktionales Rechtsdenken am Beispiel des Gesellschaftsrechts*: Erweiterte Fassung eines Vortrages gehalten vor der Juristischen Gesellschaft zu Berlin. Berlin/New York, Walter de Gruyter, 2001.

FERREIRA, Waldemar. *Tratado de Direito Comercial*. São Paulo, Saraiva, 15 volumes, 1960 a 1962.

FERRARA JR., Francesco; CORSI, Francesco. *Gli Imprenditori e le Società*. 12ª ed., Milão, Giuffrè, 2001.

FIUZA, Ricardo (Coordenação). *Código Civil Comentado*. São Paulo, Saraiva, 2002.

FLUME, Werner. *Allgemeiner Teil des Bürgerlichen Rechts*. Berlin, Springer Verlag, 1983.

FRANKS, Julian; MAYER, Colin; ROSSI, Stefano. "The Origination and Evolution of Ownership and Control". *Finance Working Paper 09/2003*, Disponível em: http://ssrn.com/abstract_id=354381. Acesso em 20 4.2003.

GALBRAITH, John Kenneth. *The Affluent Society*. Boston/New York, Houghton Mifflin Company, 1998.

_____. *O Novo Estado Industrial*. São Paulo, Pioneira/Novos Umbrais, 1983.

GERUM, Elmar; WAGNER, Helmut. "Economics of Labor Co-Determination in View of Corporate Governance". In HOPT, *et al. Comparative Corporate Governance - The State of the Art.*

GIERKE, Otto von. *Deutsches Privatrecht*. München/Leipzig, Duncker & Humblot, 3 volumes, 1895-1917.

_____. *Das Wesen der menschlichen Verbände*. Reimpressão da edição de Darmstadt, 1954.

GOERGEN, Marc; RENNEBOOG, Luc. "Strong Managers and Passive Institutional Investors in the UK". In BARCA/BECHT. *Corporate Europe.*

GORDON, Jeffrey N. "An International Relations Perspective on the Convergence of Corporate Governance: German Shareholder Capitalism and the European Union, 1990-2000". *Law Working Paper 6/2003.* Disponível em: http://ssrn.com/abstract_id=374620. Acesso em 4.2003.

_____. "Governance Failures of the Enron Board and the New Information Order of Sarbanes-Oxley". *Working Paper 216,* The Center for Law and Economic Studies, Columbia Law School, 2003. Disponível em: http://ssrn.com/abstract=391363. Acesso em 4.2003.

_____. "An American Perspective on the New German Anti-takeover Law". *Working Paper 02/2002,* European Corporate Governance Institute, 2002. Disponível em: http://www.ecgi.org/wp/10202.pdf. Acesso em 4.2003.

GRUNEWALD, Barbara. *Gesellschaftsrecht.* Tübingen, Mohr Siebeck Verlag, 1999.

GUYON, Yves. *La Société Anonyme.* Paris, Dalloz, 1994.

_____. *Droit des Affaires.* Tomo 1, *Droit commercial général et Sociétés.* Paris, Economica, 2002.

HABERSACK, Mathias. *Europäisches Gesellschaftsrecht – Einführung für Studium und Praxis.* München, C. H. Beck Verlag, 1999; 2ª ed., 2003.

HAMILTON, Robert W. *Corporations including partnerships and limited liability companies, Cases and Materials.* 7ª ed., St. Paul, American Casebook Series, West Group, 2001.

HANSMANN, Henry; KRAAKMAN, Reinier. "Toward a Single Model of Corporate Law?". In Mc CAHERY, *et al. Corporate Governance Regimes.*

HAUSSMANN, Fritz. *Vom Aktienwesen und vom Aktienrecht.* Mannheim/Berlin/Leipzig, J. Bensheimer, 1928.

HAY, Peter. *US-Amerikanisches Recht.* 2ª ed., München, Verlag C. H. Beck, 2002.

HERTNER, Peter. "Corporate Governance and Multinational e in Historical Perspective'. In HOPT, *et al. Comparative Corporate Governance – The State of the Art.*

HIRTE, Heribert. "Die Europäische Aktiengesellschaft". *Neue Zeitschrift für Gesellschaftsrecht.* 1/2002, p. 1.

_____. "Einleitung" e "comentários" ao § 33 WpÜG e. In *Kölner Kommentar zum WpÜG;* Köln, Carl Heymanns. 2003.

HOFMANN, Michael A. *Gesellschaftsrecht in Italien – Eine Einführung mit vergleichenden Tabellen.* 2ª ed., München/Berlin, Rehm, 1997.

HOMMELHOFF, Peter. . *OECD –* "Principles on Corporate Governance – ihre Chancen und Risiken aus dem Blickwinkel der deutschen *corporate governance-*Bewegung". *Zeitschrift für Unternehmens- und Gesellschaftsrecht.* 2001, p. 238-267.

HOMMELHOFF, Peter, et al. (Org.). „Corporate Governance". *Gemeinschaftssymposion der Zeitschriften ZHR/ZGR*, Heidelberg, Verlag Recht und Wirtschaft GmbH, 2002.

HOPT, Klaus J. "Modern Company and Capital Market Problems – Improving European Corporate Governance after Enron". *ECGI Working Paper Series in Law 5/2002*, November 2002. Disponível em: www.ecgi.org/wp. Acesso em 20 4.2003.

_____. "Unternehmensführung, Unternehmenskontrolle, Modernisierung des Aktienrechts – Zum Bericht der Regierungskommission Corporate Governance". In HOMMELHOFF, et al. *Gemeinschaftssymposion der Zeitschriften ZHR/ZGR*.

_____. "Gemeinsame Grundsätze der Corporate Governance in Europa? Überlegungen zum Einfluss der Wertpapiermärkte auf Unternehmen und ihre Regulierung und zum Zusammenwachsen von *common law* und *civil law* im Gesellschafts- und Kapitalmarktrecht". Zeitschrift für Unternehmens- und Gesellschaftsrecht. 6/2000, p. 779-818.

_____ (Org.), et al. *Comparative Corporate Governance – The State of the Art and Emerging Research*. Oxford/New York, Oxford University Press, 1998.

_____; WYMEERSCH, Eddy. *Comparative Corporate Governance – Essays and Materials*. Berlin/New York, Walter de Gruyter, 1997.

HOSHI, Takeo. "Japanese Corporate Governance as a System". In HOPT, et al. *Comparative Corporate Governance – The State of the Art*.

HOLMES, JR., Oliver Wendell. *The Common Law* (1881). Editada por Mark de Wolfe. Howe Boston/New York/London, Little, Brown and Company, 1963.

HÜFFER, Uwe. *Aktiengesetz-Kommentar*. 5ª ed., München, C. H. Beck Verlag, 2002.

JHERING, Rudolph von. *Geist des römischen Recht auf den verschiedenen Stufen seiner Entwicklung*. 9ª ed., Darmstadt, Wissenschaftliche Buchgemeinschaft, 4 volumes, 1955.

JIMENEZ, Martha Lucia O. "La comprensión de la noción de derecho comunitario para una verdadera integración en el Cono Sur". In BASSO, Maristela (Org.). *Mercosul: seus efeitos jurídicos, econômicos e políticos nos Estados-Membros*. 2ª ed., Porto Alegre, Livraria do Advogado, 1997.

KAHAN, Marcel; KAMAR, Ehud. "The Myth of State Competition in Corporate Law". *Stanford Law Review* 55/679.

KANDA, Hideki. "Comparative Corporate Governance – Country Report: Japan". In HOPT, et al. *Comparative Corporate Governance – The State of the Art*.

_____. "Notes on Corporate Governance in Japan". In HOPT, et al. *Comparative Corporate Governance – The State of the Art*.

KANDIR, Antonio. "A Nova CVM e a Modernização da Lei das S. A.". In LOBO. *Reforma da LSA*.

KIGGUNDU, John. "Modern Company Law for the New Millennium: the Botswana Model". *International and Comparative Corporate Law Journal* 4/2, 2002, p.101.

KLAPPER, Leora F.; LOVE, Inessa. "Corporate Governance, Investor Protection, and Performance in Emerging Markets". *Policy Research Working Paper 2818*, The World Bank/Private Sector Advisory Services Department/ Corporate Governance Unit, April 2002.

KÖTZ, Hein; ZWEIGERT, Konrad. *Einführung in die Rechtsvergleichung*. Tübingen, Mohr Siebeck, 1993.

LAMY Filho, Alfredo; BULHÕES PEDREIRA, José L. *A Lei das SA*. 3ª ed., Rio de Janeiro, Renovar, 1995. 2 volumes.

LANFERMANN, Georg; MAUL, Silja. *Auswirkungen des Sarbanes-Oxley Acts in Deutschland*. Der Betrieb. 2002, p. 1.725.

LA PORTA, Rafael; LOPEZ-de-SILANES, Florencio; SHLEIFER, Andrei. *Corporate Governance Around the World*. Outubro de 1998. Disponível em: www.ssrn.com. Acesso em 20 4.2003.

LA PORTA, Rafael; LOPEZ-de-SILANES, Florencio; SHLEIFER, Andrei; VISHNY, Robert W. "Legal Determinants of External Finance". *Working Paper 5879*, National Bureau of Economic Research (NBER), 1997.

_____. "Law and Finance". *Working Paper 5661*, National Bureau of Economic Research (NBER), 1996.

LAUTENSCHLEGER JR., Nilson. "Limitação de responsabilidade na prática contratual brasileira – Permite-se no Brasil a racionalização dos riscos do negócio empresarial?", *Revista de Direito Mercantil* 125.

LAUX, Frank. *Die Lehre vom Unternehmen an sich – Walther Rathenau und die aktienrechtliche Diskussion in der Weimarer Republik*. Berlin, Dunker & Humbolt, 1998.

LEÃES, Luís Gastão P. de Barros. *Mercado de Capitais & "Insider Trading"*. São Paulo, Ed. RT, 1982.

LOBO, Jorge (Coord.). *Reforma da Lei das Sociedades Anônimas – Inovações e Questões controvertidas da Lei 10.303/2001*. Rio de Janeiro, Forense, 2002.

LUTTER, Marcus. "Vergleichende Corporate Governance – Die deutsche Sicht". *Zeitschrift für Unternehmens- und Gesellschaftsrecht*. 2001, p. 224-237.

_____. *Europäisches Unternehmensrecht*. Berlin/New York, Walter de Gruyter, 1996.

MARTINS, Fran. *Comentários à Lei das S. A*. Rio de Janeiro, Forense, 1977 a 1979. 3 volumes.

Mc CAHERY, Joseph A., et al. (Org.). *Corporate Governance Regimes – Convergence and Diversity*. Oxford, Oxford University Press, 2002.

MELLO JR., Luiz R. de. "Privatização e Governança empresarial no Brasil. In A Privatização no Brasil: o caso dos serviços se utilidade pública". Trabalho sem referência editorial 2000. Disponível em: http://www.bndes.gov.br/conhecimento/publicacoes/catalogo/ocde.asp. Acesso em 4.2003.

MERCURO, Nicholas; MEDEMA, Steven. *Economics and the Law – From Posner to Post-modernism*. Princeton, Princeton University Press, 1997.

MERKT, Hanno. "Centros and Its Consequences for Member State Legislatures". *International and Comparative Corporate Law Journal* 3/1, 2001, p. 119.

MIRANDA VALVERDE, T. de. *Sociedade por Ações*. Rio de Janeiro, Forense, 1953. 3 volumes.

MIWA, Yoshiro. "The Economics of Corporate Governance in Japan". In HOPT, et al. *Comparative Corporate Governance – The State of the Art*.

MÜLBERT, Peter O.; GRUNDMANN, Stefan. "Corporate Governance: European Perspectives". *International and Comparative Corporate Law Journal*. 2/4, 2001, p. 415.

_____. "Shareholder Value aus rechtlicher Sicht". *Zeitschrift für Unternehmens- und Gesellschaftsrecht* 1/1997, p. 129-172.

_____. "Bank Equity Holdings in Non-Financial Firms and Corporate Governance". In HOPT, et al. *Comparative Corporate Governance – The State of the Art*.

NIEBEL, Rembert. *Der Status der Gesellschaften in Europa – Rechtstheoretische und europarechtliche Aspekte transnational wirtschaftender Verbände*. Stuttgart, Richard Boorberg Verlag, 1998.

NOVAES FRANÇA, Erasmo V. *Invalidade das Deliberações de Assembléia das S. A.* São Paulo, Malheiros Editores, 1999.

NUSDEO, Fábio. "Desenvolvimento Econômico – Um retrospecto e algumas perspectivas". In SALOMÃO Filho, Calixto. *Regulação e Desenvolvimento*. São Paulo, Malheiros Editores, 2002.

PABST, Harold. *Mercosul – Direito da Integração*. Rio de Janeiro, Forense, 1998.

_____. "Unificação do Direito Comercial no Mercosul". Disponível em: www.mre.gov.br/unir/webunir/BILA/08/notas/nota03.htm. Acesso em 4.2003.

PASSOW, Richard. *Die Aktiengesellschaft – Eine wirtschaftswissenschaftliche Studie*. 2ª ed., Jena, Verlag von Gustav Fische, 1922.

PONTES DE MIRANDA, F. C. *Tratado de Direito Privado*. 3ª ed., Rio de Janeiro, Editor Borsoi, 1972. 60 Volumes.

POSNER, Richard. *Economic Analysis of Law*. 5ª ed., New York, Alpen Law & Business, 1998.

_____; SCOTT, Kenneth E. *Economics of Corporation Law and Securities Regulation*. Boston/Toronto, Little Brown, 1980.

PRIGGE, Stefan. "A Survey of German Corporate Governance". In HOPT, et al. *Comparative Corporate Governance – The State of the Art*.

PUGLIESE, Fábio. *A Livre Circulação de Mercadorias no Mercosul*. In BAPTISTA, Luiz O.; MERCADANTE, Araminta de A.; CASELLA, Paulo B. (Orgs.). *Mercosul: das Negociações à Implantação*. 2ª ed., São Paulo, LTr, 1998.

RAISER, Thomas. *Recht der Kapitalgesellschaften*. 3ª ed., com colaboração de Rüdiger Veil. München, Verlag Franz Vahlen, 2001.

RATHENAU, Walther. *Vom Aktienwesen – Eine geschäftliche Betrachtung*. Berlin, S. Fischer, 1917.

RAWLS, John. . *A Theory of Justice*. Edição revisada. Oxford, Oxford University Press, 1999.

REALE, Miguel. *Filosofia do Direito*. 14ª ed., São Paulo, Saraiva, 1991.

REIMANN, Mathias. *Einführung in das US-amerikanische Privatrecht*. München, C. H. Beck Verlag, 1997.

RIBEIRO ALVARES, Elisa de A. "Direito Societário no MERCOSUL: os agrupamentos de sociedades comerciais". In BASSO, Maristela (Org.). *Mercosul: seus efeitos jurídicos, econômicos e políticos nos Estados-Membros*. 2ª ed., Porto Alegre, Livraria do Advogado, 1997.

RIBSTEIN, Larry E. *Market vs. "Regulatory Responses to Corporate Fraud: a Critique of the Sabannes-Oxley Act of 2002"*. 2002. Disponível em: http://ssrn.com/abstract_id=332681. Acesso em 4.2003.

RICHARD, Efraín H.; MUIÑO, Orlando Manuel. *Derecho Societário – Sociedades comerciales, civil y cooperativa*. 4ª ed., Buenos Aires, Astrea, 2002.

RIPERT, Georges. *Aspects Juridiques du Capitalisme Moderne*. Librairie Générale de Droit et de Jurisprudence, 1951.

ROCK, Edward B. "America's fascination with German Corporate Governance". *Aktiengesellschaft*. 1995, pp. 291.

ROE, Mark J. "German Co-Determination and German Securities" Markets. In HOPT, et al. *Comparative Corporate Governance – The State of the Art*.

_____. "Can Culture ever Constrain the Economic Model of Corporate Law?". *Discussion Paper 381*, Harvard Law School, 2003. Disponível em: http://ssrn.com/abstract_id=320882. Acesso em 4.2003.

_____; BEBCHUK, Lucian A. "A Theory of Path Dependence in Corporate Governance and Ownership". Columbia Law School/ The Center for Law and Economic Studies, Working Paper 131, 1999. Disponível em: http://papers.ssrn.com/paper.taf?abstract_id=192414. Acesso em 4.2003.

ROMANO, Roberta. "The Need for Competition in International Securities Regulation". *Yale ICF Working Paper 49*. Disponível em: http://papers.ssrn.com/abstract=278728. Acesso em 4.2003.

_____. "Less is More: Making Institutional Investor Activism a Valuable Mechanism of Corporate Governance". In Mc CAHERY, et al. *Corporate Governance Regimes*.

_____. "Empowering Investors: a Market Approach to Securities Regulation". In HOPT, et al. *Comparative Corporate Governance – The State of the Art*.

SALES, Rodrigo. *Auditoria Ambiental*. São Paulo, LTr, 2002.

SALLES DE TOLEDO, Paulo F. C. "Modificações Introduzidas na Lei das Sociedade por Ações quanto à Disciplina da Administração das Companhias". In LOBO. *Reforma da LSA*.

_____. *O Conselho de Administração na Sociedade Anônima*. São Paulo, Atlas, 1997.

SALOMÃO Filho, Calixto. *O novo Direito Societário*. 2ª ed., São Paulo, Malheiros Editores, 2002.

_____. "Conflito de Interesses: a oportunidade perdida". In LOBO. *Reforma da LSA*.

_____. *A Sociedade Unipessoal*. São Paulo, Malheiros Editores, 1993.

SAMPAIO DE LACERDA, J. C. *Comentário à Lei das S. A*. São Paulo, Saraiva, 1978.

SCHLOSSER, Hans. *Grundzüge der Neueren Privatrechtsgeschichte – Rechtsentwicklungen im europäischen Kontext*. 9ª ed., Heidelberg, C. F. Müller, 2001.

SCHMIDT, Karsten. *Gesellschaftsrecht*. 3ª ed., München, Heymanns, 1997.

SCHWENNICKE, Andreas. "Comentários" ao § 33 WpÜG alemã. In GEIBEL, Stephan; SÜSSMANN, Rainer. *Wertpapiererwerbs- und Übernahmegesetz – Kommentar*. München, C. H. Beck, 2002.

SHISHIDO, Zenichi. "Japanese Corporate Governance: the hidden problems of corporate law and their solutions". *Delaware Journal of Corporate Law* 25, p. 189-233, 2000. Disponível em: http://papers.ssrn.com/sol3/delivery.cfm/99092701.pdf?abstractid=163377. Acesso em 4.2003.

SIFFERT Filho, Nelson. "Governança Corporativa: Padrões Internacionais e Evidências Empíricas no Brasil nos anos 90". Disponível no sítio do BNDES.

SOMBART, Werner. *Der moderne Kapitalismus - Historisch-systematische Darstellung des gesamteuropäischen Wirtschaftslebens von seinen Anfängen bis zu Gegenwart. Das Wirtschaftsleben im Zeitalter des Hochkapitalismus*. München/Leipzig, Duncker & Humblot, 1927. 3º volume em dois livros.

STUMPF, Christoph. *Grundrechtschutz im Aktienrecht*, Neue Juristische Wochenschrift. 2003, p. 9.

THOMSEN, Steen. "Business Ethics as Corporate Governance". *European Journal of Law and Economics* 11:2, pp. 153-164, 2001.

VILLEGAS, Carlos Gilberto. *Derecho de las Sociedades Comerciales*. Buenos Aires, Abeledo-Perrot, 2001.

WALD, Arnoldo. "A Evolução do Direito Societário". *Revista de Direito Mercantil* 120.

WATANABE, Kazuo. *Da Cognição no Processo Civil*. São Paulo, Ed. RT, 1987.

WENGER, Ekkerhard; KASERER, Christoph. "German Banks and Corporate Governance: A Critical View". In HOPT, *et al*. *Comparative Corporate Governance – The State of the Art*.

WIEACKER, Franz. *Privatrechtsgeschichte der Neuzeit (unter besonderer Berücksichtigung der deutschen Entwicklung)*. 2ª reimpressão da 2ª ed. de 1967. Göttingen, Vandenhoeck & Ruprecht, 1996.

WIEDEMANN, Herbert. *Gesellschaftsrecht – Ein Lehrbuch des Unternehmens- und Verbandsrechts*. München, C. H. Beck Verlag, 1980.

WILHELM, Jan. *Kapitalgesellschaftsrecht*. Berlin/New York, Walter der Gruyter, 1998.

WILLIAMSON, Oliver E. *The Economic Institutions of Capitalism – Firms, Markets, Relational Contracting*. London/New York, Collier Macmillan Publishers, 1985.

WYMEERSCH, Eddy. "A Status Report on Corporate Governance in Some Continental European States". In HOPT, *et al*. *Comparative Corporate Governance – The State of the Art*.

_____. "Factors and Trends of Change in Company Law". *International and Comparative Corporate Law Journal* 2/4, 2001, p. 481-501.

_____. "The Transfer of the Company's Seat in European Company Law". *Law Working Paper 08/2003*, European Corporate Governance Institute. Disponível em: http://ssrn.com/abstract=384802. Acesso em 4.2003.

ZÖLLNER, Wolfgang. *Die Schranken mitgliedschaftlicher Stimmrechtsmacht bei den privatrechtlichen Personenverbänden*. München/Berlin, C. H. Beck Verlag, 1963.

GRÁFICA PAYM
Tel. (011) 4392-3344
paym@terra.com.br